Die Weisheit ist eine Frau

MIEKE MOSMULLER

Die Weisheit ist eine Frau

Roman

OCCIDENT VERLAG

Aus dem Niederländischen
von Georg Stahlmann

1. Auflage 2006
2. Auflage 2013
3. Auflage 2023

Occident Verlag
Geerstraat 1
5111 PS Baarle Nassau
Niederlande

Telefon: +31 (0)13 - 507 99 48
E-Mail: info@occident-verlag.de
Internet: www.occident-verlag.de

ISBN/EAN: 978-3-00-018637-0

Umschlaggestaltung: Mieke Mosmuller
Umschlagabbildung aus: Das Lamm Gottes, Gent

Alle Rechte vorbehalten. All rights reserved
Copyright © 2013 Mieke Mosmuller

Eine Frau saß in der Frühlingssonne auf einer Bank. Der Apfelbaum warf einen Schatten, vor dem sie jedes Mal ein Stückchen auswich. Es war zu frisch, um die Kühle des Schattens angenehm zu finden. Sie schaute über die Hügel. In der Ferne lag ein Bauernhof, dort würden wohl Menschen wohnen – sonst war nirgendwo eine Sterbensseele zu sehen. Sonntags war hier immer viel los, in dieser Gegend spazierte man sehr gern. Südlimburg[*] an einem Donnerstagnachmittag ... schien verlassen.

Sie schauderte.

Verlassen. Man konnte sich doch so tief einsam fühlen. Was ist ein Menschenleben? Man hat einen Körper, und von dem Moment an – früher oder später – an dem man sich dessen Vergänglichkeit bewusst wird, ist sie da, die alles beherrschende große Frage: Was ist ein Menschenleben? Ist das nur dieser Körper, der geboren wird und von Faktoren in der Umgebung weiter bestimmt wird? Was bedeutet dann das Sterben? Wenn man ganz ehrlich und furchtlos dasjenige anschaut, was man an innerlichem Erleben hat, sollte man dann eigentlich nicht

---

[*] Limburg ist eine Provinz der Niederlande

zugeben, dass nichts anderes im Innern lebt, als was man mit seinen Sinnen jemals aufgenommen hat? Ist es dann nicht konsequent, wenn man denkt ... dass mit dem Sterben des Körpers zugleich die Fähigkeit des Wahrnehmens und Erlebens erlischt? Wenn nur irgendwo im Erleben etwas zu finden wäre, das *nicht* aus den Sinnen kommt...

Hier saß sie, und sie fühlte die Verlassenheit. Sie fühlte diese so stark durch die menschenleere Frühlingslandschaft. Wenn sie zu Hause geblieben wäre, in der Hetze des Alltags, hätte es keine Gelegenheit für dieses Einsamkeitserlebnis gegeben. Aber dann hätte diese Landschaft hier gelegen, ohne erlebt zu werden. Sie tat einen tiefen Seufzer. Was ist doch ein Mensch!

Es wehte ein sanfter Wind, ein lauer Atem. Dies gab ihr ein Gefühl der Behaglichkeit. Frischer Frühling, doch warmer Wind. Über ihr Zweige, die sich für die Blüte bereiteten ... ein hellblauer Himmel. Hellrosa, hellblau. Das weiße Licht streichelte die Blütenblätter, die in seiner Berührung rosa erschienen. Wo man geboren ist, ist man zu Hause. Hier waren sie geboren, sie und ihre Zwillingsschwester, im tiefsten Süden des Landes, auf einem Bauernhof mit blühenden Apfelbäumen.

Jeden Montag wehte die weiße Wäsche an langen Leinen. Äpfel und Kirschen, ihre Eltern verkauften Äpfel und Kirschen; in großen Eimern und Kisten wurden sie verkauft, für zwei Gulden der Eimer.

Man kann sich glücklich preisen, wenn die Sinne während der Kindheit solche Eindrücke genossen haben. Man kann immer wieder in seiner Erinnerung darauf zurückkommen. Kein Straßenpflaster, keine Autos, Hochhäuser und Straßenbahnen, sondern Kirschbäume und wehende weiße Wäsche, hart von der Stärke, später frisch gebügelt auf den Betten. Der Geruch vom Hühnerstall, jeden Morgen wurden die Eier gesammelt. Der Misthaufen dahinter... Hier, in der Ferne, lag solch ein Bauernhof, wo allerdings jetzt alles anders sein würde. Man konnte heute nicht mehr von Äpfeln und Kirschen oder von Pflaumen leben. Der Bauernhof war für beinahe eine Million verkauft worden, als ihre Eltern gestorben waren. Wer konnte dann noch Pflaumen verkaufen...Was ist ein Menschenleben ... es besteht aus Wehmut. Alles, was in den Sinnen lebt, ist letztlich zum Sterben da. Auf dem Gipfel der Schönheit fängt das Sterben an.

Sie schaute hoch zu den Apfelblüten. In der vollen Blüte sah sie den Anfang des Welkens, hier und dort. So erscheint einem auch allmählich ein Menschenleben... Wertvoll in der Schönheit der Jugend, in der vollen Blüte – aber dann schon auf dem Weg zum Verlust. Die Zeit bringt nur Verlust, keinen Gewinn. Verlust der Jugend, der Blüte. So sieht man den Menschen.

Sie schauderte, und sie erhob sich mit einem Ruck. Es war ihr doch kalt geworden. Tief atmete sie ein und wieder aus. Entschlossen schüttelte sie den Kopf, wie um sich selbst zu ermahnen. Nein, so ist nicht ein Mensch. Ein Mensch gewinnt etwas mit der Zeit, indem er erwacht. Im Herzen des Welkens wächst die Frucht, auch in der Natur... Wahrhaftige Schönheit ist Weisheit – und die kann in der Jugend noch nicht vorhanden sein.

*

Auf einer Bank in der Frühlingssonne saß eine Frau und schaute auf die Wellen am Strand. Es wehte ein scharfer Wind, der die Wogen hoch aufrollen ließ. Sie erhob sich und ging die Treppe zum Strand hinunter. Sie suchte einen Stuhl hinter dem Fenster des Strandpavillons, im Windschatten. Mit Vergnügen fühlte sie ihren reifen Körper, der immer die Aufmerksamkeit der Männer auf sich zog. Sie liebte diese genussvollen Blicke, und sie schaute immer direkt zurück. Unsicherheit? Sie kannte diese Schwäche nicht. Sie hasste Schwäche und belächelte alle Frauen und Männer deswegen. Jeden einzelnen – außer ihrer Zwillingsschwester. Sie war der unsicherste Mensch, den es gab. Nein, sie war vielleicht der sicherste … man wusste es bei ihr nicht. Zurückhaltend war sie, das schon…

Die Frühlingssonne war doch herrlich warm, so im Windschatten. Sie bestellte einen Cappuccino, der sich auch hier längst eingebürgert hatte. Es wurde ihr angenehm warm, und sie öffnete die Knöpfe ihrer Jacke. Sie strich das schwarze Haar aus ihrem Gesicht und schaute umher. Sie liebte das Meer und den Strand, sogar in Scheveningen, wo es meistens zu stark weht. Sie liebte die Lüfte, die Wellen, den Sand… Kraft ohne Leben. Reine Kraft, Ebbe und Flut, Wind und Sturm. Hier war nicht das rätselhafte Leben der Pflanzenwelt. Menschen mit Hunden sah man und Menschen hinter einer Tasse Cappuccino oder einem Glas Bier. Darum war sie Chirurg geworden und kein Internist. Man arbeitet in räumlichen Prozessen, mit dem Messer … und nicht in den undurchsichtigen, geheimnisvollen Funktionen des Körpers, von denen man doch immer nur eine Momentaufnahme machen kann. Sie mochte auch keine Musik, diese konnte sie absolut nicht fesseln. Architektur und Bildhauerkunst konnten sie in Begeisterung bringen, eine Symphonie langweilte sie...

Das Leben ist schön, wenn man *stark* ist – und stark ist man nun einmal auf Kosten der Schwächeren. Dort, ihr gegenüber, saß eine Frau in ihrem Alter, eine hässliche Frau. Sie verachtete hässliche Frauen – die waren auch schwach, sie wussten nicht, wie sie sich zeigen mussten. Verachtung war noch ein zu schwacher Ausdruck; sie *hasste* Hässlichkeit. Ihre Schwester hatte ihr gesagt:

"Warum pochst du auf deine Schönheit und deine Intelligenz? Die sind doch nicht dein Verdienst? Du *hast* sie einfach, es ist dein Glück. Mehr nicht."

"Ich *habe* sie nicht nur, ich benutze sie auch, ich kultiviere sie, ich genieße sie. Es geht nicht nur um die Formen, die vollendet sind, es sind auch Genuss und Courage, die schön und intelligent machen. Das tue ich selbst, Schwesterlein!"

Sie waren ein zweieiiger Zwilling, in nichts waren sie sich ähnlich. Aber sie hatten ihre Eltern, eine Schwangerschaft, eine Jugend gemeinsam, das war *viel*. Eigentlich gab es nur einen Menschen auf der Welt, auf dessen Urteil sie Wert legte – ihre Schwester. Ihr Urteil brachte sie manchmal sogar dazu, nachzudenken, ein bisschen zu philosophieren, wie jetzt, hinter dem Glas in der Frühlingssonne am Strand von Scheveningen. Menschen sind ihrem Wesen nach schlecht, verdorben, dachte sie. Es überwiegt ein tierischer Trieb zum 'survival of the fittest'. Nun, *fit* war sie!

Sie rief den Kellner und bezahlte. Sie lagen ihr immer zu Füßen, weil sie bewusst unfreundlich war. Während er nervös die Tasse nahm, erhob sie sich irritiert wegen seiner Unbeholfenheit und knöpfte ihre Jacke zu. Gerade aufgerichtet ging sie in Richtung der Wellen. Der Sand drang in ihre Schuhe, aber das kümmerte sie nicht. Der Wind umarmte sie kräftig und brachte ihr Haar durcheinander.

Fest stemmte sie sich dem Wind entgegen und fühlte ihre Kraft…

*Die zur Wahrheit wandern,
wandern allein,
keiner kann dem andern
Wegbruder sein.*

Christian Morgenstern
(1871 – 1914)

A uf einem Bauernhof mit einem großen Obstbaumgarten waren sie geboren worden, so um die Mitte des letzten Jahrhunderts. Ihre Mutter hatte einige Fehlgeburten gehabt, bevor sie eine Schwangerschaft festzuhalten wusste. Sie wurde wohl sehr schwer, und der Hausarzt meinte, zwei Köpfe zu fühlen... So wurden schließlich innerhalb einer Stunde zwei Mädchen geboren. Sie schrieen gleich laut, aber damit hörte die Übereinstimmung auf...
Der Vater stand still dabei, hatte seine Mütze noch auf. In der Hektik hatte er vergessen, sie abzunehmen – bis das zweite Kind geboren wurde. Dann nahm er sie ab, um Gott zu danken.
Ihr Vater war ein stiller, maßvoller Mann. Von morgens früh bis abends spät arbeitete er in dem Garten, aber die Mädchen liebte er über alles. Wenn er oben auf einer Leiter stand, um Äpfel zu pflücken und eine Kinderstimme hörte, stieg er in aller Ruhe von der Leiter und hob das Mädchen hoch in die Luft. Er war ein frommer Mann, von einem tiefen ehrfürchtigen Glauben durchdrungen. Das Versäumen der Heiligen Messe an einem Sonntag war für ihn eine Todsünde, die er dann auch nicht beging. Als guter Katholik las er die Heilige

Schrift nicht, sondern ließ sich am Sonntag aus dem vorgelesenen Evangelium belehren. In allem hielt er Maß, außer in der Liebe zu seiner Frau und seinen beiden Töchtern. Als sein Vater Witwer wurde, nahm er ihn zu sich ins Haus...

Er war ein stiller Mann, aber er sah und hörte alles. Für ihn war das Leben ein großes andächtiges Gebet. Mit sanfter Hand pflückte er die Äpfel und Kirschen, ebenso sanft legte er sie in die Eimer und Kisten. Mit Sanftheit urteilte er über seinen Mitmenschen.

Ein Stückchen weiter lag noch ein Bauernhof, auch mit Obstbäumen und einer Familie mit sechs Kindern. Die Mädchen spielten dort oft, und sie wunderten sich darüber, wie *anders* dort alles war. Dort pflückte der Bauer nie selbst sein Obst, sondern ließ das von Saisonarbeitern erledigen. Wie Vater lief er in einem Overall und in Holzschuhen, eine Mütze auf seinem Kopf. Und wie Vater saß er mit seiner ganzen Familie am Sonntag in einem Anzug in der Kirche und betete das Vaterunser. Aber für das Mittagessen an demselben Sonntag drehte er eigenhändig einem Huhn oder Kaninchen den Hals um. Und wenn der Wachhund krank wurde, erschoss er ihn mit seiner alten Dienstpistole. Wenn die Kinder ungezogen gewesen waren, bekamen sie Schläge mit dem Teppichklopfer, der drohend in der Arbeitsküche an einem Haken hing. Ihr, der jüngeren Schwester, wurde immer ein wenig schlecht, wenn sie ihn dort hängen sah, auch wenn sie dem Bauern begegnete, obwohl er immer sehr freundlich zu ihr war. Oft konnte sie am Abend dann nicht essen, und ihr Vater schaute sie dann aufmerksam an. An einem Abend, beim Zubettgehen, fragte er sie:

"Was ist los, mein Kind, was hast du?"

Es war nie schwierig, ihm zu erklären, was man fühlte.

"Mir ist nicht gut, wenn ich bei den Nachbarn bin. Ich habe Angst vor dem Vater, er ist so roh und grob. Du würdest doch nie unsere Hühner und Kaninchen schlachten, um sie zu essen ... ich finde das unheimlich!"

Er saß auf der Kante ihres Bettes, ihre Schwester war noch im Badezimmer. Sie wollte nicht, dass *sie* es hörte! Sie würde sie auslachen! Aber ihr Vater streichelte sie sanft und sagte:

"Es ist die Natur, liebes Kind. Es ist ganz normal, dass ein Bauer seine Tiere schlachtet, es ist sein Beruf."

"Er ist Obstbauer, wie du. Du würdest das nie tun!"

"Vielleicht ist das Schwäche ... ich *kann* es einfach nicht. Ich hänge vielleicht zuviel an den Tieren – lasse sie einfach leben und sterben. Ich kann es nicht. Aber du darfst *ihn* deshalb nicht verurteilen. Er hat viele Münder zu füttern, er hat viele Sorgen."

"Aber ... ich finde es auch fürchterlich, dass die Kinder geschlagen werden. Das darf doch nicht?! Man darf doch nicht treten und schlagen, auch wenn man Vater ist?"

"Er muss sechs von diesen Frechdachsen im Zaum halten, das ist etwas ganz anderes als zwei brave Mädchen. Komm, sag dein 'Sei Gegrüßt', und dann wird geschlafen."

Sie stieg aus dem Bett, um auf ihren Knien ihr Nachtgebet zu sprechen.

Mit der gleichen Geduld wartete er, bis ihre Schwester ihr Gebet gesprochen hatte und zugedeckt war. Dann küsste er beide und verließ das Zimmer. Sie verstand es nicht so richtig. Etwas konnte doch nicht gut und schlecht zugleich sein? Sie fühlte sich noch immer nicht wohl.

"Ich habe gehört, was du zu Papa sagtest!", flüsterte ihre

Schwester spottend. "Du bist ein Angsthase! Morgen werde ich jedem erzählen, dass du Angst vor Bauer Erens hast. Dann lachen wir dich alle aus!"

Sie drehte sich auf die Seite. Ihre Übelkeit war vorbei. Laut sagte sie:

"Wie du willst! Bauer Erens mag mich viel mehr als dich. Pass nur auf, dass er dich nicht packt!"

Sie war vielleicht brav und verlegen – vor ihrer Schwester hatte sie keine Angst, niemals. Diese versuchte immer, das Regiment zu führen, weil sie noch nicht mal eine Stunde älter war. Sie liebte es, allerhand Dinge zu tun, die sie nicht tun durften – und sie musste dann mitmachen. "Tue, was ich sage, ich bin die Älteste." Aber sie ließ sich nie einschüchtern. Sie machte nur mit, wenn sie es selbst wollte, und sonst ganz einfach nicht.

"Gute Nacht", klang die Stimme der Ältesten, um es wieder gutzumachen.

"Bis morgen", sagte sie.

Nach der Schule suchte Maria ihren Vater, der im Garten an der Arbeit war.

"Papa, wie kann etwas gut und schlecht zugleich sein?"

Er legte die Schaufel zur Seite und setzte sich mit ihr auf einen Baumstumpf.

"Was meinst du, Kind?"

Seine blauen Augen schauten sie sanft an. Sie hatte ihn noch niemals böse oder irritiert gesehen.

"Ich vergleiche Bauer Erens mit dir. So, wie du bist, sollte ein Mann sein. Du bist der beste Obstbauer auf der ganzen Welt, und du bist gut zu allem, was lebt. Aber du missbilligst nicht, dass Bauer Erens Tiere tötet und Kindern Schmerzen zufügt."

"Müsste ich das missbilligen? Findest du das?"

Sie dachte kurz nach und schüttelte verneinend den Kopf.

"Du missbilligst nie etwas."

Er lachte leise:

"Doch, faule Äpfel und Kirschen!"

"Ist Bauer Erens ein 'fauler' Mann?"

"Ich begreife, dass er so ist, wie er ist, mein Kind. Wenn man begreift, braucht man nicht etwas gutzuheißen oder zu missbilligen."

"Hast du keine Angst vor ihm?"

"Ich komme gut mit ihm aus. Sehr gut. Es ist die Natur, Kind. Er steht näher zur Natur als ich."

"Gibt es in der Natur denn kein Gut und Böse?"

"Tja...", sagte der Vater zweifelnd. "Da fragst du mich aber etwas. Ich glaube es eigentlich nicht, nein. Man kann einem Löwen nicht vorwerfen, dass er seine Beute verschlingt. Bauer Erens ist Bauer, er ist so aufgewachsen, er handelt so, wie er ist. Manchmal ist das freundlich, manchmal ist das böse. Und das Schlachten der Tiere gehört zu seinem Bauersein. Das musst du anders sehen."

"Aber er tut seinen Kindern weh!"

"Für manche Kinder ist das wirklich nicht so schlimm."

"Wir sind auch wohl mal ungezogen!" Sie dachte an ihre Schwester, die es liebte, das zu tun, was Gott verboten hatte.

Kopfschüttelnd lachte der Vater sie an.

"Mein liebes Kind, ich kann es nicht! Ich kann meine Hand nicht gegen ein lebendes Wesen erheben. Aber ebenso wenig kann ich einen Mitmenschen verurteilen." Er erhob sich und gab ihr einen Kuss auf die Stirn. "So, und jetzt gehe ich wieder an die Arbeit!"

Sie ging ins Haus zu ihrer Mutter. Sie war eine gemütliche, etwas dicke Frau mit roten Backen und einer Schürze. Sie hatte immer etwas zu tun, waschen, bügeln, backen, Marmelade kochen und Obst einmachen und noch viel mehr. Sie war eine glückliche Frau, weil sie so von Liebe umgeben wurde.

Maria setzte sich an den Küchentisch und schaute zu, wie ihre Mutter die Kartoffeln schälte.

"Mama? Ist Papa ein gewöhnlicher Mann?"

Sie lachte herzlich auf.

"Gewöhnlich? Nein, sicher nicht."

"Warum nicht?"

Die Mutter wurde ernst. Sie legte das Schälmesser auf den Tisch und trocknete ihre Hände an der Schürze.

"Dein Vater ... ist ein Mensch von edler Gesinnung, der aus Versehen als Bauer geboren wurde. Vielleicht muss es auch wohl so sein. Einfach, gut und sanftmütig, das ist dein Vater. So gibt es keinen zweiten, mein Kind, merk dir das gut. Keinen zweiten. Und ich kann es wissen, ich lebe schon viele Jahre mit ihm zusammen."

"Aber ... wenn es keinen zweiten gibt – ist er dann nicht sehr allein?"

"Heilige Menschen sind immer allein ... sie werden von niemandem verstanden, aber sie verstehen jeden."

"Ist Papa heilig?"

"*Ich* finde das, Kind. Aber ich bin nicht der Papst, nicht wahr? Es ist nur ein Gefühl..."

Zufrieden stand sie auf und ging hinaus, auf der Suche nach

ihrer Schwester, um mit ihr zu spielen.

*

Agnes, die ältere der beiden, hatte dieselben Erinnerungen an ihre Jugend und doch waren sie auch so sehr verschieden.
Ihr Vater war ein starker Mann, aus dem man nie so richtig klug wurde. Es schien, als ob er alles gut fand, und doch war man vor ihm auf der Hut. Sie mochte es, Grenzen zu erkunden, sich an der Grenze des Zulässigen aufzuhalten und die Schwelle ein klein wenig zu überschreiten. Ihre Freundin auf dem Bauernhof von Erens war darin ihr Kamerad, und beide liebten es, gerade das zu versuchen, was verboten war. Wenn man dahinter kam, war es Jet, die ihren Hintern versohlt bekam, aber sie … musste ihren Eltern unter die Augen treten. Nie wurde sie geschlagen, nie bestraft, sogar nicht getadelt. Man musste nur dem Vater unter die Augen treten, und dann missbilligte man sich selbst schon, man konnte nicht anders. Jet konnte über ihren Vater klatschen und tratschen, dass er sie geschlagen hatte und dass er ein ekelhafter Vater war. Sie konnte das nicht tun, denn sie mochte ihn, wie sie auch ihre brave zickige Schwester mochte. Sie verstanden immer alles, und vor Verständnis war man ja machtlos… Doch hinderte es sie nicht, in hohe Bäume zu klettern – und runterzufallen und sich den Arm zu brechen; sich auf dünnes Eis zu begeben und fast zu ertrinken. Und als sie größer wurde und ihr Körper immer schöner wurde, küsste sie den Gärtnergehilfen und den Bäckerjungen, während ihre Schwester immerzu verstand, dass sie es tat, aber selbst nicht daran dachte.
Sie war faul in jeder Hinsicht. Von Gott hatte sie einen

scharfen Verstand bekommen, aber sie benutzte ihn nicht, sie *genoss* ihn. Mit ihrer Schläue redete sie jeden spottend an die Wand, und in ihrem gesunden Körper erlebte sie einen wonnevollen Genuss. Dieser Genuss fragte nach Berührung, und sie fand schnell den Weg, die Jungen so weit zu kriegen. Zusammen mit Jet verabredete sie sich beim Kruzifix am Feldweg, und kichernd tauchten sie ins Korn, etwas voneinander entfernt, um dann wieder zusammen aufzutauchen und voller Unschuld wieder zu Hause anzukommen. Bauer Erens vermutete nichts von allem, aber ihr Vater *wusste* es, und sie spürte es.

Er erzählte ihr, wie Jungen und Mädchen im Frühling einander küssen und wie die Mädchen immer die Dummen sind, wenn sie zu weit gehen... Er erzählte ihr das so nebenbei, ohne Anlass. Sie wusste, dass er sie warnte, und sie warnte Jet. Selbst ging sie von dem Moment an nicht mehr zu weit, aber Jet glaubte ihr nicht, dass es so schlimm kommen würde.

Bis Jet schwanger wurde und ihr Vater sie so hart schlug, dass sie eine Fehlgeburt hatte. So löste sich doch wieder alles...

Der Dorfarzt war der interessanteste Mann in ihrem Leben. Sie war ein gesundes Kind und brauchte ihn selten in Anspruch zu nehmen, aber eines Tages hatte sie einen rot geschwollenen Zeh, der immer mehr weh tat. Erst versuchte sie noch, den Schmerz zu verbergen, aber das Laufen wurde immer schwieriger, und irgendwann kam der Moment, da ihr Vater es sah und mit ihr zur Sprechstunde fuhr. Auf dem Hof stand ein schöner, blitzblank geputzter Opel Rekord, die Sitzbänke mit rotem Skaibezug. Es roch leicht nach Petroleum, und sie liebte diesen Geruch. Der Wagen wurde selten benutzt, nur für einen Ausflug am Sonntagnachmittag oder eine Tour in die Großstadt. Jetzt setzte Vater sich hinters Steuer, und sie durfte sich neben ihn auf den Beifahrersitz setzen – sie konnte vor Schmerzen ja nicht laufen!

Sie fühlte eine nicht unangenehme Spannung, während sie wartete, bis sie an der Reihe war. Im Sprechzimmer fiel vor allem der Schrank mit den Instrumenten auf ... Spritzen, Nadeln, glitzernde Dosen, Jodflaschen und vieles andere.

Der Doktor legte einen Verband an und wies sie an, diesen feucht zu halten. Sie musste das Bein hoch legen und morgen wieder kommen.

Einigermaßen enttäuscht ging sie nach Hause zurück. Sie hatte von dem Doktor mehr Angriffslust erwartet!

Die Entzündung wurde stärker, und am nächsten Tag fühlte sie sich sogar ein wenig krank. Der Doktor fühlte den Puls, betrachtete sie aufmerksam und warf danach einen kurzen Blick auf ihren Zeh.

"Der Nagel muss runter!", sagte er entschuldigend. "Er ist eingewachsen, und das Fleisch ist entzündet. Komm', setz dich hierher."

Die Assistentin kam hinzu, und sie schaute mit klopfendem Herzen auf alle Vorbereitungen. Ein kleiner Tisch mit einem weißen Tuch darauf, glitzernde Instrumente, eine Spritze... Ein starkes Mädchen von vierzehn Jahren hatte davor keine Angst – und sie fand es sogar spannend. Die Assistentin zog ein orangefarbenes Gummiband um ihren Zeh, der Doktor setzte die Spritze und machte sich an die Arbeit. Sie konnte nicht sehen, was er machte, und ihr Vater stand neben ihr, ihre Hand in seiner. Doch sie hatte nur *ein* starkes Gefühl: *Dies* wollte sie später machen, sie wollte Arzt werden und operieren!

"Ich will auch das Operieren lernen!", sagte sie auf dem Heimweg zu ihrem Vater. Dieser schwieg zuerst und schaute sie dann mit leuchtenden Augen von der Seite an.

"Das wird nicht gehen, mein Kind. Mit einem Realschulabschluss kannst du kein Arzt werden, wohl Krankenschwester. Operationsschwester vielleicht."

"Nein!", rief sie böse. "Ich will es selbst – nicht nur daneben stehen!"

Er hätte jetzt antworten können: "Dann müsstest du etwas weniger faul sein und so gut dein Bestes tun wie deine Schwester." Aber so war er nicht, wahrscheinlich dachte er so etwas nicht einmal. Er sagte:

"Dann musst du nach der Realschule noch weiter lernen, das wird dann schon möglich sein. Erst das Gymnasium und dann zur Universität. Ich werde den Doktor einmal fragen, wie so etwas stattfindet..."

Sie mochte überhaupt nicht lernen. Ihre Schwester war mit ihren guten Noten auf das Gymnasium in der Stadt gegangen – sie selbst ging in eine nahe gelegene Mädchen-Realschule. Und das noch mit großem Widerwillen.

Von diesem Tag an wurde sie von etwas angetrieben, das stärker war als ihre Faulheit.

*Ich sehe dich in tausend Bildern,
Maria, lieblich ausgedrückt,
doch keins von allen kann dich schildern,
wie meine Seele dich erblickt.*

Novalis (1772 – 1801)

Fast alle katholischen Mädchen heißen Maria, obwohl sie natürlich nicht alle so genannt werden. Sie, die jüngere der beiden, hieß mit vollem Namen Maria. Man fühlte seinen Namen als eine äußerliche Form des eigenen Wesens, seines eigentlichen Seins. Schüchtern wie sie war, wuchs ihre Verlegenheit noch mehr, wenn man sie mit ihrem eigenen Namen anredete. Man hatte das Gefühl, als ob jemand einem den Mantel auszog und einen ins helle Tageslicht setzte. Sie liebte es überhaupt nicht aufzufallen, und wenn sie ihren Namen hörte, stieg ihr die Schamröte ins Gesicht. Maria ... sie teilte ihren Namen mit der Frau, die von allen am meisten gesegnet war. Was blieb ihr anderes übrig, als sich zu schämen, wenn man sie mit diesem Namen rief? In sich, sehr tief verborgen, trug sie eine Ahnung ... eine Sehnsucht, wirklich Maria zu sein. Aber wenn sie sich dieser Sehnsucht ein wenig bewusst wurde, schämte sie sich noch mehr. Sie hatte Angst vor ihrem eigenen Hochmut...

Sie konnte viel besser lernen als ihre Schwester, aber sie wurde nie überschwänglich deswegen gelobt. Ihre Eltern fanden Intelligenz zwar schön, jedoch nicht so wichtig. Auf die Liebe, die Opferbereitschaft, die Aufmerksamkeit und das Interesse für den Mitmenschen, darauf kommt es wirklich an. Wenn Intelligenz dazu einen Beitrag liefern kann, ist das schön. An *sich* ist sie jedoch nicht viel wert. So lebten ihr Vater und ihre Mutter, und obwohl sie diese Überzeugung nie zum Ausdruck brachten, strahlte der ganze Bauernhof mit Anwesen und Obstgarten ihre Lebenshaltung aus.

Sie las gern, und im Winter konnte sie stundenlang mit einem Buch aus der Bibliothek am Herd sitzen. Im Sommer hatte sie ihren Platz am Rande des Anwesens, erst in der Sonne, dann wieder im Schatten. Sie las gerne Heiligenlegenden und Ritterromane. Kinderbücher konnten sie nicht so sehr fesseln. Sie fühlte, wie sie beim Lesen in eine Welt aufgenommen wurde, die ihr fehlte, nach der sie mit zunehmender Wehmut verlangte.

Studieren war ihr anderes Hobby. Sie wollte vorwärts und schaute immer auf die letzten Seiten ihres Rechenbuches, weil sie wissen wollte, ob sie die Aufgaben schon machen konnte. Für ihre Schwester war sie eine Streberin, doch das war sie nicht. Sie strebte eigentlich nicht nach Anerkennung, sondern eher nach ... *Wissen*, nach Bereicherung, nach Zunahme ihrer Fähigkeiten. Sie bekam keine Eins für Geographie, weil sie es so wichtig fand, zu wissen, wo alles 'lag' – sondern sie experimentierte damit, *wie* man so schnell wie möglich so etwas lernen konnte. Sie war nie weiter von zu Hause entfernt gewesen als Heerlen oder Maastricht, und so sagte ihr eine Stadt wie Amsterdam nur etwas durch Fotos und Erzählungen. Sie entdeckte, wie man sich in Bildern und auch in Worten etwas merken konnte. In Bildern war alles viel reicher, aber es kostete auch mehr Zeit, auf diese Weise zu lernen. In Worten ging es viel schneller, aber das ermüdete sie sehr.

Rechnen brauchte man eigentlich nicht zu *lernen*, das musste man *können*, indem man es begriff. Sprachen lernte man mit *Gefühl*, ergänzt durch ein paar Regeln. So spielte sie eigentlich mit dem Lernen, während ihre Schwester Unfug trieb und keine Lust hatte, sich ein wenig Mühe zu geben.

Sie besuchte das Gymnasium in der Stadt. Dort entdeckte sie, *wie* allein sie mit ihrem Streben war… Es gab natürlich viele intelligente Mädchen, die genau wie sie die höchsten Noten erzielten. Aber bei niemandem fand sie das Interesse am Lernen *selbst*, das bei ihr gerade die Triebfeder war. Durch ihre Verlegenheit blieb sie im Hintergrund, und außerdem fühlte sie sich als Bauernmädchen nicht wohl zwischen den Töchtern von Ärzten, Notaren und reichen Geschäftsleuten. Aber eines der Mädchen suchte dennoch spontan immer wieder ihre Gesellschaft. Maria verwunderte sich immer wieder darüber, wie einfach diese Freundschaft mit einem so schönen, flotten und auch reichen Mädchen aus der Stadt entstand. Jedes Mal, wenn sie sich einsam fühlte, war sie ganz in ihrer Nähe, auf der Schulbank, auf dem Rad, während der Turnstunde, auf dem Schulfest.

"Schläfst du einmal bei uns? Am Freitag? Dann gehst du nach der Schule mit mir und bleibst bei uns!", fragte Rose sie einmal.

Sie betrat eine andere Welt…

Das Haus lag in einem Villenviertel der Stadt, in einem großen Garten. Das war hier kein unordentliches Anwesen mit alten Stühlen, die in der Sonne an der Wand standen, und ihrem Vater, der in einem Overall und Holzschuhen lief. Hier schien jeder Grashalm kultiviert zu sein, die Fliesen rund um das azurblaue Schwimmbad waren auf Hochglanz poliert, die Hecken sauber geschnitten. Zu Hause blühten wild die Rosen um die Pforte zur Wiese – hier bestimmte der Gärtner, wie weit sie gehen durften. Der Vater des Mädchens war ein zurückhaltender Mann, während seiner Arbeit als Notar gekleidet wie ihr Vater zu einer Beerdigung... Die Mutter sah sie erst abends, sie hatte einen anstrengenden Job. Sie war eine vornehme Frau und trug ein Kostüm, ihre Arme und Finger waren geschmückt mit Gold und Brillanten.

"Am Freitagabend essen wir immer Brötchen und Suppe", sagte sie entschuldigend. "Ich hoffe, dass es dir recht ist."

Schweigend saß sie am Tisch. Die Eltern redeten, sie nahm alles tief in sich auf. Zu Hause war sie es gewöhnt, in der Limburger Mundart zu sprechen, hier wurde Holländisch gesprochen. Der Vater war ein richtiger Herr, der vornehm sprach, als ob er ein Testament vorlas. Von Zeit zu Zeit schaute er sie durch seine Brille prüfend an. Nach dem Essen blieben sie noch am Tisch sitzen, und der Vater wandte sich jetzt direkt an sie.

"Erzähle doch mal Maria, wie findest du es hier in der Schule?"

Mitten durch ihre warme Verlegenheit drang eine Art Kraft in sie. Errötend schaute sie den Herrn an und antwortete:

"Es ist sehr schön, aber ich muss mich wohl daran gewöhnen..."

"Ich hörte, dass du gute Noten bekommst. Lernst du viel?"

"Ich brauche nicht so viel zu tun, mein Herr. Wenn man in der Schule gut aufpasst, braucht man nicht mehr so viel zu lernen."

"Die meisten Kinder passen nicht so gut auf", sagte er lä-

chelnd. "Findest du es so interessant?"
"Nicht immer. Ich finde die Lehrer interessant, sie sind alle anders. Darauf achte ich besonders, und dann höre ich auch, was sie sagen."
"Dürfen wir uns entfernen?", riefen die beiden Brüder ungeduldig. Der Vater machte eine bejahende Bewegung, fragte aber weiter:
"Und was möchtest du später einmal werden?"
War es ein Gespräch aus reiner Höflichkeit, oder war dieser Herr wirklich so interessiert ... sie wusste es nicht. Sie zuckte leicht mit den Schultern und sagte:
"Ich weiß es nicht. Ich kenne nur den Obstgarten und die Bäckerei und so. Und die Schule. Ich weiß noch nicht so richtig, was man alles werden kann."
"So ein Mädchen wie du muss eine richtige Wahl treffen. Gut nachdenken!"
Sie spürte die Sympathie, die von ihm ausging. Er mochte sie und ließ sie das merken.
"Dürfen wir jetzt endlich etwas anderes machen, Papa?"
Dass man es wagte, einen solchen Herrn so etwas zu fragen! Der Vater nickte und sagte noch:
"Du musst nur oft kommen, mein Kind. Ich möchte gern noch einmal mit dir reden."
Den ganzen Abend sahen sie fern. Für sie war es wie ein Fest, denn zu Hause gab es noch keinen Fernseher. Sie sahen die Nachrichten, ein Quiz und dann noch einen Film. Im Bett redeten sie noch bis tief in die Nacht, und der Morgen fing erst um elf Uhr an...

"Dürfen wir auch schwimmen?", fragte sie nach dem Frühstück.

Sie hatte sich schon eine Weile gefragt, ob sie so etwas wohl fragen konnte – und schließlich hatte sie Mut gefasst.

Sie genoss das frische Wasser und danach das Trocknen in der Sonne, den Tee mit Stachelbeerkuchen, den die Mutter ihnen brachte. Als sie schließlich spät am Nachmittag wieder zu Hause ankam, war sie ein wenig verwirrt. Sie sah den alten Bauernhof, das schmutzige Anwesen, die kaputten Stühle, den Hund, die Hühner und die Kaninchen auf einmal ganz anders. Alles war in einem schlechten Zustand, aber doch sauber. Ihre Eltern trugen alte Kleider, die jedoch frisch gewaschen und gebügelt waren. Spürte sie Unzufriedenheit? Ihre Mutter schnitt dicke Stücke Grau- und Schwarzbrot, auf einer Schüssel lag ein Stück Butter, der Tisch war mit einem Plastiktischtuch gedeckt, darauf stand abgenutzte Töpferware. Es roch nach Mist, grüner Seife und Tieren... Opa saß in seinem Stuhl und rauchte seine Pfeife und verbreitete seinen eigenen Duft. Still setzte sie sich an den Tisch und betete mit den anderen das Vaterunser.

"Und, Maria?", fragte ihr Vater. "Wie war es beim Notar?"

"Schön. Aber auch ein wenig fremd, ein bisschen komisch. Ich weiß es nicht. Alles ist dort schön und vornehm, sie haben ein ganzes Zimmer voll mit Büchern und Schallplatten. An den Wänden hängen Gemälde und überall liegen dicke Teppiche. Sie waren alle ganz nett zu mir, und der Vater ... er war ganz besonders nett. Verstehst du, Papa?"

Seine blauen Augen lachten ein wenig bekümmert. Er nickte.

"Solch ein Herr hat etwas, das wir dir nicht bieten können. Er hat studiert und weiß sehr viel. Solche Menschen leben ganz anders, Maria."

"Leben sie denn nicht richtig?"

"Anders... Wir haben unseren Garten und wir haben unseren Glauben – und wir haben einander. Mehr gibt es nicht, und mehr brauchen wir auch nicht. Aber du Maria ... bist begabt und du wirst aus allem hier herauswachsen..."

"Das ist nicht wahr, Papa! Niemals!"

"Doch, mein Kind. Ich meine damit nicht, dass du uns abweisen wirst, aber du wirst noch eine andere Welt entdecken. Eine Welt, die wir nicht kennen, aber für dich steht die Tür zu dieser Welt offen. Mache dich auf den Weg, mein Kind. Talente müssen benutzt werden, das weißt du. Entdecke, so viel du nur kannst – wir stehen hinter dir."

Warum musste sie auf einmal ein wenig weinen? Hatte Papa Kummer? Er stand auf und nahm das schluchzende Kind in seine Arme.

Von dem Tag an war sie auf dem Weg...

"Wozu sind wir Menschen auf der Erde? Was denkst du, mein Kind?"

Der Notar stellte ihr oft solche Fragen, wenn sie nach dem Abendessen noch eine Weile am Tisch saßen. Sie hatte sich an seine direkte Vorgehensweise gewöhnt, obwohl sie nie sah, dass er seine eigene Tochter oder seine Frau so ansprach.

Wozu sind wir wohl auf Erden ... es gab eine Standardantwort auf diese Frage im Katechismus. Sie schauderte ... und sie sagte:

"Für die Liebe, denke ich. Um das Lieben zu lernen. Ich möchte so werden wie mein Vater..."

"Wie ist denn dein Vater?"

Sie dachte nach. Sie wusste haargenau, wie er war, und ihr

fehlten dafür die Worte.

"Er arbeitet und schaut an. Und er betet. So ist mein Vater."

"Er schaut an?"

"Ich meine – nicht nur mit seinen Augen. Er schaut und hört zu und versteht, immer alles sehr ruhig, ohne Kritik. Er lässt einen völlig frei, er beobachtet nur. Er greift nicht ein, niemals. Das braucht auch nicht, denn man kann in seiner Anwesenheit nicht anders als mit ihm im Einklang sein."

Sie bemerkte Verwunderung in den grauen Augen hinter den Brillengläsern. Sie war noch jung und schon so weise, sie war sich dessen bewusst. Zu vernünftig vielleicht. Aber der Notar mochte das und er regte sie an, nachzudenken und ihre Gedanken auszusprechen.

"Und so möchtest du auch sein?"

Sie dachte an die andere Welt, die zu ihrer vertrauten Welt hinzugekommen war, die Welt des gelehrten Mannes ihr gegenüber. Die Welt, die sie in der Schule kennen lernte. Diese Welt hatte eine ganz *andere* Qualität als die Welt ihres Vaters, er brauchte diese nicht.

Sie schauderte nochmals, und sie sagte verlegen:

"Ja. Aber ich möchte auch mehr..." Sie senkte ihren Blick, sonst konnte sie das "Mehr" nicht aussprechen. "Ich möchte auch so werden wie ... Sie. Ich möchte mehr *wissen* als mein Vater. In mir schlummern mehr Fragen, als das bei ihm der Fall ist. Doch wird man davon geringer als er. Wissen scheint eine Art Sünde zu sein, als ob es einen weniger *gut* macht oder so."

"Ist er dagegen, dass du auf dem Gymnasium bist, Mädchen?"

Der Notar verstand es also doch nicht. Sie antwortete:
"Er ist niemals gegen etwas, das ist es ja gerade. Er schaut immer nur an."
"Er wird doch wohl eine Meinung haben? Zum Beispiel, dass du sonntags in die Kirche gehen musst?"
Sie verneinte, heftig mit ihrem Kopf schüttelnd.
"Er geht, und weil wir seine Kinder sind, müssen wir auch. Aber von anderen verlangt er das nicht, die müssen das selbst entscheiden."
"Natürlich. Aber er findet das selbstverständlich nicht in Ordnung, wenn sie nicht gehen."
"Weder richtig noch falsch. Sie sollten seine Augen mal sehen. Er schaut sehr aufmerksam, aber er urteilt nicht."
"Und du? Was findest du?"
"Ich finde das auch. Andere Menschen haben das Recht, selbst zu entscheiden, was richtig und was falsch ist."
"Was hat es für einen Sinn, viel zu wissen, gelehrt zu sein?"
"Ich weiß es nicht. Meiner Meinung nach hat es keinen Sinn, aber sich mit dem Lernen zu beschäftigen, das hat seinen guten Sinn."
Er lächelte.
"Also, all diese dicken Bücher, aus denen ich gelernt habe – sie haben alle keinen Sinn?"
Sie mochte diese Diskussion nicht, sie hatte auch großen Respekt vor dem Notar. Aber sie musste doch erklären, was sie meinte.
"Natürlich ist es nötig, aber es hat keinen Sinn."
"Du meinst: Wenn du tot bist, ist alles weg."
Sie nickte.
"Ich glaube, dass ich das meine, ja. Was mein Vater macht,

ist dann nicht weg, aber *Wissen* schon. Das denke ich, ich fühle es so."

"Und doch möchtest du mehr wissen?"

Sie wurde ein wenig traurig davon und nickte nur.

"Du solltest aufhören, Bas. Das Kind verliert ja die Fassung", sagte die Mutter etwas böse.

"Sei bitte still", sagte der Notar, und zu Maria gewandt: "Ich möchte dir nichts Böses tun, Mädchen. Es ist nur Interesse. Du bist ein intelligentes Mädchen und sehr tiefsinnig. So jemandem begegnet man nicht alle Tage. Es ist doch ein Wunder, wie unterschiedlich die Menschen sind und wie verschieden ihre Ideale. Du hast sehr viele Möglichkeiten, und ich möchte dich ein wenig fördern."

"Das ist nicht so schlimm", erwiderte sie leise.

Er erhob sich, und freundlich berührte er kurz ihre Wange. Die Geste rührte sie sehr...

"Mein Vater benimmt sich furchtbar blöde!", sagte Rose. "Komm, lass uns fernsehen."

Maria tat so, als ob das Fernsehen sie interessiere, aber sie war sehr gerührt und konnte sich nicht von ihren Gefühlen lösen. Sie fühlte eine große Ehrfurcht vor dem Notar, und sie erlebte seine Einsamkeit. Alle Menschen sind allein ... sie haben ihr tiefes Streben und Verlangen. Aber sie fürchtete sich auch ein wenig vor ihm. Er ließ sie fühlen, dass er ein erwachsener *Mann* war und sie ein Mädchen...

Sie wollte mit ihrem Vater darüber sprechen, aber sie wusste nicht wie. Sie wusste nicht, ob dies ein Teil seiner Welt war. Sie suchte ihn zwischen seinen Obstbäumen, und wie immer hörte er sofort mit seiner Arbeit auf.

"So, mein Kind. Wie war es bei Rose?"
Er sah doch immer genau, was mit ihr los war...
"Nett. Aber der Vater, Papa..."
Er setzte sich mit ihr auf einen Baumstumpf, sie saßen dicht neben einander. Sie fühlte ihn, seinen Körper, vor allem aber *ihn*.
"Was ist denn mit dem Vater?"
"Rose sagt, dass er zu mir viel netter ist als zu ihr. Sie streiten sich immer, aber wenn ich dabei bin, zeigt er großes Interesse und fragt mich vieles."
Ihr Vater legte ihr seine Hand aufs Knie.
"Du bist kein Kind mehr, Maria. Du bist fünfzehn und du wirst ein schönes Mädchen –"
"Agnes ist viel hübscher."
"Ein schönes Mädchen, das bist du. Unschuldig, eifrig und gehorsam. Jeder Mann sucht eine Jungfrau – aber er findet in der Ehe eine Frau, die das Geld verwaltet und auf alles ihren Kommentar gibt."
"Und Mama?"
"Mama ist mein Kamerad. Aber meine Jungfrau ist der Stern des Meeres*... die Mutter Gottes. Und doch sucht der Mann immer die Jungfrau in seinem Mädchen, in seiner Frau."
Was meinte er? Dass der Notar sich in sie verliebt hatte? Ein kalter Schauder lief ihr den Rücken hinunter. Er legte den Arm um sie.
"Du bist auch immer ein gläubiges Kind gewesen, und jetzt wirst du langsam eine gelehrte Frau. Dein Wesen *trifft* den

---

* In Maastricht gibt es eine berühmte Kapelle mit einer wunderbaren Mariastatue, 'Maria, Sterre der Zee', d.h. Stern des Meeres.

Notar, Maria. Keine Angst! Du brauchst nie Angst zu haben, Menschen zu *berühren*."

Sie seufzte tief.

"Ich habe keine Angst, Papa. Er berührt mich doch auch, weil er mich aufruft, jedes Mal erneut. Die Dinge, die wir in der Schule lernen, machen es mir schwer, weiterhin zu glauben. Was wir glauben müssen, ist im Widerspruch mit der Wissenschaft. Und es kann auch eigentlich nicht, und es geschehen jetzt nie mehr Wunder. Wer sagt, dass es damals wohl so war? Ein Mensch kann doch nicht sterben und wieder auferstehen?"

"Nein, kein Mensch, Maria. Ein Mensch nicht, ein Gott wohl. Das unterscheidet den christlichen Glauben von allen anderen Religionen. Wir glauben nicht so sehr an eine Lehre, wir glauben an eine *Tat*, eine Tat Gottes in einem menschlichen Körper. Dass *das* ein Mysterium ist, will ich nicht leugnen. Aber dein Vater, Maria – ich habe mein ganzes Leben in den Dienst dieses Mysteriums gestellt. Bald tragen unsere Bäume wieder Früchte, danach werden sie bewegungslos, die Bäume. So still wie der Tod. Ein anscheinend toter Baum bleibt stehen. Ist das kein Wunder, dass aus diesem Holz im nächsten Frühjahr wieder Knospen sprießen? Wunder? Sie geschehen jeden Tag. Jeden Tag, Maria! Das Interesse eines Notars für ein einfaches Mädchen wie dich – ist ein Wunder!"

"Aber das Mysterium, von dem du sprachst, der Kern unseres Glaubens, geht doch viel weiter. Das ist mit einem absolut toten Baum zu vergleichen, aus dem dennoch Knospen sprießen. Das kann wirklich nicht. Und doch müssen wir das glauben, nichts weniger als das!"

Der Vater antwortete ernsthaft:
"Die Worte 'glauben' und 'müssen' gehen nicht zusammen, mein Kind. Der Glaube hängt mit dem vollen, ungebundenen Willen zusammen. Ich sage dir noch einmal: Für deinen Vater gibt es keinen Glauben an die Lehre. Es ist der Glaube an die Tat, und die Tat lebt weiter bis in unsere Zeit. Es gibt Auserwählte, die schauen dürfen, dass Er noch immer unter uns weilt. Dieses Schauen wirkt nachhaltig bis in alle Einzelheiten des alltäglichen Lebens, Maria."
So offenbarte er ihr vorsichtig den Ursprung seiner Ruhe, seiner Hingabe, seines Schauens. Sie wusste jetzt, dass er, ihr Vater, Ihn geschaut hatte. Sie wusste jetzt, warum sie so werden wollte wie er.

Als Maria schließlich ihr Abitur gemacht hatte, kam der Notar mit seiner Frau und Rose zu einer Tasse Kaffee und Kuchen auf ihren Bauernhof. Sie war sehr nervös, aber ihre Mutter sorgte durch ihr fröhliches Geplauder dafür, dass ihre Nerven sich beruhigten.
Die ganze Anrichte stand voller Kuchen, und der Duft von frisch gebackenem Teig und starkem Kaffee stimmte jeden voller Erwartung. Für die besondere Gelegenheit war die gute Stube gelüftet und geputzt, und die Männer ließen sich sofort dort nieder, während die Mutter der Frau des Notars ihre Küche und das Nebengebäude mit den großen Vorräten an eingemachtem Obst und Gemüse zeigte. Maria und Rose schnitten den Kuchen in große Stücke, während Agnes mit zwei Gabeln die Sahne schlug. Agnes war ein wenig mürrisch, weil ihre Schwester das Abitur schon bestanden hatte, während sie noch zwei Jahre zur Schule gehen musste. Außerdem

mochte sie es nicht, dass ihre Schwester im Mittelpunkt des Interesses stand, sie war das nicht gewöhnt!

Maria fühlte die Gefühle ihrer Schwester immer stark mit, und es entging ihr darum auch nicht, wie Agnes sich fühlte.

"Soll ich dir helfen?", fragte sie freundlich.

"Nein, lass nur. Es ist dein Fest", murrte Agnes.

Maria zuckte mit den Schultern und dachte an die beiden Männer in der guten Stube. Wie würde es gehen? Sie kannten einander aus den Geschichten, die sie, Maria, erzählte. Nun trafen sie sich wirklich...

Sie rauchten zusammen eine teure Zigarre und sprachen über die Kommunalwahlen. Sie konnte es nicht glauben! Jetzt waren sie endlich mal zusammen und das noch auf ihrem Fest, und was machten sie? Sprachen über so etwas Banales wie Politik!

Sie trug das Tablett mit dem Kaffee ins Zimmer und reichte den Männern den Kaffee. Agnes kam mit dem Kuchen herein, die beiden Mütter folgten.

"Darf das Radio an?", fragte Agnes frech und stellte die Musik an.

"Das sind zwei ganz verschiedene Typen!", sagte der Notar bedeutungsvoll. "Wir haben Maria mit großem Vergnügen bei uns gehabt und werden sie vermissen, wenn sie so weit entfernt von uns studiert. Ich habe versucht, sie zu einem Jurastudium zu überreden. Zu Anfang schien es mir, als ob es mir gelänge. Aber allmählich wurde es doch deutlich, dass sie einer Berufung zu einem der schönsten Berufe folgt: Arzt!"

Agnes schaute sauer. Maria hatte sie nur nachgeäfft – und jetzt fing sie auch noch viel eher mit ihrem Studium an!

"Ich weiß nicht, ob es eine Berufung ist", sagte Maria errötend. "Ich hatte auch wohl ins Kloster gehen wollen, aber ich wage nicht, den großen Schritt zu tun. Man weiß doch nicht wirklich, woran man ist, und der Schritt ist definitiv, wie eine Heirat. Ich würde mich verpflichtet fühlen, dieser Wahl treu zu bleiben."

"Es ist ein großer Unterschied. Leben für den Geist oder leben für den Körper, für die Gesundheit." Der Notar wandte sich an den Vater. "Meinen Sie nicht auch?"

"Letztlich sind beide nicht so unterschiedlich. Ich kann mit gleich viel Recht behaupten: Ich lebe für die Natur, wie: Ich lebe für den Geist."

"Das sind zwei verschiedene Seiten in einem Menschen. Sie sind nicht gleichzeitig aktiv. Sie arbeiten auf dem Land oder Sie beten."

Der Vater schüttelte vorsichtig den Kopf.

"Für mich ist die Arbeit auf dem Land eine Form des Gebetes. So könnte man auch Arzt sein."

"Und Notar?", fragte der Notar lächelnd.

"Auch Notar. Obwohl Sie dort in einem Grenzgebiet zwischen Körper und Geist arbeiten, nicht wahr?"

"Sie haben viel nachgedacht", stellte der Notar fest.

"Ach, nein ... es kommt mir alles als selbstverständlich vor. Aber wir wollen nicht über mich sprechen. Maria steht auf der Schwelle zum Leben in der weiten Welt. Dies ist ein besonderer Augenblick."

"Maria ist ein sehr vernünftiges Mädchen. Sie wird fleißig studieren und vernünftig leben."

"Sie muss aber auch als eine richtige Studentin leben. Sich umschauen lernen in der großen Stadt, ausgehen, Freundschaften schließen."

"Warum haben Sie Amsterdam als Studienplatz gewählt?"
"Sie hat selber die Wahl getroffen. Keiner von uns ist je dort gewesen, aber sie hat sich von der Hauptstadt angezogen gefühlt."

Sie fühlte sich unbehaglich. So einfach war es aber gar nicht gewesen... Sie wollte Medizin studieren aus einer Sehnsucht nach Wirklichkeit im Studium. Amsterdam ... hatte sie gewählt, weil sie sich vom Klang angezogen fühlte. Amsterdam ... das klang viel besser als Nimwegen oder Utrecht. Amsterdam war weit entfernt, und sie fürchtete sich, ihr Haus zu verlassen. Sie würde nur ab und zu nach Limburg fahren können, die Reise mit dem Zug war teuer. Ihre Eltern würden ihr fehlen, sogar Agnes, obwohl sie sich auch wohl darauf freute, ihr eigener Herr sein zu können. Agnes wollte ja immer alles bestimmen...

Als der Notar gegangen war, senkte sich eine tiefe Wehmut in ihr Herz. Ach, sie würde sie öfter besuchen, der Abschied war nicht für immer. Aber dennoch würde alles anders sein. Rose hatte ihr Abitur nicht bestanden, sie musste noch ein weiteres Jahr zur Schule gehen und würde jetzt andere Freundinnen mit zu sich nach Hause bringen, die bei ihr am Tisch sitzen würden und denen ihr Vater seine Fragen stellen würde...

*

Zwei getrennte Welten mit einer gemeinsamen Umgebung: So waren die beiden Schwestern.

Agnes konnte sich maßlos an ihrer Schwester ärgern. Sie fand Maria lahm und langweilig – und doch war Maria für sie auch unentbehrlich. Wenn Maria ihren eigenen Weg ging, wie in der Freundschaft mit der Tochter des Notars, war sie furchtbar eifersüchtig. Sie konnte diese Rose, dieses schöne Mädchen, nicht leiden! Aber wenn Maria dann bei ihr war, während sie mit Jet ausgehen wollte, hatte sie schnell genug von ihrer lieben Schwester. Maria war fleißig, gehorsam und tief gläubig. Sie selbst hasste es, aktiv zu sein, versuchte, jedem Auftrag zu entweichen, und in der Kirche zählte sie die Minuten.

"Wenn Papa nicht so fürchterlich streng wäre, ginge ich nicht mehr mit am Sonntag", klagte sie Maria ihr Leid.

"Du bist verrückt! Papa streng ... er ist so verträglich und freundlich wie kein anderer. Du darfst alles bei ihm!"

"Überhaupt nicht! Wenn man so einen Vater hat, kann man nicht machen, was man will. Man könnte ihm nicht mehr unter die Augen kommen, man kann es ihm nicht antun."

"Dann darfst du *nicht* behaupten, dass er streng ist! Es steckt in dir selbst, du kannst dich ihm nicht widersetzen, obwohl du möchtest."

"Jet erlaubt sich alles..."

"Wenn ihre Eltern dahinter kommen, was sie alles 'macht', bekommt sie eine fürchterliche Tracht Prügel."

"Das geht vorbei. Wir müssen jedoch immer brav sein, weil Papa so nett ist und Mama so fröhlich."

"Wer beklagt sich denn bloß über Glück! Dann bist du doch wirklich verrückt. Du hättest also lieber regelmäßig eine tüchtige Abreibung?"

"Ja", erwiderte Agnes böse.

Maria und Papa ... sie waren gleich. Man konnte gegen sie nichts machen, weil beide immer ehrlich und nett waren.

Doch verübte Agnes ab und zu Streiche, und dann musste Maria zusammen mit ihr lügen. Maria würde sie nie verraten, aber sie nahm es Agnes wohl übel. Niemand kam dahinter, weil Papa vertrauensselig war, was auch schon wieder beschämend war. Außerdem hatte man das Gefühl, dass er es doch wohl wusste und es einfach zuließ.

In jedem Fall wurde Agnes von all dieser Güte schlecht. Sie fand ihre Familie langweilig und oberflächlich, überhaupt nicht im Bilde, was es im Leben so gab.

Mädchen in der Provinz Limburg trugen in jener Zeit noch Röcke und Kleider. Eine Hose durfte nur während des kalten Winters getragen werden, aber dann musste man doch einen Rock darüber anziehen. Das sah natürlich nicht aus. Agnes wollte eine dieser Nietenhosen, wie es sie in der Großstadt zu kaufen gab. Sie stahl jede Woche einen Gulden aus der Geldbörse ihrer Mutter. Diese Geldbörse lag in der Küche auf einem Regal. Nach etwa einem halben Jahr konnte sie über eine Beziehung eine Nietenhose kaufen. Sie versteckte die Hose bei Jet und zog sie nur an, wenn sie zusammen waren, mit den Jungen. Sogar Maria durfte es nicht wissen. Man musste sich flach auf den Boden legen, um die Hose schließen zu können, so eng war sie. Dann fühlte man auf einmal, dass man einen Hintern hatte… Wenn sie die Hose trug, forderte sie die Jungen heraus, die dann doch wieder nichts durften. Sie zog die Jungen an und stieß sie wieder ab. Es war das schönste Spiel, das es gab.

In der Schule war sie noch immer faul, auch dann noch, als sie wusste, dass sie Chirurg werden wollte. Ihr Vater schaffte es über den Doktor, dass sie von der Realschule zum Gymnasium gehen durfte. Sie musste sich allerdings zwei Klassen zurückversetzen lassen. So war sie an derselben Schule wie ihre Schwester Maria, die aber schon zwei Klassen weiter war. Wenn sie Maria gewesen wäre! Oh, sie hätte ihren Vorsprung ausgenützt! Sie hätte sie über die *Schulter* angesehen! Aber Maria tat das nicht ... sie war lieb zu ihr, zeigte ihr überall den Weg und so. Sie freute sich nicht einmal darüber, Maria war eine dumme Ziege! Eine Schwester, für die man sich schämen musste!

*

Alle, wirklich alle Menschen leben aus einer tiefen, innigen Sehnsucht. Wie Novalis sagt, ist die Sehnsucht das schönste Geschenk, das die Seele empfangen hat. Sie macht den Menschen zu einem *strebenden*, und dieses Streben ist unbegrenzt. Als Kind kommt die Sehnsucht erst in einem wunderbar vollkommenen Gestaltgeben des Körpers zum Ausdruck, was natürlich nur aus dem tiefsten Unbewussten geschehen kann. Würde der Verstand auch nur ein klein wenig mitarbeiten, würde der Körper eine Ruine werden. Der Verstand ist ja viel zu klein, zu beschränkt, um so etwas Großes zustande bringen zu können. Später äußert sich diese Sehnsucht – noch immer objektiv – in der Fähigkeit zu *lernen*. Aber dann, in der Pubertät, kommt die Zeit, in der die Sehnsucht anfängt, im Bewusstsein zu leben. Nicht ganz, sondern als tiefe Leidenschaft, die jetzt einen subjektiven Charakter annimmt. Denken Sie bitte nicht, dass hier von irgendeiner genetischen Veranlagung oder von Umwelteinflüssen die Rede ist. Die bestimmen nur die *Form* der Sehnsucht mit, nie aber deren individuelle Art. Diese kommt aus den Weiten der Vergangenheit, aus für den Verstand unverständlichen Schichten des Menschseins.

Die Seele kann so rein und transparent sein, dass die ursprüngliche, objektive Sehnsucht, die rein geistiger Art ist, sich ohne Verformung im Leben gestaltet. Im Innern gibt es keine Hindernisse, und die Kraft ist dermaßen groß, dass die äußeren Umstände – Gene und Umwelt – optimal benutzt werden können.

Aber die Seele kann auch voller Lust an sich selbst sein. Dann wird die ursprüngliche Sehnsucht dadurch geschwächt. Erbliche Veranlagung und Umwelt überrumpeln dann oder werden eigensinnig benutzt...

*

Das aufwachsende Mädchen Agnes wurde von einem brennenden Verlangen getrieben. Sie war schön, war unsterblich in sich selbst verliebt und wollte sich in allen Bereichen des Lebens beweisen, ohne jedoch viel dafür tun zu wollen.

Sie wollte die Beste sein, aber es musste von alleine gehen. Sie wollte auch die Schönste sein, weshalb sie sich allerdings die Mühe machte, ihre Lippen rot zu färben und schwarzen Eyeliner aufzutragen. Sie liebte es, sich zu zeigen, und suchte dazu begierig jede Gelegenheit. Sie hatte auch keine Schwierigkeiten damit, zu diesem Zweck zu lügen... Wie Maria übernachtete sie öfters am Freitagabend bei einer Freundin, aber niemand wusste, dass dies ein Mädchen von zwanzig Jahren war, das schon ein eigenes Auto hatte und mit dem sie dann bis tief in die Nacht in der Stadt war, um zu tanzen. Sie blieben dann, bis auch die letzte Wirtschaft ihre Türen schloss ...

und wenn sie Lust hatten, fuhren sie danach noch über die Grenze nach Belgien oder nach Deutschland. Dort tanzten sie mit Soldaten aus den Kasernen. Voller Lust an sich selbst, tauchte sie tief ein in ihre erwachende Seele, die ein kräftiges Leben der Leidenschaft war...

Sie besorgte sich selbst die Pille bei einem Arzt, der weit genug von ihrem Elternhaus wohnte, und belohnte so ab und zu einen Soldaten, der die Spendierhosen anhatte oder ganz einfach anziehend war. Wenn man sie nach ihrem Alter fragte, sagte sie immer, dass sie bereits achtzehn oder sogar schon zwanzig war. Jeden Freitagabend war sie zwanzig...

In der Schule aber hatte sie Probleme. Sie war zwar intelligent genug, doch sie konnte dieses kleine bisschen notwendiger Aufmerksamkeit nicht aufbringen. Sie war mit ihren Gedanken überall, nur nicht beim Lernen. In der elften Klasse blieb sie sitzen...

"Agnes, wir müssen einmal ernsthaft miteinander reden", sagte ihr Vater. "Es scheint mir besser, dass du einfach eine Arbeit anfängst. Du hast den Realschulabschluss, kannst Krankenschwester werden oder Sekretärin, oder du kannst hier auf dem Bauernhof mitarbeiten. So, wie es jetzt geht, hat es keinen Sinn. Du wirst zwanzig sein, bevor du dein Abitur hast, *wenn* du es dann hast. Wir müssen nicht etwas wollen, was nicht zu schaffen ist."

Tief beleidigt antwortete sie:

"Es ist wohl zu schaffen. Ich kann es!"

"Daran zweifle ich doch nicht, mein Kind. Dir fehlt nur der *Wille*. Wenn du Chirurg werden willst, ist ein Wunsch und ein Talent nicht genug. Du musst auch wollen."

"Ich will doch auch!"

"Du willst gerne, aber du zeigst keinen Einsatz. Einsatz ist Wille. Dein *Wille* ist nicht stark genug."

Sie war zutiefst verletzt. Und auch ein wenig verzweifelt. Ihr Vater war bestimmt nicht auf den Kopf gefallen, obwohl er immer freundlich blieb. Wenn er seine Mitarbeit aufgab, konnte sie es vergessen. Dann wäre sie für den Rest ihres Lebens eine Unterlegene, erst einem Chef gegenüber, später einem Ehemann. Sie setzte sich kerzengerade hin und schaute ihren Vater an.

"Lass mich noch ein Jahr in die Schule gehen, Papa. Bitte!? Ich werde dir zeigen, dass ich wohl einen Willen habe. Und wenn ich dann mit guten Noten versetzt werde, darf ich den Abschluss machen. Ja? Bitte?"

Ihr gelang das Schmeicheln immer sehr gut, aber bei ihrem Vater war das gar nicht nötig. Er schaute einfach zurück und sagte ruhig:

"Gut Agnes. Das hätten wir dann vereinbart." Er streckte seine Hand aus und nahm ihre fest in seine. "Dann zeige mal, was in dir steckt."

Sie war zu stolz, sich nun weiter ganz ihrer Faulheit hinzugeben. Ihre Hausaufgaben machte sie immer noch nicht, dafür passte sie aber in der Schule gut auf, und vor einer Klausur lernte sie eine Stunde. Sie brachte jetzt Einser und Zweier mit nach Hause...

Mit zwanzig bestand sie mit Auszeichnung ihr Examen. Jetzt kam kein Notar mit Frau und Tochter, jetzt kamen jede Menge Freunde und Freundinnen, die ganze Familie, Bauer und Bäuerin Erens mit all ihren Kinder und Anhang – und

Maria aus Amsterdam.

Bis tief in die Nacht hinein feierte man. Agnes hatte die Prüfung bestanden!

> *Wo ist die Wahrheit?*
> *In dem wahrnehmbaren Objekt wie*
> *in einem Spiegel,*
> *In der Rede in der Art und Weise*
> *des Argumentierens und Sprechens,*
> *In dem Intellekt in der Art und Weise*
> *der Annahme und der Folge,*
> *In dem Geist in der eigentlichen und*
> *lebenden Form.*
>
> Giordano Bruno* (1548 – 1600)

Die Welt, die Maria betrat, schien größer, als sie jemals erwartet hatte. Natürlich hatte sie zu Hause in Verehrung auf den mit Sternen besäten Abendhimmel geschaut und gefühlt, wie *groß* die Welt war, wie unendlich groß. Amsterdam war auf eine andere Weise groß zu nennen. Die Häuser waren riesig hoch, die Zahl der Straßen mit diesen Häusern war schier unzählbar. Die Straßen waren belebt, und man hörte fremde Sprachen. Zu Hause hatte sie mit ihrem *Sein* die Welt einigermaßen ausfüllen können; hier fühlte sie sich winzig und unbedeutend. Und vor allem einsam. Fremd in einer Welt, die jedem bekannt zu sein schien und in der jeder anscheinend jeden kannte – außer ihr. Sie kannte niemanden, niemand kannte sie.

Dennoch liebte sie schon nach einigen Tagen die Stadt. Sie machte einsame Spaziergänge an den Grachten entlang, bewunderte die Giebel und genoss in Ruhe die beginnenden Herbstfarben. Sie hatte wenig Geld zum Ausgeben, aber sie liebte es, sich im Warenhaus 'Bijenkorf' umzusehen, ohne et-

---

* Giordano Bruno wurde als Ketzer von Papst Clemens VIII. auf dem Scheiterhaufen verbrannt.

was zu kaufen. Es war etwas Besonderes in dieser Stadt ... ein bestimmtes 'Aroma', das sie vorher noch nirgendwo wahrgenommen hatte.

Ihr fehlte das Geld, um einer Studentenverbindung beizutreten. Aber als die Vorlesungen einmal angefangen hatten, kam sie auch so ab und zu mit jemandem ins Gespräch. Zwischen den Hunderten von Erstsemestern fühlte sie sich einsam, aber man saß ja immer neben einem oder zwei anderen, nahe genug, um mit ihnen ein Gespräch anzufangen.

Sehr schnell gab es einen Jungen, der ihre Gesellschaft suchte. Sie hatte kein Interesse für Jungen, sie riefen nichts in ihr wach ... und doch verlangte sie danach, wie alle Mädchen einen Freund zu haben. Dieser Junge kam allerdings überhaupt nicht in Betracht. Sie fand ihn abstoßend, schlecht gekleidet, seine Haare waren ungewaschen, in den Pausen trug er eine gerollte Zigarette zwischen den Lippen... Er hatte gelbe Finger ... und dann erst die Stimme! Einen nörglerischen, unzufriedenen Klang hatte diese Stimme, er hatte an allem und jedem etwas auszusetzen.

"Wo kommst du her?", fragte er sie.

"Südlimburg, etwas südlich von Heerlen. Und du?"

"Amsterdam. Ich bin ein richtiger Amsterdamer." Es klang stolz. Sie wusste nicht mehr, was sie sagen sollte. Er schon.

"Warum bist du nach Amsterdam gekommen?"

Sie spürte, dass er eine gute Begründung erwartete und antwortete eigensinnig:

"Nur so. Es schien mir schön."

"Bist du schon einmal hier gewesen?"

"Nein."

Sie wollte ihn loswerden, aber sie war auch froh, zwischen

den Vorlesungen nicht alleine dazustehen.
"Kennst du hier Leute?"
"Nein."
"Wie heißt du?"
"Maria."
"Ach du lieber Himmel! Ich heiße René."
"Warum 'Ach du lieber Himmel'?"
"Es hört sich ziemlich – äh – religiös an."
"Na und?"
Sie fühlte, wie sie ihn abwehrte, aber ihm gefiel das, und er plauderte lustig weiter.
"Glaubst du an Maria?"
"Ja."
"Liebe Güte. Es ist nur gut, dass du nach Amsterdam gekommen bist, denn hier kannst du aus deinen Träumen erwachen."
"Was gehen dich meine Träume an?"
Die Vorlesung fing wieder an, und sie spürte ihn unangenehm dicht neben sich. Sie roch den fiesen Tabakgeruch und die fetten Haare und schauderte.
In der Mittagspause fragte er:
"Hast du Lust auf ein Brötchen?"
"Ich habe kein Geld. Ich habe ein Butterbrot bei mir."
"Dann bezahle ich eine Tasse Kaffee oder Tee für dich, ok?"
Das war doch besser, als erneut allein zu sein, er war zumindest ein menschliches Wesen, mit dem man reden konnte. An einem Tisch in einer Imbissstube tranken sie Kaffee. Sie musste den schrecklichen dicken Zigarettenqualm, der um sie herum schwebte, einatmen, ob sie wollte oder nicht. Sie fragte:

"Du wirst wohl ziemlich viele Leute hier kennen, nicht wahr?"

Er schaute sauer und sagte:

"Die denken alle, dass sie es geschafft haben."

Sie zuckte mit den Achseln. Was sollte man damit anfangen? Eigentlich war er zu bedauern, er war so voller Abneigung gegen alles um sich herum. Seine Abneigung weckte die ihre, und so stand er ganz alleine.

"Ich habe Karten für ein Konzert", sagte er beiläufig. "Möchtest du mitkommen?"

"Was für ein Konzert?" Sie hatte noch nie ein Konzert besucht.

"Kammermusik im Kleinen Saal des 'Concertgebouw'[*]."

"Wie kommst du dazu?"

"Ich spiele Cello."

Sie wusste nicht einmal richtig, was ein Cello war ... ein Streichinstrument? In jedem Fall setzte ihn das Cello in ein anderes Licht.

"Magst du es? Kannst du gut darauf spielen?"

"Ja. Zweimal ja. Ich hätte auch am 'Kon' studieren können, wollte aber doch Arzt werden."

"Am 'Kon'?"

"Am Konservatorium. Wo man zum Musiker ausgebildet wird."

Weil er ihr so zuwider war, war ihre eigene Einfalt ihr ganz egal. Es interessierte sie wirklich nicht, wie er über sie dachte; er brauchte sie ja nicht immer aufzusuchen. Dennoch kannte sie in der grossen Stadt niemanden außer ihn...

---

[*] Konzertgebäude in Amsterdam.

"Und? Gehst du mit?"
"Ich habe kein Geld. Wirklich nicht."
"Meine Eltern haben die Karten bereits bezahlt."
"Gut. Wann?"
"Am Freitagabend".

Sie hatten sich vor dem Eingang verabredet. In dieser Gegend war sie noch nicht gewesen, sie wohnte in einem kleinen Zimmer in einer der endlosen Straßen in Amsterdam-West. Er war schon da. Komisch, dass man jemanden, der einen so abstieß, doch sympathisch zu finden begann. Sie bemerkte sofort, dass er sein Haar gewaschen hatte, und zu seiner verschlissenen Jeans trug er ein weißes Hemd und ein Jackett, das ihm zu groß war. Sie sah, dass er sich freute, als er sie bemerkte.
"Hallo Maria! Dies ist nun unser 'Concertgebouw'."
Er führte sie hinein, gab ihre Jacke an der Garderobe ab und holte ihr etwas zu trinken. In den großen Spiegeln an der Wand sah sie, wie sie beide dort standen. Ein langes Mädchen mit blonden Haaren, die zu einem Pferdeschwanz gebunden waren, mit einem gewöhnlichen Gesicht und gekleidet in einem altmodischen Kleid. Daneben ein Schlaks in Lumpen, der aber doch ganz nett war.
Sie betraten einen kleinen Saal mit dunkelroten Stühlen. So etwas kannte sie nur vom Fernsehen. Sie genoss die Echtheit von alledem. Ein richtiger Konzertsaal und nachher lebendige Musiker.
Sie saß neben ihm und fühlte sich glücklich. Nicht über seine Nähe, sondern über das Leben, in dem er scheinbar zu Hause war. Über die Stadt, den vollen Saal, die herrliche Be-

leuchtung, über den roten Plüsch ... obwohl dieser bis auf den Draht verschlissen war. Sie hatte ein Gefühl der Erwartung, Verwunderung. Sie kannte keine klassische Musik; zu Hause gab es nie Musik, höchstens im Radio. Wie würde es sein?

Zwei Frauen und zwei Männer, schwarz gekleidet, nahmen auf dem Podium Platz.

"Das ist ein Cello!" René zeigte auf den Mann mit dem größten Instrument. Die Musiker stimmten ihre Instrumente, es wurde totenstill im Saal. Zugleich setzten die Musiker ein. Konnte man jeden Ton einzeln hören und doch zusammen mit anderen Tönen? Sie fühlte sich von der Vielfalt der Eindrücke überwältigt, die so bestürzend harmonisch zusammentrafen. Sie hatte von Musik keine Ahnung; hier wurde jedoch eine erschütternde Liebe geboren.

"Eigentlich ist dieses Stück nicht wirklich für ein Streichquartett geschrieben worden." René gab ihr in der Pause eine Musikstunde. "Bach war der große Könner auf dem Gebiet der Fuge, und er hat dieses Werk auf die Buchstaben seines eigenen Namens B.A.C.H. geschrieben."

Sie verstand kein Wort von dem, was er sagte und sah nur seine Begeisterung. Hier war seine kritische Art, die ihm sonst so zu eigen war, völlig verschwunden.

"Wie fandest du es eigentlich?", fragte er schließlich.

"Ich weiß es nicht –", stammelte sie.

"Es hat dir nicht gefallen", stellte er enttäuscht fest.

"Doch. Gerade so, dass ich es nicht weiß. Ich bin überwältigt. Dass es so etwas gibt..."

"Trinken wir noch etwas zusammen?", fragte er am Schluss.

"Nein, ich möchte nach Hause", sagte sie abwehrend. "Ich bin müde, und morgen kommt meine Schwester zu Besuch. Dann muss ich ihr die Stadt zeigen, und sie wird alles sehen wollen, was ich nicht mag."
Er wollte auch allerlei, was sie nicht wollte, das spürte sie ganz deutlich. Er sagte:
"Du bist so naiv, Maria. Lieb finde ich das...", und ging davon.

Sie wurden Freunde. Sie wusste, dass er sich in sie verliebt hatte, und er wusste, dass seine Liebe unbeantwortet blieb. Er wählte die Freundschaft, und sie nahm diese dankbar an. Durch ihn lernte sie Amsterdam bald kennen und lieben. Er lud sie zu sich nach Hause ein, zum Tee...
Er wohnte bei seinen Eltern in der Nähe des Konzertgebäudes in einer Wohnung, die sich auf den zwei oberen Etagen eines Hauses befand. Seine Mutter war Geigerin, sein Vater Bildhauer. Er war ihr einziges Kind. Auf dem Weg zu ihm, auf dem Fahrrad, dachte sie an ihr Elternhaus. An den Bauernhof mit seinem sauber gefegten alten Anwesen, dem sorgfältig gepflegten Gemüse- und Blumengarten, den Obstbäumen ... sie dachte an die geschrubbten Fliesen im Haus und an das alte Holz, wie es nach Bohnerwachs roch. Nur einmal in sechs Wochen konnte sie nach Hause, öfter konnte sie aus finanziellen Gründen nicht fahren. Jetzt radelte sie zu René, der noch bei seinen Eltern wohnte. Sie klingelte, die Tür öffnete sich. Sie stand vor einer langen, steilen Treppe.
"Komm nach oben!", rief René.
Sie sprang die Stufen hinauf, bemerkte aber unterwegs, wie schmutzig die Treppe war. Haare, Staub, überall Fettflecke.

Das Obergeschoss war schön hell, aber überall gleich dreckig. Es stank nach Katzenurin, altem Kaffee, schalem Bier und Zigarrenqualm. Die Fenster waren so schmutzig, dass man Mühe hatte hinauszuschauen. Der Holzfußboden lag voller Katzenhaare und klebte vor lauter Schmutz. Sie wagte kaum zu atmen, als ob die Luft von allen alten Essensgerüchen vergiftet worden war...

"Entschuldige bitte den Saustall. Aber du wirst auf dem Bauernhof doch auch etwas gewöhnt sein, nicht wahr. Das ist meine Mutter."

Eine lange Frau mit einem freundlichen Blick musterte sie von Kopf bis Fuß. Sie trug ihr graublondes Haar in einem Knoten, war in einem alten T-Shirt und einem langen eleganten Seidenrock in lila und violetten Farben gekleidet. Sie streckte ihr die Hand entgegen und sagte:

"Guten Tag, Maria. Möchtest du Tee? Schwarz oder Kräuter?"

Sie kannte den Unterschied nicht, aber 'schwarz' klang nicht so einladend, also antwortete sie:

"Guten Tag. Ich hätte gern einen Kräutertee, bitte."

"Setz dich doch bitte."

Aber wo? Auf dem Sofa und auf den Stühlen lagen überall Katzen. René machte einen Stuhl für sie frei. Sie setzte sich und schaute sich um. Was sie schön fand, war das gefilterte Licht von draußen und die Wand voller Bücher.

"Deine Eltern lesen viel?", fragte sie.

"Sie haben ein Interesse für spirituelle Sachen. Das ist nichts für mich, übrigens."

Spirituell... Sie fragte:

"Was ist der Unterschied zwischen spirituell und religiös?"

"Sie denken, dass sie Wissen sammeln können von dem, was in der Welt an Geist lebt. Ihr Katholiken verzichtet darauf, seht dieses Wissen als etwas Unmögliches, als einen enormen Hochmut an."

"Und was denkst du?"

"Ich kenne nur meine eigene Welt, Maria, wie ich sie sehe. Sie ist meine Wirklichkeit. Ich weiß noch nicht, ob ich darin mehr als nur Natur sehen kann; vorläufig sehe ich nur Natur und menschliches Gebilde. Das Einzige, was man wirklich kennt, ist das eigene Selbst, beim Übrigen ist man eigentlich nie sicher, ob es stimmt, was man davon hält."

"Ich finde gerade, dass man alles Übrige besser kennt als sich selbst, René! Sich selbst gegenüber gibt es keine Objektivität, anderen gegenüber wohl."

"Was nutzt mir Objektivität, wenn ich nicht erlebend in das andere eintreten kann. Weiß ich, wie du denkst, fühlst, was du willst? Das ist doch unmöglich? Aber von mir selbst weiß ich das schon sehr gut."

Sie schwieg. Es war eigentlich reine Ansichtssache. Seine Mutter trat ein und servierte den Tee.

"Mach bitte ein wenig Platz auf dem Tisch, René."

René räumte einige schmutzige Gläser auf, sodass das Tablett auf den Tisch passte. Der Tee war in einer gläsernen Kanne, in der man den alten Belag noch sehen konnte.

"Wie findest du Amsterdam?", fragte sie. Die Frage war eine Formalität, Konvention.

"Nett." Die Antwort ebenfalls.

"Nun, ich lasse euch alleine. Ich muss noch ein paar Stunden geben."

Sie schwebte aus dem Zimmer. René schaltete das Radio an.

"So. Sonst hören wir gleich nur das Gejammer von den Geigen der Anfänger. Fürchterlich."

Sie fühlte, wie hier ihr ganzes Selbstvertrauen, ihre übliche Gemütlichkeit, ihre Lebensfreude aus ihr herausflossen. Nur ein kleines Rinnsal an Unsicherheit blieb erhalten. Sie wollte weg!

"Denkst du nie daran, irgendwo ein Zimmer zu mieten, René?"

"Es geht mir gut hier und es kostet auch nichts. Meine Eltern gewähren mir genug Freiheit."

"Das Leben ist doch ganz anders, wenn man nicht mehr zu Hause wohnt. Es bedeutet mehr, als nur für sich selbst sorgen und frei sein."

Sie war froh, dass sie nach einer guten Stunde gehen konnte. Auf dem Fahrrad ließ sie ihre Gefühle und Gedanken in ihrem Herzen zu. Grauen fühlte sie ... und Mitleid mit René. Kahl war es dort, wie ein Rosenstock, der von Kaninchen kahl gefressen worden war. Keine Wärme, keine Sorge, kein Verständnis. Nichts. Spiritualität?

*

Als sie im zweiten Studienjahr war, verliebte sie sich zum ersten Mal. Ihre Verliebtheit war wie diejenige eines zwölfjährigen Mädchens... Sie hegte ihre Gefühle insgeheim, suchte keine einzige Annäherung, aber betete den jungen Gott von einer sicheren Entfernung aus an. Er war Assistent beim Physiologiepraktikum. Er war groß, gut gebaut, hatte einen wohlgeformten Kopf mit blonden Haaren und blauen Augen. Das Blau der Augen war so stark, dass man fast nicht hineinschauen konnte. Unwahrscheinlich blau waren sie und immer lachend. In allem war er das Pendant zu ihrem Freund René, mit dem sie wie mit einem Bruder umging. Er trug seinen weißen Kittel tadellos, hatte sonst auch immer saubere Kleidung an und vor allem war er ... optimistisch und positiv.

Wenn sie das Labor betrat, schaute sie erst, ob er auch da war. Er war immer da. Dann war der Nachmittag ein Fest für sie. Aber so um die Hälfte, nach der Teepause, fing der Schmerz des näher kommenden Abschieds an. Immer wieder wurde es fünf Uhr, dann musste sie gehen und den zerreißenden Schmerz in ihrer Seele ertragen. Dieser Schmerz dauerte bis zum nächsten Mittag. Sie sprach nie mit ihm, vielleicht wurde er sie nicht einmal gewahr. Aber für sie wurde er das Vorbild eines *Mannes*. Wenn sie je heiraten sollte, müsste es so ein Mann sein, sonst würde sie einfach nie heiraten. Die *Sonne* suchte sie, das Lachen, das Vertrauen, das Licht, die Wärme...

Am letzten Tag des Praktikums wusste sie, dass es ein Abschied für immer wurde. Sie würde ihn nie wieder sehen. Er war bereits im fünften Studienjahr, und man begegnete nie älteren Studenten. Am Anfang des Nachmittags schien noch eine Ewigkeit des Zusammenseins vor ihr zu liegen, aber mit jeder Sekunde, die verstrich, wurde ihr etwas davon genommen – und schließlich wurde es fünf Uhr, der Zeitpunkt des Todes ... des absoluten Abschieds.

Als sie das Labor verließ, schaute sie in seine Richtung, und kurz traf sein Blick den ihren. Er lachte ganz freundlich und sagte:

"Ich wünsche dir weiterhin viel Erfolg mit deinem Studium."

Sie nickte und ging hinaus.

Es dunkelte bereits, und es hagelte.

Sie schlug den Kragen hoch und rannte zum Fahrradstand. Vor ihr lagen etwa fünfzig Jahre tiefer Einsamkeit...

*

Natürlich wollte Agnes auch nach Amsterdam. Sie hatte Maria schon einige Male besucht und hatte dann in vollen Zügen das Ausgehen auf dem Leidseplein und in den umliegenden Straßen genossen. Aber dann hatte es immer wieder die Quengelei ihrer Schwester gegeben: 'Komm jetzt mit nach Hause! Du kannst nicht mit so einem fremden Kerl mitgehen! Ich habe jetzt keine Lust mehr, ich mag das überhaupt nicht!' Dann musste sie Wasser in den Wein gießen, obwohl sie den Wein am liebsten pur trank. Nun war es endlich soweit.

Aber die Stadt war sehr groß, und hier machte ein Mädchen aus Südlimburg nicht viel her, trotz ihrer Schönheit... Sie war eine der tausenden Studenten, und nach ein paar Tagen war sie froh, dass Maria hier war und auch dieser komische Freund von ihr, René. Sie waren schon im vierten Jahr der Ausbildung, sie kannten die Stadt und ihre Bewohner, die guten und die schlechten Plätze... Sie hatten eine Gruppe Freunde und Freundinnen um sich versammelt, und Agnes wurde bald in den Freundeskreis aufgenommen.

"Hast du nun etwas mit diesem René, oder was ist los mit euch?", fragte sie Maria.

Sie saßen zusammen am Tisch in Marias Wohnung. Sie hatte jetzt eine größere Wohnung in einem Studentenhaus in Amsterdam-Süd.

Maria war doch schön und so selbstständig. Sie hatte es sich hier in Amsterdam gut eingerichtet. Ihr blondes Haar trug sie noch immer zu einem Schwanz gebunden, wenn dieser auch etwas lockerer saß als früher. Ihre blauen Augen schauten so lieb und vernünftig, wie sie nun einmal *war*. Gegenüber ihrer edlen Schwester fühlte Agnes sich wie eine wilde Zigeunerin. Aber nie, niemals mochte sie so wie Maria sein.

Maria schaute sie an und sagte:

"Wir sind befreundet. Ich habe mich bemüht, der Freundschaft zu entrinnen, weil ich ihn nicht anziehend fand – und das ist noch immer so. Aber er möchte mit mir befreundet bleiben, und er *ist* auch ein richtiger Freund."

"Das finde ich *erbärmlich*!", rief Agnes. "Weißt du, wie *schlimm* es ist, wenn man mit einer Liebe leben muss, die nicht erwidert wird?"

"Was möchtest du denn? Dass ich etwas anfange, was mir zuwider ist?"

"Das habe ich schon oft gemacht. Es kann sicher noch ganz nett werden!"

Maria schauderte.

"Ich habe mich nur ein einziges Mal von einem Jungen angezogen gefühlt, psychisch und physisch. Nur so muss es für mich sein, sonst nicht!"

"Du bist so sorgfältig! Wie findest du dein Studium eigentlich?"

Maria zuckte mit den Achseln.

"Wenn man in der Jugend *Echtheit* erlebt hat, kann alles andere nur noch enttäuschen. Ich finde, dass die Medizin eine geistlose Wissenschaft ist, eine Menschenkunde ohne Mensch. Ich kann nur mit Gleichgültigkeit studieren, weil ich es nun einmal muss."

"Wieso *muss*?"

"Man muss doch etwas tun? Dies erscheint mir von allem noch das Beste. Aber *erleben* kann ich wirklich nichts dabei."

"Das brauchst du doch auch nicht. Du lernst einfach ein *Fach*."

"René kämpft mit demselben Problem wie ich. Nur löst er es, indem er auf alles und jeden schimpft. Das hilft ihm auch nicht weiter, er wird nur immer verdrießlicher."

"Ein komischer Kerl. Warum kleidet er sich nicht besser? Warum sagst du ihm nicht deine Meinung dazu?"

"Das geht mich doch überhaupt nichts an? Sag du es ihm doch. Das ist wirklich etwas für dich!"

Als die Vorlesungen und Praktika einmal angefangen hatten, schloss sie schnell Freundschaften. Sie hatte eine große Ausstrahlung, und sie war sich dessen *bewusst*. Auch spürte sie, dass dies das richtige Studium für sie war. Zum ersten Mal langweilte der Stoff sie nicht, und sie hatte Lust, etwas zu erreichen. Die Welt lag ihr zu Füßen ... sie würde Ärztin werden und einen Status gewinnen ... und Reichtum. Sie würde eine Frau sein, die ihr Leben selbst gestalten würde, voller Einsatz und wenn nötig rücksichtslos. Nein, nie mochte sie so sein wie Maria, so langweilig und ruhig. Die würde nichts erreichen, auch wenn sie Ärztin würde. Sie verstand nichts vom Leben, ihre Schwester. Doch war Agnes gerne in ihrer Nähe, weil sie so lieb war. Sie glich dem Papa, mit seinem Verständnis für alles und jeden. Wenn ein Problem sie quälte – und das war oft der Fall – konnte sie sich an Maria wenden. Sie hörte zu und verletzte nicht des Anderen Würde. Sie gab keine ungefragten Ratschläge, sondern guten Rat, wenn man sie fragte. Nur wenn man Spaß haben wollte, war sie nicht die geeignete Person. Sie liebte den Ernst...

Eines Abends traf sie René bei ihrer Schwester. Sie saßen zusammen beim Essen, und Maria stellte sofort einen dritten Teller dazu.

"Komm, setz dich Agnes. Es gibt genug zu essen."

Im Radio spielte klassische Musik, das Zimmer war angenehm beleuchtet. Agnes fühlte sich behaglich. René warf ihr immer bewundernde Blicke zu, obwohl er schon mehr als drei Jahre in Maria verliebt war.

"Dass Zwillingsschwestern so enorm unterschiedlich sein können!", seufzte René.

"Das ist ein Klischee. Das haben wir bereits tausend Mal gehört", antwortete Agnes laut.

"Was habt ihr eigentlich gemeinsam?", fragte René unbeirrbar.

"Eine gemeinsame Vergangenheit. Und wir ergänzen uns. Wir wissen voneinander, wie wir uns fühlen, was wichtig ist und was nicht, auch wenn wir uns nicht sehen. Wie beste Freundinnen, aber unkompliziert, dank der Blutsbande."

"Lebt ihr denn in genau der gleichen Welt? Seid ihr miteinander derselben Meinung? Habt ihr die gleichen Interessen?"

"Überhaupt nicht."

"Das scheint mir schön zu sein...", sagte René nachdenklich. "Zwei Individuen in einer einzigen innerlichen Welt."

"Alle Individuen haben eine gemeinsame innerliche Welt", sagte Maria. "Dass es anders zu sein scheint, rührt vom Unterschied im Erleben her."

"Das ist deine Ansicht, das weiß ich", sagte René. "Ich erlebe das nicht so. Ich lebe *allein* in meinem Inneren, ganz allein."

"Deine starken Gefühle der Antipathie verursachen deine Einsamkeit. Wenn du mehr Sympathie hättest, wärst du nicht einsam."

Agnes beobachtete die beiden. Maria erzog den Jungen, so schien es wenigstens. Er sah auf zu ihr ... sie war sein großes Vorbild. Sie spürte auf einmal so etwas wie Verständnis für René. Maria war wirklich nicht zu erreichen, sie befand sich zu hoch über ihm. Sie brauchte das Suchen und Kämpfen nicht, für sie war ja der Sinn des Lebens deutlich.

Sie stand auf.

"Ich gehe jetzt, Leute. Es war sehr gemütlich."

René erhob sich auch schnell.

"Ich radle noch ein Stück mit dir."

Er zog seine verschlissene Jacke an, den Kragen hoch und strich Maria über den Kopf.

"Tschüss, Schönheit. Bis Morgen."

Maria winkte ihnen zum Abschied nach, wie eine weise Mutter, die kopfschüttelnd zurück bleibt.

Er fuhr mit ihr. Sie wohnte in Marias altem Zimmer, ziemlich weit weg.

"Ich kann schon alleine fahren", sagte sie.

"Natürlich. Ich bringe dich bis zur Tür."

Schweigend radelten sie nebeneinander. Agnes war sonst nicht auf den Mund gefallen, aber jetzt fehlten ihr die Worte. René war so kritisch! Wie sollte sie mit ihm umgehen...

Vor der Tür schloss er sein Fahrrad ab. Sie befestigte ihr Fahrrad mit einer Kette an einem Laternenpfahl.

"Nun, vielen Dank", sagte sie bedeutungsvoll.

Er näherte sich ihr. Er war etwas größer als sie, stellte sie verwundert fest. In ihren Augen war er immer so ein kleiner Kerl. Sie sah seinen Blick und wusste, was los war. Abwehren oder zulassen? Maria? Er fasste sie brutal am Arm und zog sie zu sich. Welch eine Leidenschaft besaß dieses Kerlchen! Abwehren oder zulassen? Sie fand seinen Überfall eigentlich ziemlich spannend...

Sie spürte seine Lippen auf ihren und erlebte den Geschmack ... eines Mannes!

"Was machen wir jetzt mit Maria?", fragte sie René am nächsten Morgen im Bett.

"Sie ist meine beste Freundin", sagte er seufzend. "Ich werde es ihr einfach erzählen."

"Sie ist auch meine beste, allerliebste Freundin. Sie wird es nicht verstehen, René. Oder vielleicht wohl verstehen, aber verurteilen. Wenn Maria etwas verurteilt, ist es sehr ärgerlich."

"Das weiß ich. Aber sie hat kein Recht dazu. Kein einziges!"

"Du bist böse, weil sie dich hartnäckig abgewiesen hat. Ist dies deine Rache?"

Er zog sie hart, zu hart an einem Ohr.

"Immer mit der Ruhe, Agnes", sagte er sauer. "Du bist gewiss genau so schön, und dich kann man so bekommen. Ich wäre doch ein Narr, wenn ich es nicht versuchen würde."

"Wenn du es noch einmal versuchen möchtest", sagte Agnes, während sie ihr schmerzendes Ohr rieb, so dass es rot wurde, "musst du dein Haar schneiden und dich vernünftig kleiden. Du bist ein Schmutzfink."

Er sprang aus dem Bett, zog böse seine Kleider an und lief

davon. Wütend knallte er die Tür hinter sich zu.

Mit Blei in den Gliedern ging sie zu Maria. Wieder war sie gerade beim Essen, diesmal jedoch alleine. Sie hatte keine Ahnung.

Sie fragte sich, wie man bloß eine solche Angst vor seiner jüngeren Schwester haben konnte?! Sie verschob es immer wieder, Maria zu erzählen, was geschehen war, aber schließlich musste sie doch heraus mit der Sprache.

"Maria...", sagte sie zögernd.

Maria schaute sie an, ihre blauen Augen hell und unschuldig. Agnes sagte:

"Ich habe heute Nacht mit ... René geschlafen."

Es schien sie nicht zu treffen. Sie sagte:

"Und, hast du dich verliebt?"

Agnes lachte laut los.

"Verliebt! Es wird sich nie ein Mädchen in René verlieben. Er ist abstoßend, unsympathisch. Ein schmutziger Kerl."

Jetzt wurde Maria böse.

"Warum, Agnes, gehst du dann in Gottes Namen mit ihm ins Bett!"

"Weil es spannend ist. Das hat nichts mit Liebe zu tun."

"Du bist krank", sagte Maria streng.

"Du bist eine Ziege. Ein dummes Weib. Du begreifst nichts vom Leben!"

"René ist ein einsamer Sucher, Agnes. Einsam. Du wirst ihm keine Illusionen vorzaubern. Denke daran!"

"Wer denkst du, dass du bist? Wenn er selbst die Initiative ergreift, lass ihn doch!"

"Ich kenne ihn besser als du. Ich kenne ihn durch und durch.

Nur eine *gute* Frau kann etwas für ihn bedeuten."
"Worauf wartest du dann noch, Maria!"
"Ich suche die Liebe. Eine totale Sympathie für jemanden. Das geht mit René nicht. Aber ich wünsche ihm wohl, dass er einen guten Partner bekommt."
"Ich hatte überhaupt nicht vor, sein Partner zu werden. Ich bin einfach mit ihm ins Bett gegangen."
Es klingelte.
"Da ist er", sagte Maria und öffnete die Tür.
Er hatte sein Haar kurz schneiden lassen und trug eine neue Jeans mit einem hellblauen Hemd. Es war ein netter, frischer Junge, dieser René. Er ging zu Agnes und küsste sie auf den Mund, als wäre sie schon sein Eigentum.
"Hast du es Maria erzählt?"
"Ja", sagte sie.
Er drehte sich zu Maria und fragte:
"Und? Bist du böse?"
"Ja. Wenn du aber nur nicht denkst, dass ich eifersüchtig bin. Ihr seid Dummköpfe. Aber tut, was ihr nicht lassen könnt. Macht *das* vor allem! Verschwindet ihr beiden! Macht, dass ihr wegkommt!"
Sie öffnete die Tür und wartete mit funkelnden Augen.
"Raus!", schrie sie.
René gab Agnes einen Klaps auf ihren Hintern und mit derselben Hand streichelte er im Vorbeigehen Marias Wange. Sie schlug seine Hand zur Seite und stampfte auf.
"Haut ab!"
Die Tür schlug hinter ihnen zu.

"Die kann aber böse werden!", sagte René vergnügt, während sie auf ihre Räder stiegen. "Komm, ich bringe dich nach Hause."

Er hatte etwas, dieser René. Es war seine alles beherrschende Negativität. Die stieß ab, aber zog an... Er war nicht ganz ungefährlich, schnell verletzt und dann giftig. Sie mochte es, mit einem solchen Feuer zu spielen...

Vor der Tür schloss er sein Fahrrad wieder ab.

"Du denkst, dass du mich schon hast", sagte sie herausfordernd. "Heute Abend habe ich nicht so 'ne große Lust."

"Oh doch! Die hast du sicherlich", sagte er. Er umarmte sie und stibitzte den Hausschlüssel aus ihrer Jackentasche. Er öffnete die Tür und machte eine spöttische Gebärde.

"Nach Ihnen, gnädige Frau!"

Sie blieb aber stehen. Sie sah, dass er böse wurde. Nun, sie hatte vor nichts und niemandem Angst. Niemals. Sogar nicht vor dem Bauern Erens. Aber niemand hatte ihr jemals ein Leid zugefügt. René tat dies wohl. Er fasste sie beim Arm und trat sie über die Schwelle.

"Mit mir spottest du nicht", sagte er grimmig und schloss die Haustür ab; der Schlüssel verschwand in der Tasche seiner neuen Jeans.

Sie hatte noch immer keine Angst, obwohl sie gegen die Treppe gefallen war, als er sie über die Schwelle stieß. Sie erhob sich und ging nach oben.

"Warte nur, bis wir oben sind", murmelte sie.

Sie spürte, wie er drohend hinter ihr her kam. Aber in ihrem Zimmer angekommen, nahm er sie in seine Arme und küsste sie.

"Ich liebe dich, Agnes", flüsterte er. "Du bist mein, jetzt und ewig. *Mein*, hörst du!"

Sie musste ihn nur gewähren lassen...

Zwei Wochen lang sprach sie nicht mit Maria. In dieser Zeit verfiel sie René ganz und gar. Er war ein Trottel und ein Nörgler, aber er ließ nicht mit sich spaßen. Sie kam nicht mehr los von ihm. Er akzeptierte kein 'Nein'. Sie hatte nun einmal 'Ja' gesagt und das hatte Konsequenzen. Mit diesen Folgen wurde sie tagtäglich konfrontiert. Er drängte sich ihr auf, und wenn sie sich wehrte, wurde er gewalttätig.

Er schlug nicht, sondern kniff, trat und riss an ihren Haaren. Angst hatte sie aber nie, sie fand seine Leidenschaft eigentlich spannend und kämpfte ihrerseits zurück. In die Zukunft schaute sie jedoch nicht, sonst wäre sie vielleicht in Verzweiflung geraten. Sie genoss den Augenblick, was weiter kam, das würde man schon sehen. Aber dann, nach zwei Wochen, gingen sie und Maria zusammen ein Wochenende nach Hause. Das hatten sie schon früher vereinbart.

Maria war kühl und reserviert, und Agnes versuchte, Anschluss zu finden. Im Zug, als sie einander gegenüber saßen, fragte sie:

"Hast du René noch gesehen?"

"Ich sehe ihn jeden Tag, bei den Vorlesungen. Das ist unumgänglich." Maria wich ihrem Blick aus. "René wird man ohne weiteres nicht so schnell los."

"Und, was sagt er?"

"Dass ihr beide ein Verhältnis miteinander habt. Und noch viel mehr. Er will alles über dich wissen."

"Und was antwortest du?"

"Ich schweige."

"Aber er kann einen gut zwingen."

"Mich nicht." Sie schaute Agnes jetzt an, mit ihrem strengen Blick. "Mich nicht, Agnes!"

"Ich finde ihn doch ganz nett", sagte sie verteidigend. "Er ist ziemlich flott, das mag ich."

"Er ist eifersüchtig und egoistisch. Und kritisch. Er hatte zu Hause nichts, jedenfalls nicht so wie wir. Seine Eltern sind nicht für ihn da, sondern für allerlei andere Dinge. Er ist vernachlässigt worden, aber er ist nicht bedauernswert. Hüte dich vor René! Ich kenne ihn."

"Ich kenne eine Seite von ihm, die du nicht kennst."

"Viel Spaß damit."

"Warum seid ihr denn befreundet?"

"Er hat wohl Tiefgang. Er kann fantastisch musizieren, und er denkt sehr tiefgründig nach. Ich habe durch den Umgang mit ihm sehr viel gelernt. Er hat inzwischen zwar einige Mädchen gehabt, aber das war immer nur von kurzer Dauer. Er langweilt sich sehr schnell und lässt sie dann sitzen."

"Mich nicht."

"Das befürchte ich auch."

"Was meinst du, Maria! Warum bist du so böse?!"

Maria schaute sie scharf an.

"Weil es keine Liebe zwischen euch gibt! Ihr hasst euch, das finde ich *schlecht*!"

"Glaubst du, dass er mich hasst?", fragte Agnes erschrocken.

Sie schwieg. Hasste sie René? Vielleicht wohl, sie verachtete ihn auf jeden Fall. Gerade dadurch wurde er stark und männlich, und dann fand sie ihn nett. Ein schwarzer Ritter wurde er dann, nicht ganz ungefährlich, aber wohl seiner Jungfrau im Turm ewig treu. Im Turm ... ewig... Nun ja, alles Quatsch.

Märchen. Sie schauderte und sagte:
"Ich hasse ihn nicht, er hat etwas. Lass mich nur, Maria!"
"Ich lasse dich, ich kann nicht anders. Ich liebe dich Agnes ... und auch René ein klein wenig."
"Dann ist es doch in Ordnung?"
"Nein ... es bedrückt mich."
"Vielleicht bist du doch ein wenig in ihn verliebt? Dann lasse ich ihn sofort gehen, Maria."
"Du begreifst es wirklich nicht. Ich mache mir Sorgen. Dich erwartet ein schlechtes Leben. Und du könntest ein viel besseres bekommen."
"Ich werde ihn sicher nicht heiraten."
Maria schwieg. Sie nahm ein Buch und las scheinbar voll Interesse, bis der Zug eintraf.

Ave verum corpus
....
Esto nobis praegustatum
In mortis examine. *

Das Studium fiel Maria schwer. Sie bestand zwar alle Prüfungen, ohne sich dafür groß anzustrengen, aber allmählich tat sich zwischen ihrem Wissen und der Wirklichkeit des menschlichen Körpers ein Abgrund auf. Als ihr Wissen noch gering war, gab es diesen Abgrund noch nicht oder hatte sie ihn noch nicht bemerkt. Je mehr sie über den Bau und die Funktion des Körpers, über die Pathologie und die verschiedenen Krankheiten wusste, desto unsicherer wurde sie.

Allmählich bekam sie das Gefühl, dass sie wegen der absoluten Unsicherheit in der Erkenntnis es niemals *wagen* würde, den Beruf als Arzt auszuüben.

René zitierte Kant und sagte:

"Der Körper ist 'Ding an sich'. Den können wir nie ergründen. Wir haben in unserem Vorstellungsleben nur eine komplizierte Menge von Herleitungen in Bezug auf das Ding an sich. Das Ding an sich können wir nie erreichen, nicht den anderen Menschen in seinem Wesen, aber auch nicht den

---

* Sei gegrüßt, wahrer Leib
  ....
  Sei uns Vorgeschmack für des Todes Prüfung

Körper, wie er im Wesen ist."

Sie fühlte sich nicht verstanden. Dies meinte sie überhaupt nicht. René benutzte ihre Ohnmacht, indem er ihr noch einmal eine Vorlesung Philosophie gab. Nein, sie hatte die Überzeugung, dass alle Beobachtungen, auf denen Erkenntnis beruht, ganz bestimmt Wirklichkeitswert haben, nur fehlte ihr die Brücke zwischen ihrer Erkenntnis und der Realität. Der Abgrund schien vielmehr jedes Jahr breiter und tiefer zu werden.

Agnes hatte überhaupt kein Verständnis für sie. Sie genoss das Wissen, weil es ihr Selbstgefühl zunehmen ließ. Sie prahlte damit, wie sie es auch mit ihrem geschmeidigen Körper und ihren großen, dunklen Augen machte. Sie war *gerne* diese intelligente Schöne, die sie zu sein glaubte. Die Philosophievorlesungen von René gingen völlig an ihr vorüber, sie hörte nicht einmal zu.

Maria bestand ihr theoretisches Examen und war ganz allein mit ihrer Unsicherheit. Sie schien die Einzige zu sein, die unter dieser Erkenntnis-Unsicherheit litt. Sie hatte einmal den Versuch unternommen, mit einem Studienberater darüber zu reden, aber dieser gab ihr das Gefühl, dass sie psychisch gestört war, neurotisch, ein Schwächling. Schließlich sprach sie mit ihrem Vater darüber. Er besaß jedoch wenig *Erkenntnis*, und sie bezweifelte, ob *er* sie verstehen konnte.

Wie früher saßen sie in der Sommersonne auf einem Baumstumpf im Obstgarten, und er hörte aufmerksam zu. Als sie geendet hatte, schwieg er eine Weile, sagte aber dann:

"Ich glaube, dass ich wohl fühle, was du durchmachst, mein Kind. Ich habe dich schließlich als Kind gesehen – und ich sehe dich jetzt. Du warst ein prächtiges Kind, Maria. Voller

Verwunderung und Aufmerksamkeit für alles um dich herum. Deine Beobachtungsgabe war erstaunlich. Du sahst und hörtest alles, auch spürtest du die Stimmung und das Glück und Unglück der Menschen, die dich umgaben. Du warst immer beschäftigt und bereit zu helfen, wenn wir dich darum baten. Ein fröhlich hüpfendes, jedoch ernsthaftes Kind warst du. Ich habe gesehen, wie du in die Schule gingst, wie du das Lernen genossen hast. Reichtum erkanntest du darin... Ich sah, wie du dich von der Natur um dich herum, vom Wachsen und Blühen löstest. Es muss so sein, Maria. Jetzt bist du eine Gelehrte, du weißt unendlich viel mehr als ich ... aber du hast damit auch ein Opfer gebracht – du musstest es bringen. Du lebst jetzt in deiner Gelehrtheit, und sie ist vom Wachsen und Blühen der Natur losgelöst. Ich *sehe* das, Maria. Ich brauche dazu keine dicken Philosophiebücher. Du bist noch edler geworden als du schon warst, glaube mir. Du hast dich über das Körperliche erhoben ... aber dadurch hast du auch im Bewusstsein die geheimnisvolle Verbindung mit dem Körper verloren. Ich sehe eine große Schönheit in deiner Seele, mein Kind. Aber wohl mit den Zügen des Todes. Leichenblasse Schönheit sehe ich. Du, Maria, bist zu sensibel, um das nicht auch zu empfinden. Agnes lebt in den Tag hinein, sie verweilt nirgendwo lange. Sie hält ihre Erkenntnis dicht an ihrem Körper, das sehe ich. Sie hegt ihr Wissen und ihren Körper. Für sie liegen die Schwierigkeiten im Leben selbst. Glaube mir, sie hat mit ihrem René eine schwere Aufgabe zu bewältigen. Du stehst vor einer anderen Aufgabe. Du suchst den Weg zurück zur Natur, aber dann unter Wahrung deiner Gelehrtheit."

Tränen traten Maria in die Augen, so ergriffen war sie. Er

verstand sie so viel besser als sie sich selbst. Er schaute einfach
– und hörte aufmerksam zu ... und lebte in der Wirklichkeit.

Er legte seine verwitterte Hand auf ihr Knie.

"Wie steht es um deinen Glauben, Maria?"

Sie schauderte.

"Gelehrtheit vertreibt auch den Glauben. Wenn ich anfange zu *denken*, kann ich meinen Glauben nicht aufrecht erhalten. Und doch gibt es in der Tiefe eine feste Überzeugung, Papa."

"Welche?"

"Dass der liebe Herrgott wirklich auf der Erde war, dass er der Sohn Gottes war und dass er nach seinem Tod auferstanden ist. Ich möchte die zwei Welten miteinander vereinigen, Papa. Die des tiefen Glaubens und die der ungläubigen Gelehrtheit. Das muss doch möglich sein?"

"Vielleicht ist es derselbe Abgrund, mein Kind. Der zwischen deinem Wissen und dem wirklichen Körper und der zwischen deiner Gelehrtheit und deinem Glauben."

"Ave verum corpus", sagte sie.

"Was sagst du, mein Kind?"

"René hat mich an die klassische Musik herangeführt. Du kennst das Lied sicher, wenn du es hörst. Es wird oft in der Kirche gesungen, es ist fast abgeleiert. Aber durch das Zusammenspiel des Textes und der Klänge ist es eines der ergreifendsten Musikstücke, das ich kenne. 'Sei gegrüßt, wahrhaftiger Leib!'

Soll ich jetzt einfach mit meinem Krankenhauspraktikum anfangen? Ins tiefe Wasser springen, trotz der Unsicherheit? Oder muss ich nachgeben und eine Laufbahn in einem Labor einschlagen?"

"Das scheint mir eine überflüssige Frage."
Maria seufzte tief. Er wusste, dass sie nicht weniger Wissen und Fähigkeiten hatte als sonst jemand; ihr Selbstbewusstsein war nur größer, wodurch sie etwas gewahr wurde, was an anderen vorüberging. Sie musste einfach durchhalten.

Ihr fehlte die Liebe. Einsam war sie nicht, es gab Freunde und Freundinnen, und sie hatte Agnes und René. In ihrem geselligen Leben war sie eher zu viel als zu wenig beschäftigt, langweilig war ihr Leben nicht. Aber nie flammte eine totale Liebe zu einem Jungen oder einem Mann auf. Jungen verliebten sich in sie, aber sie konnte die Liebe nicht erwidern, wenn sie diese selbst nicht vollkommen in sich verspürte. In ihrer Erinnerung blieb diese eine Verliebtheit ... eine zweite war anscheinend nicht möglich. Um sie herum wurden die Freunde und Freundinnen Partner ... sie aber blieb allein. Ach, sie liebte ihre Familie, ihre Freunde sehr. Aber die ausschließliche Liebe zu und von *einem* Mann fehlte ihr. Jemand, mit dem sie ihre tiefsten Sehnsüchte teilen könnte, mit dem sie alle Einzelheiten ihres Lebens gemeinsam haben könnte.

Während des Gesprächs unter dem Apfelbaum fragte ihr Vater:
"Wie steht es um die Liebe, Maria? Gibt es noch keinen Mann in deinem Leben?"
Sie seufzte sehr tief, als ob sie ihre ganze Seele ausatmete.
"Ich verlange zu viel, glaube ich. Ich kann einfach nicht wie Agnes auf die Annäherungsversuche eines Jungen eingehen. Ich ekele mich davor. 'Du bist prüde,' sagt Agnes zu mir. Ich glaube nicht, dass es damit etwas zu tun hat. Ich hasse

solch eine Hass-Liebe-Beziehung, wie ihre mit René. Liebt sie ihn? Ich glaube es nicht. Sie findet ihn spannend, so herrlich kompliziert und eifersüchtig und argwöhnisch, wie er ist. Ich glaube, dass er der Einzige ist, dem sie nicht gewachsen ist, und das genießt sie. Sie macht ihn schwach mit ihrem Getue, er wird weich ... und dann schlägt sie zu! Danach bekommt sie eins auf den Deckel, und sie hat das herrliche Gefühl, dass sie einen *starken* Mann hat! Das verstehe ich überhaupt nicht. Wenn ich mit René ein Verhältnis gehabt hätte, hätten wir vor allem viel miteinander geredet, mit ein wenig Sex am Rande, weil es so sein muss. Aber nichts an René zog mich an. Ich mag ihn sehr, aber nicht so, verstehst du? Ich werde wohl allein bleiben müssen, ich erwarte zu viel."

Ihr Vater schwieg eine Weile in stiller Überlegung. Dann sagte er:

"Es gibt auch keine Romantik mehr. Ihr wisst auch nicht, wie man die Liebe züchten muss, von der Saat bis hin zur Frucht... Ihr findet alles schnell übertrieben, im Widerspruch zur Nüchternheit. Das gibt dann solche Exzesse wie bei Agnes, die doch in der Tiefe ihres Herzens eigentlich auch Geborgenheit und Romantik sucht... Und bei dir ... du kannst die Liebe überhaupt nicht mehr finden. In der Liebe findet man das Höchste, das Schönste, das Beste im Anderen – während man die Schwächen, die doch in jedem stecken, übersieht. Ihr nehmt den Menschen in der flachen Wirklichkeit, ihr schaut, hört zu und so ... und ihr bemerkt alles Mögliche, was euch nicht gefällt. Dann geht es nicht mehr. Oder ihr lasst euch durch das Niedrige im Menschen verführen und landet dann in einem Ehestreit – ob ihr nun verheiratet seid oder nicht."

Er zeigte hinauf.

"Wenn du auf diese Äpfel schaust, Maria ... findest du nicht einen einzigen Apfel, der vollkommen ist. Wir würden verhungern, wenn wir darauf warten würden. Und doch sind schöne Äpfel darunter, und der *ganze* Baum, mit faulen und reifen Äpfeln, ist eine Schönheit der Schöpfung. Auf der anderen Seite kann man die Liebe nicht zwingen. Vielleicht muss dieser eine Mann für dich noch kommen..."
 Still saßen sie nebeneinander, bis die Mutter sie zum Abendessen rief.

 Keine Romantik. Vielleicht war es das erste Mal in ihrem Leben, dass sie feststellen musste, dass ihr Vater kritisch war. Er war das nie, er nahm das Leben hin, wie es war. Aber dies war für ihn anscheinend wirklich schlimm: Das Verschwinden der Romantik. Er meinte nicht ein Diner bei Kerzenschein oder einen aus Spitzen gefertigten BH. Keinen Abend im Kino oder ein schönes Kleid. Romantik ... was ist Romantik?
 Wieder zurück in Amsterdam, suchte sie das Wort im Lexikon und fand dort Namen wie Schelling, Novalis und Goethe, Wagner und Bruckner. Nun, ihr Vater kannte keinen von ihnen. Und doch besaß er ein Wissen, das über das reine Kennen der Namen hinausging. Was er gemeint hatte, war bestimmt dasselbe wie so jemand wie Novalis oder Schelling. Die Worte 'Weltschmerz' und 'Sehnsucht', einfach so, als Wort, erzeugten bei ihr tiefe Gefühle! Sie fühlte sich von einer Gefühlswelt berührt, die um vieles größer war als die persönliche Welt.
 'Novalis ist der Wegbereiter der Romantik', las sie. Nach langem Suchen fand sie bei einem Antiquariat eine Ausgabe von 'Die Lehrlinge zu Saïs' von Novalis.

Hier kann nicht nacherzählt werden, was sie alles las ... doch wer in der trockenen Nüchternheit unseres westlichen Lebens versandet ist, sollte sich einmal mit den Schriften von Novalis beschäftigen. Sie sind die Blüte unserer europäischen Kultur, und wenn es anfangs etwas schwierig sein mag, sich an die Sprache und den Inhalt zu gewöhnen, dann nur weil wir uns mit unserem Verstand so weit von den Wurzeln unseres wahren Daseins entfernt haben.

Maria verstand sicher nicht jedes Wort, das sie las, es war ja eine Begegnung mit einem Denken, von dem auch sie sich entfernt hatte. Dennoch fühlte sie, was ihr Vater mit 'Romantik' meinte. Es musste das Wiederauffinden von *Qualitäten* sein. Unbemerkt wird das Denken in quantitative Formen verwickelt, und man verliert die Qualität. Früher war sie gerade besonders stark mit allem, was die Sinne einem Kind an Schönem geben können, verbunden gewesen. Das Limburger Land war auch wirklich ein Paradies gewesen, und der Bauernhof, der ihr Zuhause war, ein privates Paradies. Dort war alles so wunderschön, sogar der verwitterte Baumstumpf, auf dem sie immer saßen und redeten, oder die rostigen Gartenstühle zwischen den Blumenkübeln...

Sie erinnerte sich, wie sie anfangs die Amsterdamer Grachten genossen hatte, die Bäume, die an den Grachten standen, die von der Sonne beschienenen Giebel der Grachtenhäuser. Jetzt sah sie die Schönheit nur ab und zu, meistens war das ganze Dasein darauf gerichtet, was nun einmal sein *musste*, und man musste immer so viel. Sie fühlte sehr stark, wie der Materialismus die *Qualität* verdunkelt. Nicht der Kapitalismus, sondern eine viel grundlegendere, tief in den Menschen eindringende Lebensanschauung, die sich unbewusst in einem festsetzt und einen der Nüchternheit des Lebens ausliefert, der Überzeugung, dass *Materie* die einzige Realität in der Welt ist.

Agnes löste dieses Problem mit der Erotik, Maria konnte das nicht. Sie hätte sich vollkommen lächerlich gefühlt.

In ihr erwachte eine aus der Tiefe emporsteigende Ahnung: Sie hatte einen langen, langen Weg zu gehen. Wohin der Weg führte, wusste sie nicht, sie hatte kein genau umschriebenes Ziel vor Augen. Wie sie diesen Weg gehen musste, wusste sie ebenso wenig. Aber in ihrem Innern spürte sie, wie sie auf einer Kreuzung von möglichen Wegen stand.

Vielleicht nahm sie das Leben zu ernst, konnte nicht wie ein Kind spielen, vielleicht musste alles erst vollkommen sein, bevor sie es annahm. Sollte sie nicht einfach mal etwas ausprobieren, hier und dort, ab und zu? In dem hässlichsten Kerl konnte sich doch auch ein sympathisches Wesen verstecken? Sie war jetzt beinahe vierundzwanzig, alle Jungen hatten eine Freundin, alle Mädchen einen Freund...

Mit einer Freundin machte sie zum ersten Mal in ihrem Leben eine Reise ins Ausland. Sie wollte es doch irgendwie feiern, dass sie ihr Examen bestanden hatte. Sie konnten von Freunden den Wagen leihen, beluden ihn mit einer Campingausrüstung und fuhren an einem sonnigen Morgen im August in Richtung Süden. Annette hatte sich gerade von ihrem Freund getrennt...

In diesen Ferien sollte es dann endlich einmal geschehen!

Am ersten Tag der Reise gab es nichts Besonderes, aber danach änderte sich die Landschaft. Die Vegetation nahm einen deutlich südländischen Charakter an, entlang der Autobahn standen Oleanderbüsche und Palmen. Romantik ... hier wäre sie wohl leicht zu finden. Im Hinterland an der französischen Riviera fanden sie einen angenehmen Platz auf einem großen, von zahllosen jungen Leuten besiedelten Campingplatz. Maria spürte, wie 'zwei Seelen' in ihr wohnten: Eine, die dies alles fürchterlich verabscheute ... und eine, die sich doch davon angezogen fühlte, mit einer leichten Sehnsucht nach Schönheit, Luxus und – Romantik. Als sie schließlich das Zelt aufgebaut hatten und es sich mit einer Portion Pommes und grünem Salat gemütlich machten, fühlte sie eine unbekannte Art von Zufriedenheit in sich. Sie würde ihre Reserviertheit einmal eine Weile vergessen und ein wenig 'Agnes' sein...

Annette liebte wie Agnes die Jungen. Sie besaß eine reiche Erfahrung in der Beziehung und nahm Maria ins Schlepptau. Aber die Phantasie war doch einfacher als die Wirklichkeit. Schon bald fanden sie am Strand Anschluss an eine Gruppe junger Franzosen. Annette hatte sofort einen von ihnen im Auge. Ein anderer legte sich dicht neben Maria. Sie roch den Schweiß und das Aftershave, sah seinen behaarten Rücken und seine starken Muskeln – und ekelte sich davor. Hatte sie eine Abneigung gegen Männer? Nein, Lust auf Mädchen hatte sie ebenso wenig, noch weniger. Sie schauderte. Vor ihr lagen drei volle Wochen mit Sonne, Meer und Strand – und Widerstand. Sie nahm ein Buch und sagte spröde:

"Je veux lire."

Aber der Junge nahm ihr das Buch aus der Hand, legte seine große Hand auf ihre Schulter, streichelte über ihren Rücken und ihren Hintern. Sie sprang auf und rannte ins Wasser...

"Wie machst du das?", fragte sie Annette während des

Abendessens. "Wie kannst du so etwas schön finden? So ein Kerl, der nur Sex will und nichts anderes?"
"Es ist doch spannend? Ich verstehe dich nicht, Maria. Du bist so ein nettes Mädchen. Genieße das doch!"
"Das ist das Problem. Es ist kein Genuss."
"Du musst dich einfach gehen lassen, dann wird es schön."
"Ich will mich nicht gehen lassen."

Trotzdem genoss sie. Sie freute sich an allem, was sie sehen und riechen konnte, der Hitze, dem blauen Himmel, den zirpenden Grillen, dem Atem beraubenden Sternenhimmel, dem beängstigenden Gewitter und den Aufheiterungen danach. Aber der Genuss war nur für sie *alleine*. Sie war zwar bei der Gruppe, beteiligte sich am Gespräch, trank Wein und aß den französischen Käse. Manchmal ließ sie es zu, dass ein bestimmter Junge seinen Arm um ihre Schultern legte, und am letzten Abend küsste sie ihn sogar flüchtig. Vielleicht, wenn sie noch einmal drei Wochen bleiben könnte...

In einer tief melancholischen Stimmung fing sie ihr erstes Praktikum an, in der inneren Medizin. Sie hatte ein kleines Krankenhaus in einem Außenbezirk gewählt, weil es dort weniger streng zuging als in einer Universitätsklinik. Nur gab es hier den Nachteil, dass die Begleitung minimal war, man musste schon selbst seinen Weg finden. Aber sie merkte bald, dass sie sich umsonst davor gefürchtet hatte. Sie machte ihre Arbeit gut, nicht besser und auch nicht schlechter als die anderen. Nur diese Einsamkeit, die noch immer tiefer werden konnte! War es Hochmut? Dünkte sie sich besser als die anderen? Oder hatte sie keine Neigung zur Geselligkeit? René war der Einzige, mit dem sie noch einigermaßen reden konnte über das, was sie beschäftigte.

"Ich habe viel mehr vom Leben erwartet, René! Ist dies nun alles? Ich habe es jetzt bereits satt. Immer wieder am Morgen aufstehen, zur Arbeit gehen, Saalvisite machen, neue Patienten aufnehmen und untersuchen, Besprechungen beiwohnen ... und dies alles mit Distanz zum wirklichen Leiden. Man muss vor allem nicht zu stark engagiert sein, man muss stolz darauf sein, dass man Arzt ist und dass man Aussicht auf ein gutes Einkommen hat. Das ist mir doch egal!"

"Und die Musik, die Kunst? Das Reisen, die Liebe? Du hättest meine Freundin sein können, Maria – wir hätten so viel zusammen entdecken können!"

"Du bist doch glücklich mit Agnes?"

"Das ist eine andere Art von Glück. Ihr liegt nichts an all diesen Sachen, sie ist sich selbst genug. Dazu braucht sie ihren Beruf und ab und zu ein wenig René."

Das klang sauer.

"Warum machst du nicht Schluss damit?"

"Ich bin verrückt nach ihr, Maria! Und manchmal hasse ich sie wie die Pest. Sie kann einen bis aufs Blut reizen. Aber ich bleibe bei ihr, bis der Tod uns scheidet."

René konnte sehr pathetisch werden. Sie seufzte. So war es immer. Sie wollte über etwas reden, aber letztlich war sie nie das Thema.

"Natürlich genieße ich allerlei Dinge, René. Aber es scheint, als ob es mich immer weniger tief berührt. Dafür sinkt meine Stimmung immer tiefer. Was hat dies nun für einen Sinn?"

"Du *lebst* nicht, Maria."

"Was ihr 'leben' nennt, zieht mich nicht an. Worüber du

dich aufregst, Politik, Umwelt ... es interessiert mich überhaupt nicht. Ich suche die Essenz im Dasein – und ich finde sie nicht."

"Was hättest du denn erwartet, Maria? Wie hätte es sein sollen? Vielleicht findest du die Essenz, wenn du dir bewusst wirst, was dir eigentlich fehlt."

Sie war gerührt. René war doch ein echter Freund. Sie nickte und sagte leise:

"Das werde ich machen, René. Ich werde mich fragen, was mir nun eigentlich fehlt."

Als er gegangen war, blieb sie in Gedanken versunken noch lange sitzen. Es war eine allgemeine Unzufriedenheit, die sie quälte. Ihr Vater nannte sie eine gelehrte Frau. So sah sie sich selbst nicht, aber sie hatte ihre Erkenntnisse. Sie prägte sich alles gut ein, auch was sie vor langer Zeit gelernt hatte. Getreu las sie jede Woche die medizinische Zeitschrift, in der Klinik arbeitete sie genau und sehr konzentriert. Der Internist, bei dem sie ihr Praktikum machte, hatte sie gebeten, bei ihm in der Ferienzeit zu arbeiten. Das sagte ihr überhaupt nicht zu. Sie konnte nicht hinter dieser inneren Medizin stehen – aber sie hatte auch keine Ahnung, wie man es besser machen konnte. Sie hatte Kritik, jedoch ohne eine Alternative zu haben.

Sie konnte noch mit einem anderen Studium anfangen. Philosophie oder Jura. Ihre Gelehrtheit würde wachsen, ihre Unzufriedenheit auch. Alle Erkenntnisse der Welt würden ihr keinen Frieden bringen. Innerlich *leer* wird man davon, das individuelle Mensch-Sein wird verzehrt. Zwar bekämpft man seine Selbstsucht damit, denn im Erkennen muss man sein alltägliches Eigeninteresse kurz vergessen. Aber zugleich *mit* dem Vergessen verliert man auch den Wert des Daseins.

Leer war sie geworden, aber auf der anderen Seite auch wieder zu *voll*. Wie ein Ausgleich für die Selbstlosigkeit im Erkennen suchte man die Lust, den Luxus. Ihr Vater brauchte dies nicht, sie aber wohl. Sie verlangte nach einer Arbeitsstelle mit einem anständigen Gehalt, nach einem netten Haus irgendwo draußen und einem eigenen Auto. Geld, um sich bestimmte Sachen zu leisten, wie auswärts essen und reisen... Das waren keine primären Bedürfnisse, sondern Konsequenzen eines intellektuellen Daseins. Am meisten verlangte sie nach einem Partner, nach einem Mann. Einem Freund, mit dem sie ihr Leben teilen konnte, in allen Einzelheiten. Und wenn sie diesen dann hätte, würde sie noch immer unzufrieden sein. Auch er könnte ihren Mangel nicht ausgleichen, weil dieser Mangel in ihr selbst steckte. Sie konnte ihren Durst nicht an all dem Vergänglichen stillen. Alles geht ja vorbei, man verlangt nach dem Bleibenden, nach etwas, das einen nie im Stich lässt. Eine gute Ehe ist davon ein Bild, aber es muss dem ein Urbild zu Grunde liegen, eine Wirklichkeit, nach der sie sich sehnte, aber von der sie nicht wusste, wie diese zu suchen oder wo diese zu finden war. Es war alles zu unbestimmt... Sie wusste nur das Eine: Wenn sie begreifen würde, auf welcher Wegeskreuzung sie jetzt stand, sie würde den sichersten Weg wählen, und wenn dieser der längste wäre.

Die Kerze auf dem Tisch war fast heruntergebrannt. Sie blies sie aus. Sie musste jetzt einfach schlafen.

Das Arztpraktikum in der Psychiatrie machte sie zusammen mit René. Er wollte Psychiater werden. Menschen haben eine Affinität zu dem, was sie brauchen, dachte Maria. Sie mochte

René sehr, aber gerade dadurch sah sie seinen Neid, seinen Argwohn und manchmal ... wie gemein er sein konnte. Er wusste das selbst auch schon.

"Ich erkenne den paranoiden Wahn wieder, Maria. Bei mir ist die Paranoia nicht stark genug, um sich in den Wahn zu verwandeln, aber ich suche wohl etwas hinter allem. Wenn Agnes einen anderen Jungen anschaut, kontrolliere ich ihr Tun und Lassen. Mit dir hätte ich das bestimmt nicht gehabt, woraus man schließen kann, dass meine Paranoia auf Wirklichkeit beruht."

Maria schüttelte den Kopf.

"Aber nein. Mit mir wäre es dir genau so ergangen. Du vertraust keinem Menschen, niemandem."

"Dazu hat man auch keinen Grund. Der Mensch ist eine verdorbene Kreatur, mit einigen Ausnahmen. Agnes ist ein unzuverlässiges Mädchen. Wenn ich nicht aufpasse, steigt sie mit einem anderen Kerl ins Bett."

"Dann mach' Schluss mit ihr!"

"Ich bin verrückt nach ihr."

"So kannst du deines Lebens doch nicht mehr froh werden! Sie auch nicht."

René lachte spöttisch, mit hocherhobenem Kopf.

"Sie ist eine ungezogene Göre. Sie lügt, betrügt und verführt."

"Sie ist meine Schwester! Und *meine* Eltern haben sie erzogen. Du kennst sie. Du weißt, dass sie nur das Beste für sie wollten."

"Das geht nicht bei einem solchen Mädchen. Die braucht von Zeit zu Zeit einen Tritt in ihren Hintern. Genau das muss geschehen!"

"Das tust du doch nicht, hoffe ich?!"
René war schlecht gelaunt. Er lachte sie aus und rief:
"Das tue ich wohl und noch viel mehr. Ich ermorde das Weib, wenn sie fremdgeht!"
Maria zitterte. René rief spöttisch:
"Das lässt deine zarte Seele bibbern, nicht wahr? Für dich muss alles schön, edel und gut sein. Du magst den Dreck des Lebens nicht. Wir aber stecken drin, bis zur Nase!"
Maria wurde böse.
"Halt doch deinen dummen Mund! Ihr tretet doch aus freiem Willen in den Dreck. Dann erstickt doch auch darin. Dass sie doch Spaß mit anderen Kerlen hat und du sie dann wegen deiner Paranoia ermordest. Es ist mir völlig egal!"
Sie erhob sich und schmiss ihren Stuhl gegen den Tisch. Alle Köpfe in der Kantine drehten sich in ihre Richtung. "Oooh!", sagten die Gesichter. "Pfui!"
Wütend verließ sie die Kantine. Immer war sie die dumme Ziege, während die anderen sich wie die Wilden benahmen!
Sie spürte eine Hand auf ihrer Schulter. René. Er grinste:
"Du bist schön, wenn du so wütend bist!"
Sie drehte sich zu ihm um und schlug ihn mit der flachen Hand in sein dummes Gesicht. Sollte er doch auch sie ermorden!
Aber er blieb fassungslos stehen.
Sie rannte zu ihrem Fahrrad und fuhr wütend nach Hause.

Abends kam Agnes zu Besuch.
"René hat mir erzählt, was heute Mittag geschehen ist. Ich dachte: Schau mal vorbei." Ihre Stimme hatte einen ängstlichen Klang.

"Ich wusste nicht, dass ihr solche Sachen miteinander besprecht. Ich dachte, dass ihr nur Sex und Streit miteinander habt", sagte Maria kühl. Sie hatte es satt, gründlich satt. "Wie oft bist du schon fremdgegangen, Agnes? Sei ehrlich, wenn du das wenigstens sein kannst."

Agnes setzte sich, ohne dazu aufgefordert zu sein.

"Hör doch auf, Maria."

"Ich habe dich etwas gefragt!"

Wenn sie böse war, sprach sie immer in ihrer Mundart mit Agnes. Denn mit dieser Sprache waren sie zusammen aufgewachsen. Das traf Agnes. Sie neigte ihren Kopf und sagte:

"Einige Male. Ich kann doch nicht mein ganzes Leben nur mit diesem Trottel ins Bett gehen."

"Warum hast du denn mit diesem Trottel angefangen?"

"*Er* hat angefangen!"

"Und du wusstest nicht, wie du 'Nein' sagen solltest!"

"Ich mag ihn tatsächlich, Maria. Mehr als die anderen flotten Kerle. Er hat wirklich etwas."

"Dann würde ich an deiner Stelle treu sein. Untreue wird dein Tod."

"Übertreibe bitte nicht. Er tritt mich ab und zu, mehr nicht."

"Mehr nicht? Hat er dich schon mal erwischt?"

"Nein."

"Wenn das geschieht, schlägt er dich tot!"

"Maria, hör doch auf. Du kennst ihn doch."

"Gerade deshalb. Diese Tiefe in ihm kann zum Abgrund werden, in den er dich wirft, wenn du so dumm und naiv weitermachst. Beende euer Verhältnis oder sei ihm ab heute treu."

"Ich kann nicht ohne ihn."

"Dann beende ab sofort dein Doppelleben. Tu es für dich selbst und für ihn. Und auch für mich."

Sie setzte sich und nahm ihren Kopf in beide Hände. Agnes erhob sich und legte sanft eine Hand auf Marias Arm.

"Du bist sehr lieb, Maria. Die meisten Menschen sind nicht so. Du bist keine Ziege. Das sagen wir nur, weil wir eifersüchtig auf dich sind. Entschuldige, Maria."

"Das Problem ist, dass ich nie weiß, wann du wirklich meinst, was du sagst. Oder spielst du jetzt auch wieder eine deiner schönen Rollen?"

"Maria!"

Sie seufzte und schaute in die braunen Augen ihrer Schwester. Die Sehnsucht, die sie dort sah, war in jedem Fall echt. Vielleicht war sie doch dieselbe wie ihre eigene unbestimmte Sehnsucht. Sie nickte.

"Ok. Es ist schon gut. Aber sei in Gottes Namen vorsichtig. Und René? Ist er böse?"

"Natürlich nicht! Er traute sich nicht zu kommen. Wir haben ein klein wenig Angst vor dir, weißt du."

"Dein eigenes Gewissen spricht nicht laut genug. Du antwortest nicht auf meine Frage. Sag mir: Wirst du vorsichtig sein?"

Agnes streichelte die Wange ihrer Schwester. Die Gebärde rührte Maria, die Berührung ließ Tränen in ihre Augen treten. Zutiefst fehlte ihr die Liebe!

Eng umschlungen hielten sie sich fest, vielleicht zum ersten Mal wirklich. Maria fühlte den zarten Körper des Mädchens, mit dem sie so wenig und dennoch so viel gemeinsam hatte...

"Sei doch bitte vorsichtig mit deinem schönen, kostbaren Besitz, mit deinem Körper", flüsterte sie. "Er ist das Instrument, mit dem du dich zum Ausdruck bringst. Sei doch vorsichtig!"

Nach ihrem Physikum zog Agnes bei René ein. Er konnte mit Hilfe seines Vaters die Hälfte einer Wohnung in dem Amsterdamer Viertel 'De Pijp' mieten. Sie hatten einen eigenen Eingang, ein großes Wohn-Schlafzimmer, eine eigene Küche und eine Toilette mit Dusche. Alles war alt und schmutzig, aber nachdem sie alles gründlich gereinigt und gestrichen hatten, ließ es sich dort leben. Schnell allerdings wurde es wieder ein großes Durcheinander, denn sie waren beide zu faul, zu putzen oder sogar aufzuräumen. Das Bett wurde nie gemacht, der Tisch nicht aufgeräumt, überall in der Wohnung lagen Kleider. In einer Ecke standen Renés Reitstiefel mit der Peitsche, an der die Reitkappe baumelte. In der anderen Ecke standen sein Cello und der Notenständer. Agnes hatte nur Make-up und Kleider, die verstreut in der ganzen Wohnung lagen. Es roch nach dem Tabak von René und dem Sherry von Agnes. Die Nachbarn waren regelmäßig Zeugen ihrer Streitereien. Aber manchmal klang auch fast professionell ein Cellosuite von Bach oder Agnes' fröhliches Lachen durch die Fenster, denn Spaß hatten sie auch.

Das erste Mal, als Maria sie besuchte, hatte sie mit großer Bestürzung auf das Chaos geschaut, das die beiden angerichtet hatten. Ohne etwas zu sagen, hatte sie das Bett neu bezogen, und als sie sah, dass die beiden einfach zuschauten, wie sie das machte, hatte sie die Aufträge verteilt. Staub saugen, aufwischen, scheuern, abwaschen. Innerhalb einer Stunde war alles sauber. Danach kam jede Woche dieser Wirbelwind ins Haus...

War Agnes glücklich mit René? Sie war bei ihm hängen geblieben. Oder er bei ihr. Sie sorgte dafür, dass er sich gut kleidete, schnitt rechtzeitig sein Haar und achtete darauf, dass er sich regelmäßig duschte. So konnte er sich sehen lassen. Im Umgang war er schwierig, schnell beleidigt und wahnsinnig eifersüchtig. Aber langweilig war er nicht, er hatte tiefsinnige Ideen, grübelte über den Sinn des Lebens, über die gewalttätige Natur des Menschen, über die Frage, ob Gott existiere. Er las dicke Bücher von Freud und Jung, von Marx und Steiner. Dieses ganze Wissen gelangte in einen großen innerlichen Suppentopf, fein geschnitten und gewürzt. Daraus machte er seine Lebensanschauung, heiß und pikant, aber schmackhaft. Auch liebte er Pferde und Musik. Agnes wurde scharf von ihm überwacht, er ließ sie nicht aus den Augen, außer wenn er zur Vorlesung oder zur Probe oder Aufführung seines Orchesters musste. Dann war sie plötzlich frei – und sie nutzte die Freiheit. Sie war eitel und steckte voller Erotik, die man ja ausleben musste. Wenn sie in der Anwesenheit von René nach anderen Jungen schaute, wurde ihr zu Hause gewaltig das Fell gegerbt. Meistens nur verbal, mit einer Schimpfkanonade. Sie hatte dann etwas Angst, aber er tat ihr nichts, fast nichts. Während sie miteinander schliefen, konnte er sehr gemein sein, als Vergeltungsmaßnahme. Aber sie konnte es nicht lassen, andere Jungen zu erobern, sie *wollte* es auch nicht lassen. Ein Abend mit einem anderen sorgte dafür, dass das Leben interessant blieb...

In ihrem Studium war sie ehrgeizig. Sie hatte sich fest vorgenommen, Chirurg zu werden, obwohl jeder sie auslachte. Als Frau hatte man es nicht leicht, wenn man Chirurg werden wollte. Aber sie würde es schaffen – weil sie es nun einmal so wollte. Sie träumte von einer Zukunft voller Reichtum und Ansehen. René und sie, beide Fachärzte.

Während der Vorlesungen stellte sie viele Fragen, damit alle Professoren wussten, dass sie anwesend war. Sie wollte *gesehen* werden, und ihr war die Gelehrtheit, die sie erwarb, gar nicht im Wege. Sie war stolz darauf und versuchte, jeden zu übertrumpfen. Wahrheit gab es für sie nicht. Was man wollte, war wahr. Sie hatte ein grenzenloses Repertoire an Lügen in Vorrat – und sie glaubte selbst daran.

Maria hatte Angst, dass René sie eines Tages erwischen würde. Sie nicht. Sie überlistete ihn und sie würde seinem Drang, sie zu besitzen, nicht nachgeben. Wirklich nicht. Sie war für alle Männer da, alle Männer waren für *sie* da. Keiner konnte ihrer Verführungskunst widerstehen. Kein einziger.

Manchmal ging sie übers Wochenende nach Hause. René wollte immer mit, also ging er auch mit.

Zu Hause war es sonderbar... Dort war ihre Mutter, die immer kochte, backte, fegte und scheuerte; und ihr Vater, der ein stiller Zuschauer war, auch wenn er im Garten arbeitete. Sie waren die einzigen, bei denen sie eine gewisse Scham fühlte, Scham wegen ihres Benehmens. Sie durchschauten sie, mit ihrer einfachen Bauernweisheit. Sie waren tolerant, ließen sie in Ruhe. Sie urteilten nicht. Gerade darum *waren* sie Urteil, und das war schwierig. René schien hier die Oberflächlichkeit selber, mit all seinem Wissen. Er wurde hier still und einfach, ein ruhiger und besinnlicher Mann. Das machte ihr Angst. Vielleicht würde er sie durch die Augen ihrer Eltern sehen und dann ihre lügenhafte Natur durchschauen. Sie wusste sehr wohl, dass Maria Recht hatte. Dann würde er Gewalt anwenden. Dass er sie ermorden würde, schien ihr etwas zu übertrieben, aber es würde wohl zu einem fürchterlichen Kampf kommen – und als Frau war sie schwach. Sie sollte vielleicht einen Karatekurs besuchen, Tricks zur Selbstverteidigung lernen. Wenn er es dann jemals erfahren würde, könnte sie sich wenigstens wehren. In Amsterdam hatte sie diese Ängste nie, sie kamen in der ruhigen Umgebung des Bauernhofes, inmitten der Felder – und unter den Augen ihrer unschuldigen Eltern zum Vorschein.

Abends, in dem großen Doppelbett – sie durften zusammen schlafen – sagte René:

"Es ist wie in einem Kloster hier. Hier braucht man sich nicht zu fragen, ob es einen Gott gibt. Er existiert! Ich begreife nicht, wie aus einer solchen Reinheit ein so verdorbenes Wesen wie du geboren werden konnte."

Beleidigt schwieg sie.

"Das bist du doch, Agnes? Du bist ehrgeizig, egoistisch und lügnerisch. Du besitzt keine Tugenden, nicht wahr? Haben deine Eltern das nie bemerkt?"

"Sie sehen das besser als mancher, du Trottel. Darum liegen wir hier jetzt zusammen zwischen den gestärkten Laken und nicht getrennt. Dann müssten wir uns heimlich treffen, jetzt nicht. So war es immer. Hier brauchen wir die Sünde nicht."

"Warum bist du denn eine solche Sünderin, Agnes?"

"Was redest du denn! Ich bin nicht schlechter als du."

"O doch! Wenn ich je so eine Tochter wie dich bekomme, versohle ich ihr so oft den Hintern, bis sogar ihre Knochen

wissen, was erlaubt ist und was nicht."
"Ich dachte, du seist so alternativ. So modern."
Schmeichelnd schmiegte sie sich an ihn.
"Sei jetzt bitte einmal lieb, René! Du hasst mich!"
Er zog ihren Kopf nach hinten und küsste sie leidenschaftlich.
"Hass ist die beste Basis für den Sex", grinste er.
Am nächsten Morgen stand sie nackt vor dem Spiegel und betrachtete ausführlich ihren Körper. Dort, wo er sie gekniffen hatte, waren blaue Flecken. Er lag noch im Bett und betrachtete mit Wohlgefallen ihre Schönheit.
"Du bist eine verdorbene Frau", sagte er zufrieden. "Schau mal, wie gerne du dich selbst siehst. Du schämst dich deiner Nacktheit nicht."
"Es gibt nichts, vor dem ich mich schämen müsste. Ich habe einen vollkommenen Körper. Nur die blauen Flecken sind Beweis deines Hasses."
Sie schüttelte ihr schwarzes Haar nach hinten, es fiel dicht über ihren Rücken. Sie streckte ihre Arme hoch über ihren Kopf.
"Mach ruhig weiter so", sagte René ärgerlich und verließ das Bett. "Ich nehme ein Bad. Du bist mir zu schmutzig."
Er konnte einem doch immer den Spaß verderben. Ein richtiger Mann hätte sich doch jetzt nicht beherrschen können. Er aber wohl, er nahm ein Bad – obwohl er das Baden hasste...

Sie saß mit ihrem Vater auf dem Baumstumpf unter dem Apfelbaum. Dass sie nach all den Jahren hier noch immer keine vernünftige Gartenbank hingestellt hatten! Man fühlte seinen Rücken nicht mehr, wenn man hier eine Weile gesessen hatte. Und doch hatte sie selbst ihren Vater im Garten aufgesucht, in einer Sehnsucht nach früher...

"Wie ein Mensch sich doch irren kann",sagte er nachdenklich. "Nie hätte ich daran gedacht, dass du mit so einem Mann nach Hause kommen würdest. Einen reichen Bankier mit einem Porsche oder so, das hatten wir erwartet. Nicht solch einen kritischen Tiefdenker wie René."

"Magst du ihn nicht?"

"Ich habe noch nie jemanden nicht gemocht, mein Kind. Alle Menschen sind wertvoll. Ich denke, dass du viel von ihm lernen kannst. Er ist entwickelt. Ich hoffe, dass du auch gut für ihn bist."

"Ich bin nicht so eine Frau wie Mama", sagte sie verärgert. "So eine, die ihr Leben dem Mann, den Kindern und dem Hof widmet."

"Du weißt genau, dass ich das nicht meine. Ich weiß ja, was für eine Frau du bist – gerade deshalb sage ich es."

"Wenn du alle Menschen magst, dann mich also auch..."

Er legte einen Arm um ihre Schultern.

"Aber Kind ... du bist meine Tochter."

"So anders als ihr, als Maria."

"Du besitzt viele Qualitäten. Du studierst hart, du bist gesund und hübsch, ein waches und intelligentes Mädchen."

Sie seufzte. Er wollte wirklich nur das Positive sehen. Sah er das andere nicht?

"Und meine Mängel, Papa?"

Sie sah, dass er gerührt war. Er wurde alt ... seine Hände waren durch die harte Arbeit und dadurch, dass er immer auf dem Feld war, verwittert. Aber sein Haupt alterte schön.

Ein Fächer von Lachfalten zog sich um seine Augen, er hatte einen ernsten Mund, der doch auch fröhlich lachen konnte... Jetzt meinte sie, dass seine Augen feucht wurden, während sein Arm um ihre Schultern lag.

"... die sind deine Angelegenheit, Agnes. Wir haben dich erzogen, aber jetzt bist du erwachsen. Du musst dich jetzt selbst erziehen – wenn du es willst."

"Ich denke sonst nie daran, nur wenn ich hier bin – und bei Maria. Ihr habt leicht reden, ihr seid einfach so."

"Wir kämpfen auch, Agnes – aber wir kämpfen. Man kann sich auch gehen lassen. Sprich mal mit Mama. Sie macht sich große Sorgen. Sie hat ein wenig Angst vor René."

Er ließ sie los. Sie hatte Lust zu weinen und wusste nicht warum. Sie hasste weinende Frauen. Schwäche war das in ihren Augen. Sie schluckte ihre Tränen hinunter und erhob sich. Sie fegte den Staub von ihrer Hose und stand kerzengerade vor ihrem Vater.

"Ok, Papa. Ich gehe jetzt zu Mama."

Sie ging zum Haus, während ihr Vater ihr nachschaute.

Ihre Mutter saß am Küchentisch und schälte Kartoffeln.
"Hallo Mama. Kann ich dir helfen?"
Sie schüttelte den Kopf.
"Komm, setz dich zu mir. Ich vermisse euch", sagte sie.
Ihre Mutter hatte geschwollene Hände von der Arbeit; ihr Gesicht war das einer Bäuerin, frisch und rund. Sie war für die Kinder eine richtige Mama gewesen, bei der man sich an dem dicken Busen ausweinen konnte, wenn man gefallen war oder wenn man Streit mit seiner Schwester hatte. Sie konnte ganz gut Geschichten erzählen und lenkte so unbemerkt die

Aufmerksamkeit vom Kummer ab. In ihren Geschichten, die sie sich an Ort und Stelle ausdachte, geschahen immer magische Dinge. Es wurde in ihnen gezaubert, und es handelte sich immer um einen Kampf zwischen dem Guten und dem Bösen. Jetzt war das natürlich kein Thema mehr, aber durch ihre blühende Phantasie war sie jung geblieben, wie eine Frau aus einem Märchen, eine gute Zauberfee. Aber diese strafen hart, wenn man faul ist oder ungezogen ... Mama nicht. Sie blieb vergnügt und voller Vertrauen.

Agnes fiel direkt mit der Tür ins Haus und fragte:

"Mama, warum fürchtest du dich vor René? Papa sagte das gerade."

Sie legte das Messer und die Kartoffel aus der Hand und lehnte sich nach hinten. Sie holte tief Luft und schüttelte langsam den Kopf.

"Wie er dich anschaut. Ich finde das unangenehm. Ich kenne solche Leute. Sie sind tiefsinnig, aber schnell gekränkt, und dann werden sie aggressiv. Das ist kein Mann für dich. Du brauchst jemanden, der Verständnis für dich hat. Nicht einen, der darunter leidet, wie du bist. Das ist für euch beide nicht gut."

"Glaubst du denn nicht an das Schicksal, Mama? In meinen Träumen hatte ich mir auch etwas anderes vorgestellt, einen hübschen Märchenprinzen auf einem weißen Pferd, der mich rettet. Das wirkliche Leben brachte mir aber René, mit dem ich mein Leben teilen muss, ob ich es will oder nicht. Ich will natürlich, aber er ist nicht so, sagen wir, meine große Liebe."

"Dann hättest du darauf warten sollen."

"Das war nicht möglich. Schau dir Maria an, die wartet immer noch. Auf etwas, das nie kommt."

"Eile führt nie zu etwas Gutem."
"Es ist keine Eile. Es ist das Schicksal, ein Verhängnis vielleicht. Ich kann nicht anders."
Ihre Mutter nahm das Messer wieder zur Hand und fing mit dem Schälen wieder an.
"Es ist dein Leben", sagte sie ergeben.
Man konnte unmöglich böse werden auf die beiden, auf ihre Eltern. Alles hier war Liebe, man konnte nur darin gedeihen. So war ihre Jugend gewesen... Ihre Mutter sagte:
"Wenn du vielleicht denkst, dass wir naiv sind, Agnes – dann bist du auf dem Holzweg! Wir haben sehr wohl gewusst, was du in den Freitagnächten machtest. Wir haben dich absichtlich gewähren lassen, weil uns das das Beste schien. Verstehe das bitte."
Agnes erschrak über den scharfen Ton ihrer Mutter. Fand sie, dass ihre Eltern naiv waren? Sie zuckte mit den Schultern.
"Ich bin kein einfacher Mensch, dass weiß ich schon."
Ihre Mutter schälte schweigend die Kartoffeln. Trotz ihrer Missbilligung blieb Agnes sitzen. Sie schaute sich um und sah den geputzten Herd, die frisch gewaschenen Borte an den Regalen, die gescheuerten Töpfe und die Löffel. Es war eine Art Kloster, in dem sie aufgewachsen war, das war nichts für sie, dieser Friede. Sie musste sich eingestehen, dass sie mehr den Kampfplatz, die Frontlinie, den Schützengraben und die Todesgefahr liebte.

Im Zug nach Amsterdam saßen sie sich schweigend gegenüber. Nach einer Stunde Stille fragte Agnes:
"Warum sitzt du da so? Du kannst doch wohl etwas sagen!"
"Du sagst doch auch nichts. Was gibt es noch zu reden. Der

Aufenthalt dort ist wie ein Schlusssatz aus einem Märchen: Nur dort kann Liebe wohnen, nur dort ist das Leben gut, wo man still und ungezwungen alles füreinander tut."

"Pfui. Du treibst deinen Spott damit."

"Es ist doch unglaublich. Es darf nicht wahr sein. Tief im Unterbewussten muss sich doch auch bei diesen Menschen der Dreck befinden? Haben die den Krieg nicht mitgemacht? Leben sie in einer Scheinwelt?"

Obwohl sie selbst solche Gedanken gehabt hatte, machten diese Worte sie böse, weil sie von ihm kamen. Sie sagte:

"Sie sind ehrlich. Das sind sie immer gewesen. Du und ich – wir sind von einer anderen Sorte, wir kennen ihre Welt nicht. Wohl von außen, aber nicht von innen."

"Sie kennen das *Leben* doch überhaupt nicht, Agnes! Sie *wissen* nichts. Sie leben mit ihren Äpfeln und Kirschen, mit Gott und Geboten. Sie wissen nichts von der großen Welt. Sonst hätten sie dich etwas gelehrt. Du hast dort doch nichts gelernt!"

"Was weißt du denn davon, René? Weißt du, wie ich sein würde, wenn ich andere Eltern gehabt hätte? Deine zum Beispiel, die dich haben krepieren lassen, weil sie so viel zu tun haben, damit sie die große Welt kennen lernen? Du hast doch überhaupt keine Ahnung, wie *gut* es mir zu Hause gegangen ist!"

René warf ihr einen bösen Blick zu und schwieg erneut.

Zu Hause angekommen packte sie ihre Tasche aus und hängte alles ordentlich in den Schrank. Sie hatte genug von seiner ewigen Negativität, von seinem Graben in dem Misthaufen des Daseins.

"Welch eine liebe Hausfrau!", spottete er. Er stellte sich hinter sie und schlang seine Arme um ihre Taille, sodass sie sich nicht mehr bewegen konnte.

"Ich habe dich satt! Gründlich satt! Du lähmst alles in einem Menschen durch deine ewige Kritik."

Er kniff gemein in ihren Bauch. Sie versuchte, sich von ihm zu lösen, aber er war zu stark.

"Hör auf, René, hör auf damit! Ich suche mir ein Zimmer, ich will so nicht mehr weiter!"

Mit seinem Knie gab er ihr einen gewaltigen Stoß, sie fiel gegen die Spüle.

"Wenn du dich je getraust, mich zu verlassen, dann ermorde ich dich!", schrie er. "Ich verschwinde jetzt. Und du räumst hier auf! Wehe, wenn du nicht da bist, wenn ich nachher zurück komme! Ich werde dich überall finden!"

Er warf die Tür hinter sich zu und stürmte die Treppe hinab. Er würde zu Maria gehen, gewiss. Sie ging ins Zimmer und ließ sich auf das Bett fallen. Wenn sie jetzt einfach ging? Man musste sich doch nicht zwingen lassen? Er hatte einen großen Mund, aber ein kleines Herz. Ermorden ... welch ein Unsinn! Aber dieses kleine Herz liebte sie doch. Er stieß sie ab, zog sie aber unwiderstehlich an. Vielleicht war es doch die andauernde Drohung einer Tracht Prügel, die sie bleiben ließ. Nicht aus Angst davor, sondern aus Verlangen danach. Er tat es nicht, aber immer hing eine Drohung in der Luft. Vielleicht liebte sie gerade das. Nein, sie liebte auch *ihn*, sein unergründliches Sein. Sie liebte seine Liebe zu ihr, was diese auch bedeutete. Den Sex mit ihm, der immer gut war... Er mochte ihre Heftigkeit, wollte diese aber bezwingen, und dadurch kam die Spannung. Sie verlangte *jetzt* nach ihm, und sie war eigentlich zu stolz, hier zu warten. Sie konnte nicht hier sein, wenn er zurück kam, als ob sie ihm brav gehorsam gewesen wäre. Aber wenn er nach Hause kam, und sie war nicht hier – sie wusste nicht, wie ernst er es gemeint hatte. Sie konnte auch zu Maria gehen und ihn dort abholen. Sie war einsam, so einsam... René war doch der Einzige, mit dem sie wirklich etwas hatte, eine Gemeinschaft... Sie konnte ihn nie verlassen, sie wollte es überhaupt nicht. Vielleicht wartete sie auf den Moment, an dem er mal wirklich nett zu ihr war. Das war er nie – und das mochte sie eigentlich auch wohl wieder. Man stelle sich einen *netten* Mann neben sich vor! Davon würde man auch verrückt werden! Sie legte sich auf ihren Bauch und umschlang ihr Kissen. Sie würde brav auf ihn warten, mal schauen, was er machen würde...

Sie musste lange warten, viel zu lange. Sie schlief ein und erwachte, als sie hörte, wie René sich im Badezimmer übergeben musste. Er hatte zu tief ins Glas geschaut, obwohl er nicht einmal betrunken war. Er machte das Licht an und schaute sich im Zimmer um.
"Du hast auch nicht viel aufgeräumt. Was für ein Dreck!"
Sie erhob sich und antwortete böse:
"Als ob es dich etwas interessiert! Wo bist du gewesen?"
Er blies ihr seinen stinkenden Atem ins Gesicht.
"In der Kneipe. Ich dachte: Ich werde spät nach Hause kommen. Dann hat sie Zeit genug, um wieder zu Hause zu sein."
Sie legte sich wieder hin.
"Ich bin überhaupt nicht weggegangen. Ich habe die ganze Zeit auf dich gewartet. Du verstehst auch nichts davon."

Sie barg ihren Kopf im Kissen. So hart, wie er konnte, schlug er sie auf ihren Hintern. Das Bett federte auf und ab.

"Warum tust du das bloß!", klagte sie und blieb liegen, als ob sie mehr davon wollte. Er wandte sich ab und murmelte:

"Weil ich dich hasse. Ich hasse dich! Du dummes Weib!"

Sie wusste nicht, ob sie jetzt heulen oder schmusen – oder wegrennen sollte. Taktik. Eine Taktik musste man haben. Sie war zu müde für eine Taktik.

"Was ist los?", klagte sie.

"Was ist los?", äffte er ihr nach. "Du hattest genug von mir, weißt du noch?"

"Ach, du bist beleidigt..."

Er zog sich aus und zog die Decke, auf der sie lag, vom Bett.

"Ich schlafe auf dem Sofa. Du ekelst mich an", sagte er störrisch.

"Wenn das keine Beleidigung ist!", sagte sie. Sie sprang aus dem Bett und fing einen kleinen Striptease an. Aber er schaltete das Licht aus und kroch auf dem Sofa unter die Decke.

Sehnsüchtig blieb sie allein ... eine einsame Seele, die nicht wusste, wie man es eigentlich machen soll.

*"Gebt mir Materie
und ich will euch
eine Welt daraus bauen."*

Immanuel Kant
(1724 – 1804)

Nachdem Maria ihr Studium abgeschlossen hatte, ging sie zurück nach Hause, ins Limburger Hügelland. Noch immer hatte sie ihren Weg in ihrem Beruf nicht gefunden, ihre Begeisterung dafür war völlig gelähmt. In Limburg konnte sie eine Stelle als Ärztin in einer Mütterberatungsstelle bekommen. Damit würde sie ihr Geld verdienen, sie könnte ein nettes Haus kaufen, und das wäre dann eben ihr Leben. Sie hätte dann jedenfalls die von ihr so geliebte Natur um sich, und ihre Eltern wären auch in der Nähe. Außerdem war sie froh, dass sie Agnes und René los war, die so viel Aufmerksamkeit brauchten, dass man davon todmüde wurde. Sie hatten immer Streit, machten von allem ein gewaltiges Durcheinander und suchten sie dann als Friedensengel und Putzfrau... Jetzt gab es nur noch das Telefon und einmal in ein paar Wochen traf man sich. Maria hatte das Gefühl, dass sie jetzt endlich für sich selbst leben konnte.

Immer stärker wurde sie mit der Vergänglichkeit des Lebens auf Erden konfrontiert. Alles, was man erlebte, wurde letztlich Erinnerung, und was war flüchtiger und farbloser als das Erinnerungsleben? Schließlich würde der Tod auch dem ein Ende bereiten. Denn alles, was man an Erinnerungen hat, geht ja aus der Wahrnehmung mit den Sinnesorganen hervor. Die Erinnerungsbilder sind sinnliche Bilder. Und wenn der Körper mit den Sinnesorganen zu Grunde geht? Was bleibt dann noch übrig ... das vage Gefühlsleben? Aber Gefühle für was, wenn es keine Sinnesorgane mehr gibt, die etwas wahrnehmen können? Man kann dann wohl ein Gläubiger sein, glauben, dass die Seele nach dem Tod weiter lebt ... aber welchen Inhalt hat die Seele, wenn es keine Sinnesorgane mehr gibt? Man schaffe in Gedanken einmal alle sinnlichen Wahrnehmungen ab ... dann bleibt doch nichts mehr übrig? René hatte sie gelehrt, über solche Dinge nachzudenken. Nur sah sie nichts in seinen Lösungen. Sie fand ihn vorschnell in seinen Schlussfolgerungen, er dachte seine eigenen Meinungen nicht zu Ende und sah deshalb nicht den immer wieder auftretenden Widerspruch, der darin steckte. Er konnte sich für die unterschiedlichsten Denkrichtungen begeistern, das war eine seiner charmanten Eigenschaften. Aber er vergaß die letzte Überzeugung genau so einfach, wie er die nächste akzeptierte. Nie versuchte er, eine Einheit in der Mannigfaltigkeit zu finden. Sie fand seine Denkweise ein Beispiel der Vergänglichkeit der Überzeugungen... Sie sind da, so lange man sich mit ihnen beschäftigt, sie verblassen genau so gewiss wie die vergänglichen Sinneseindrücke. Vergänglichkeit... Sie sah in allem Vergänglichkeit.

Sie liebte ihre Eltern sehr, aber sie musste mit ansehen, wie beide älter wurden... Ach, sie waren nicht wirklich alt, noch keine sechzig Jahre ... aber die Vergänglichkeit war doch zu sehen. Die Mutter scheuerte weniger übereifrig, statt einen Kuchen selbst zu backen, kaufte sie ihn lieber beim Bäcker...

Ihr Vater hatte für die schwere Arbeit einen Gehilfen auf dem Hof, immer länger und öfter saß er unter seinem Apfelbaum oder im Winter beim Herd in der Küche und sann nach. Sie vermutete bei ihm ein reiches innerliches Leben, er saß sicher nicht, um vor sich hin zu dösen oder zu schlafen. Er war in Betrachtungen versunken. Aber auch diese schienen für sie von vergänglicher Art... Sie beruhten doch auf den Evangelien oder auf dem gelernten Gebet. Dies konnte doch nicht andauern, wenn das Instrument, der Körper irgendwann einmal versagte?

So befand sie sich oft in einer wehmütigen Stimmung. Ihr Gemüt war wie eine Apfelblüte, die zu verwelken anfing... Sie wohnte vorläufig wieder zu Hause, weil sie noch eine geeignete Wohnung suchen musste. Sie wollte irgendwo auf dem Land ein frei stehendes Haus mit einem Garten und einer schönen Aussicht kaufen...

Es war ein fremdes Gefühl, nach all den Jahren in Amsterdam wieder in dieses stille Limburger Land zurückzukehren. Sie hatte danach verlangt, aber sie spürte jetzt schon, dass sie Heimweh nach der Stadt bekommen würde. Menschen wie René traf man hier nicht. Das war an und für sich erholsam, aber auch langweilig... Hier lebte man von der Natur, der Stille, der Gemütlichkeit. Dort dagegen war das Leben geistreich, lebhaft, fesselnd. Es konnte anscheinend nicht beides zusammen geben.

Auf der Suche nach einem hübschen Haus fuhr sie mit einem Makler durch die ganze Provinz Südlimburg. Die Preise waren günstig, ihr Gehalt war gut, sie müsste doch etwas Schönes finden können. Der Makler war ein netter Limburger Junge, frisch und gut gekleidet. Mit Erstaunen stellte sie fest, dass sie sich zu ihm hingezogen fühlte. Er lachte viel, redete mit ihr in der Limburger Mundart und fuhr mit seinem nagelneuen Wagen über kurvenreiche Wege. An seinem linken Ringfinger trug er einen glatten goldenen Ring...

Abends im Bett fragte sie sich, woher es kam, dass sie sich physisch von solch einem Jungen angezogen fühlte... Es war die frische Fröhlichkeit, die unkomplizierte Sichtweise, der Mut, einfach zu *sein*. Kein Sozialismus, Freudianismus, Materialismus oder sonst ein –ismus. Die Jugend und die Schönheit, die guten Früchte der Erde genießen ... es war der Optimismus der Schlichtheit. Nun, dieser Optimismus würde sie zweifelsohne zuletzt genauso langweilen wie die unvermeidliche Schönheit der Landschaft im Frühling. Danach folgen ja auch immer wieder der Sommer, Herbst und Winter ... nichts kann so bleiben, wie es ist.

Sie fand ein Haus in einer Dorfstraße, klein, altmodisch, aber mit einem sehr großen Garten. Der Garten war der Anlass, dass sie das Haus kaufte, man konnte etwas daraus machen. Als erstes pflanzte sie einen Apfelbaum, ganz hinten im Garten. Aus einem Baumstumpf aus dem Garten ihres Vaters machte sie eine kleine Bank, damit sie unter dem Apfelbaum sitzen konnte. Aus dieser Ecke des Gartens würde die übrige Gartenanlage sich gestalten...

Der Gehilfe ihres Vaters half ihr beim Tapezieren und Anstreichen der Zimmer...

Im November zog sie in ihr Häuschen ein, René und Agnes und ihre Eltern waren da, um zu helfen. Abends saßen alle am großen Tisch in der Küche.

"Jetzt noch einen Mann", sagte René nachdenklich, als sie nach dem Essen noch einen Kaffee tranken. "Ich verstehe nicht, dass die schönste Frau der Welt immerzu allein bleibt."
"Du verletzt jeden mit einer solchen Bemerkung", sagte Maria böse.
Er tätschelte Agnes' Bein.
"Sie weiß wohl, wie es gemeint ist. Sie ist wirklich nicht eifersüchtig auf ihre Schwester."
"Und doch brauchst du so etwas nicht zu sagen", sagte Maria, während sie ihre Schwester fragend anschaute. Diese zuckte mit den Schultern und sagte:
"Wir wissen doch, wer es sagt, Maria. Du wartest auf deinen Traumprinzen, vielleicht hast du Recht."
"Schau, ich kann mich nie von einem Mann beherrschen lassen, das ist schon das erste Problem. Es müsste eine absolute Ebenbürtigkeit vorhanden sein. Ich sehe zwar emanzipierte Frauen, aber dem Mann, der wirklich von Gleichwertigkeit durchdrungen ist, muss ich noch begegnen. Von Papa abgesehen, aber du gehörst einer besonderen Kategorie an. Einfache Jungen sind unbewusst Herrscher. Du auch, René, du vor allem!"
"Nur zu, immer feste", murrte René. "Ich bin ein Weichei, das weißt du doch, Maria."
"Selbsterkenntnis ist ein seltsames Talent", sagte Maria. "Als angehender Psychiater wirst du dieses Talent doch entfalten müssen."
"Sie nimmt auch nie ein Blatt vor den Mund", klagte René, während er sich an ihre Eltern wandte. "Sie sagt es einem geradewegs ins Gesicht."

Ihre Mutter kicherte.

"Komm Junge, trinke dir noch einen! Du meckerst zu viel."

Es ging um nichts, und doch spürte Maria, wie sich eine Welt zwischen ihnen auftat. Was war das doch? Immer blieb sie voller Sehnsucht zurück, weil die Welt nie wirklich in Erscheinung trat, sondern um das Nichts und Nirgends schwebte. Wäre sie ein Mann gewesen und hätte sie vor einigen Jahrhunderten gelebt, sie hätte René zu einem Duell herausgefordert. Morgens früh um fünf Uhr, an einem einsamen Ort. Warum? Weil er nun einmal war, wie er war. Ein herrischer Nörgler. Er behandelte ihre Schwester schlecht – die zwar darum bat, aber trotzdem. Er nörgelte noch immer, dass sie, Maria, ihn abgewiesen hatte, dass er sich mit ihrer Zwillingsschwester hatte begnügen müssen. Das war für Agnes doch auch etwas Unmögliches... Sie erhob sich.

"Also dann", sagte sie entschlossen "Ich muss jetzt erst einmal erleben, wie es ist, allein in einem Haus in einem Dorf zu wohnen."

Allein. Sie war endlich allein. Sie hatte schon Jahre alleine gewohnt, in einem Zimmer in der Stadt. Das war etwas anderes, sie war damals auf ihrem Weg zu einem Ziel. Jetzt hatte sie es erreicht. War dies das Ziel?

Es klingelte an der Tür.

Alleine in einem Haus in einer Straße in einem Dorf... Wer konnte das sein? René, der etwas vergessen hatte? Sollte sie öffnen? Ach, es war ein unschuldiges Dorf, in dem sie wohnte.

Sie ging zur Haustür und öffnete. In der dunklen Abenddämmerung stand ein Mann, er war in Panik.

"Bitte entschuldigen Sie!", keuchte er. "Ich wohne auf der gegenüber liegenden Seite und ich habe gehört, dass sie Ärztin sind. Meine Mutter ist bei mir zu Besuch, und es ist ihr schlecht geworden. Wir haben unseren Hausarzt angerufen, aber der hebt nicht ab. Bitte kommen Sie!"

Ein Stethoskop und ein Blutdruckmessgerät. Ein Etui mit Ampullen und ein paar Spritzen und Nadeln. Sie hatte das noch aus der Zeit, als sie ihr Hausarztpraktikum gemacht hatte. Schnell legte sie alles in eine Plastiktasche und folgte dem Mann. Jetzt keinen Gedanken verschwenden an mangelnde Erfahrung, an was es sein könnte. Einfach ruhig die Arbeit machen, wie man das im Studium gelernt hatte. Ein junger, unerfahrener Arzt ist besser als kein Arzt ...

Sie bemerkte noch die reiche Ausstattung der Wohnung auf der anderen Seite, obwohl sie nervös war und sich auf das Bevorstehende konzentrierte. Eine Diele aus Marmor, teure Wandteppiche, dicker Fußbodenbelag in den Zimmern en suite. Antike Möbel ... ein Sofa, auf dem eine alte Dame lag. Neben ihr ein Herr in Panik.

"Oh, Frau Doktor, ich bin so froh, dass Sie sofort gekommen sind! Meine Frau stirbt mir unter meinen Händen!"

"Rufen Sie schon mal einen Krankenwagen", sagte sie in aller Ruhe zu dem Sohn. Sie kniete neben der Dame. Sie lebte. Puls und Blutdruck waren in Ordnung, aber sie ächzte vor Schmerzen in ihrer Brust. Sie gab der Dame zwei Spritzen und betete zu Gott, dass der Krankenwagen so schnell wie möglich kommen möge.

"Ich denke, dass Ihre Frau einen Herzinfarkt hat", sagte sie. "Aber im Moment besteht keine Gefahr. Sie muss wohl direkt ins Krankenhaus." Sie rief den Kardiologen an, stellte sich mutig als Kollegin vor und informierte ihn, dass die alte Dame bald eingeliefert würde. Eine halbe Stunde später saß sie wieder in ihrem neuen Haus, erneut allein. Sie setzte sich an den Tisch, nahm ihren Kopf in beide Hände und brach in Tränen aus.

Am nächsten Abend saß sie allein am Küchentisch und aß ein chinesisches Gericht. Sie hatte den ganzen Tag gearbeitet und unterwegs beim Chinesen eine Portion Nasi Goreng gekauft. Sie fühlte sich noch immer sehr unglücklich, wie eine einsame verirrte Reisende in einem Land mit fremden Gewohnheiten. Es klingelte.

Verstört ging sie zur Tür. Draußen im Dunkeln stand derselbe Mann.

"Guten Abend, Frau Doktor. Ich möchte mich bei Ihnen bedanken für Ihre Hilfe und Sie um die Rechnung bitten. Meine Mutter liegt auf der Intensivstation. Es geht ihr den Umständen entsprechend."

"Treten Sie bitte ein", sagte sie gelassen.

Sie ging voraus in die Küche, wollte ihre Mahlzeit beenden und vergaß dabei, dass es ungewöhnlich ist, Besucher in der Küche zu empfangen.

"Hm, es riecht gut", sagte er lächelnd.

"Möchten Sie auch etwas? Es ist genug da."

Sie nahm einen Teller und Besteck und ein Glas.

"Ein Bier dazu?"

Was um alles in der Welt tat sie! Sie war sicher nicht richtig wach? Der Mann lächelte noch immer und setzte sich an den Tisch.

"Entschuldigen Sie bitte, ihren Mantel", sagte sie und hängte den Mantel an die Garderobe.
Plötzlich saß sie mit einem fremden Mann an ihrem für sie noch fremden Küchentisch.
"Hübsch hier", sagte der Mann höflich.
Sie dachte an die kostbaren Perserteppiche und die indirekte Beleuchtung ... auf der gegenüberliegenden Seite. Besaß sie denn überhaupt kein Schamgefühl mehr? Nicht mehr bei Sinnen war sie! Und dennoch schaute sie nun auf den Mann, der ihr gegenüber saß. Sie hatte ihn bemerkt, aber nicht gesehen. Er trug einen grauen teuren Anzug, wodurch man sich in Bezug auf sein Alter irren konnte. Er war nicht viel älter als sie... Sie schaute auf seine Hände. Keine Ringe. So weit war es also schon mit ihr! So ganz allmählich machte sie sich auf, einen Kerl zu angeln. 'Jetzt noch einen Mann', hatte René spöttisch gesagt. Nun, da saß er. Jetzt schon...
"Fangen wir mit dem Essen an", sagte sie. "Sonst wird es kalt."
Sie hob ihr Glas und prostete ihm zu. Er lächelte wieder.
"Ich möchte mich bei Ihnen bedanken, Frau Doktor. Dass sie sofort gekommen sind, finde ich phantastisch. Es bedeutete so viel für uns."
"Ohne mich wäre es auch gut gegangen", antwortete sie abwehrend.
"Sie strahlten eine große Ruhe aus. Die Ruhe, die jemand hat, der sein Fach beherrscht. Das ist sehr wichtig, wenn man in Panik gerät."
Sie schwieg und aß. Sie war verlegen wegen seiner Anwesenheit, fühlte sich aber dennoch frei. Es war nett, dass er noch einmal kurz gekommen war. Sie traute sich nicht, ihn

jetzt richtig anzuschauen. Er hatte schon etwas. Eine Art höflicher Überlegenheit oder so. Sein dunkles Haar war kurz geschnitten, er machte einen gepflegten Eindruck. Wohl aber ein richtiger Holländer ... ein wenig reserviert, affektiert, abstrakt. Nichts für sie, war ihre Schlussfolgerung.

Er aß manierlich, benutzte eine Serviette, bevor er von seinem Bier trank. Ein wohl erzogener junger Mann. Ein Junge? Ein Mann?

"Sie sind kein Hausärztin?", fragte er höflich.

"Nein, ich bin Ärztin bei einer Beratungsstelle. Vielleicht werde ich Schulärztin."

"Schade. Sie handelten als richtige Hausärztin, Frau Doktor."

"Nennen Sie mich bitte Maria statt 'Frau Doktor'. Ich fühle mich überhaupt nicht wie ein Doktor."

Er lächelte ihr wieder zu. Sein Lächeln bereitete ihr ein wenig Übelkeit.

"Es freut mich, dass es Ihrer Mutter gut geht", sagte sie.

Wieder tauchte die riesige Welt auf, die um das Nichts und Nirgends schwebt... Das Leben ist doch viel mehr als so eine Anzahl von Allgemeinheiten. Er hatte schöne Hände, schlanke, lange Finger.

"Welchen Beruf haben Sie?" Sie dachte an das Marmor und die Perserteppiche.

"Rechtsanwalt. Ich habe eine Anwaltspraxis in Maastricht."

"Sie haben eine Praxis?"

"Ich habe dort vor ein paar Jahren angefangen, habe mich selbständig gemacht. Jetzt ist es eine ansehnliche Praxis."

"Kommen Sie nicht aus Limburg?"

"Aus Den Haag."

"Was sucht ein Mensch aus Den Haag in Maastricht?"

Wieder dieses Lächeln.
"Hügel und Täler, die wunderbare Mundart."
Sein Lächeln ging ihr langsam auf die Nerven. Machte er ihr den Hof? Wenn das so wäre, fand sie es nicht unangenehm. War dies also endlich die Romantik?
"Sie müssen mir wohl die Rechnung schicken", sagte er.
"Ja, ja. Wohnen Sie hier schon lange?"
"Wenn ich Maria sagen darf, lassen Sie uns uns bitte duzen. Ich wohne hier seit drei Jahren. Es ist gut hier. Ruhig ... obwohl sich jeder um den anderen 'kümmert'. Morgen weiß es das ganze Dorf, dass ich hier gegessen habe."
Sie räumte den Tisch ab.
"Möchtest du Kaffee?", fragte sie schnell, als sie sah, dass er aufstehen wollte.
Er blieb sitzen und nickte.
Sie bestand aus drei Marias. Eine, die sich sehr ruhig bewegte und Kaffee machte, obwohl man ihr auf die Finger schaute, obwohl sie spürte, wie er ihr nachschaute. Eine, die außer sich war durch eine fremdartige Erregung, die sich nicht nach außen hin zeigte – und eine, die all das fassungslos anschaute und das ihre darüber dachte. 'Diese Dame ist drauf und dran, sich zu verlieben!', dachte die dritte, beschauliche Maria. Die zweite Maria entdeckte plötzlich, dass sie in einem weiblichen Körper steckte, mit allerhand Rundungen, die Männer so schön finden. Die erste Maria ließ sich von all dem nicht aus der Fassung bringen, schenkte ungerührt den Kaffee ein und stellte die Tasse mit fester Hand vor dem lächelnden Mann auf den Tisch. Der lächelnde Junge.
Er blieb natürlich aus lauter Höflichkeit. Aus Dank für ihre Hilfe.

Er hatte hellblaue Augen unter dicken dunklen Augenbrauen. Trotz seines andauernden Lächelns bemerkte sie eine Sorgenfalte oberhalb seiner männlichen Nase. Die zweite Maria zitterte, die erste war unnahbar. Hatte er eine Freundin?

"Wohnen Sie ganz allein in dem großen Haus?"

"Du solltest doch 'Du' sagen! Ja, es gibt keine Frau, die meinen Anforderungen entspricht. Bis jetzt wenigstens."

Bist du denn selbst so etwas Besonderes, dachte sie verärgert. Aber es gab auch keinen Mann, der ihren Anforderungen entsprechen konnte, nicht wahr?

"Was sind denn diese Anforderungen?", fragte sie. "Welche Anforderungen müsste eine Frau denn erfüllen?"

"Hübsch, intelligent, fürsorglich, streitbar, lieb...", zählte er lachend auf.

Er lachte!

"... kunstsinnig und treu bis in den Tod."

Er schaute sie jetzt wieder lächelnd an, sehr lange. Sie wollte nicht weichen, schaute aber schließlich doch weg.

"Ich hasse herrschsüchtige Männer", sagte sie vielsagend.

"Ohne Herrschsucht kein Mann – ohne ... Nachsicht keine Frau", sagte er. "So ist es nun einmal." Er erhob sich. "Ich gehe, aber nur ungern."

"Warum gehst du denn?"

Die unsichtbare Welt um das Nichts würde diesmal nicht siegen. Sie würde sichtbar, hörbar werden. Sie erhob sich ebenfalls.

"Weil es sich so gehört", sagte er lächelnd. "Ich kam, um mich bei dir zu bedanken und um dich um die Rechnung zu bitten, Frau Doktor. Ich bin schon viel zu lange geblieben."

Sie stellte sich vor ihn. Frech musste sie sein. Sie sagte, die drei Marias vereinend in eine starke Frau:

"Bleib noch eine Weile. Du kannst noch einen Kognak in der Stube trinken."

Sein Lächeln wurde menschlicher, wirklicher. Sie schlug die Augen nieder. Ohne Nachsicht keine Frau...

"Ok", sagte er und folgte ihr ins Wohnzimmer.

Kurz, nur ein paar Sekunden, hatte die Wirklichkeit über den Schein gesiegt. Die Liebe hatte gesiegt. Danach schlug der Schein wieder zu. Sie plauderten über dies und jenes, aber nicht über das, um das es wirklich ging. Als er dann schließlich wirklich Anstalten machte zu gehen, zwang Maria die Wirklichkeit, noch einmal die Oberhand zu gewinnen.

Er zog seinen Wintermantel an. Sie wollte ihn festhalten, aber jetzt würde er doch wirklich gehen. Sie sagte:

"Wie geht es jetzt weiter?"

Er blieb stehen, verwundert. Sie stand breitbeinig da, aufrecht, zum Kampf bereit. Er lächelte. Ich mag keine herrschsüchtigen Männer, dachte sie verzweifelt. Aber sie gab seiner Art nach und lachte ihm zu.

Er neigte sein Haupt und berührte flüchtig mit seinen Lippen ihre Stirn.

"So geht es weiter", sagte er.

Er wusste, wie man so etwas macht. Er gab ihr nur so wenig, dass sie wohl nach mehr verlangen musste.

"Bist du morgen frei?", fragte er, wieder Distanz zu ihr gewinnend.

Sie nickte.

"Dann gehen wir auswärts essen. Kochen kann ich nicht, und ich schulde dir noch ein Essen. Ich hole dich um halb sieben ab, in Ordnung?"

Sprachlos nickte sie abermals.

Er drehte sich um und ging.

Die erste Maria unterwarf sich jetzt der zweiten. Die dritte schaute ruhig zu. Sie setzte sich an ihren Küchentisch, nahm den Kopf in die Hände und weinte, bis sie sich völlig leer fühlte.

Vielleicht zum ersten Mal in ihrem Leben erledigte sie ihre Arbeit routinemäßig, während ihre Gedanken ihr jedes Mal entschlüpften. Sucht der Mensch in der treuen Liebe zu einer einzigen Person etwas Bleibendes in all dem Vergänglichen? Auch die Leiber von zwei Geliebten vergehen früher oder später – aber die Liebe? Ist sie etwas Ewiges? Wo bleibt sie dann? Was sie jetzt spürte, was ihre Gefühle und Gedanken so ablenkte, war das Liebe? Und Liebe zu was? Zum Aussehen eines unbekannten Mannes? Seinem Lächeln? Seiner Reserviertheit? War das Liebe?

Während ihrer Mittagspause kaufte sie ein neues Kleid und neue Schuhe. Sie ging nie auswärts essen, schon gar nicht mit einem Mann... Zu Hause schminkte sie sich leicht, kämmte ihre langen Haare über die Schultern und wartete, bis die Klingel an der Haustür ihr Zeichen gab.

Pünktlich um halb sieben stand er dort zum dritten Mal im Dunkeln an der Haustür.

"Bist du so weit?", fragte er.

Sie schloss die Tür hinter sich.

Er trug einen schwarzen Rollkragenpullover unter einem grauen Jackett. Darüber eine Lederjacke mit einem Teddyfutter.

Er öffnete ihr die Tür seines Sportwagens und half ihr beim

Einsteigen. Das Auto hatte Ledersitze, ein Armaturenbrett aus Nussbaumholz mit etlichen Uhren und Zählern, das Steuer war mit Leder bekleidet. Er setzte sich hinter das Steuer und startete den Wagen. Sie roch sein Aftershave. Heute Abend war er der große Verführer. Er dachte, dass er das Hühnchen bereits in der Pfanne hatte! Nun, das könnte für ihn noch eine Überraschung werden. Sie war ein ganz lebendiges Hühnchen, das sich nicht so leicht schnappen ließ!

Er sauste davon.

"Schönes Auto", sagte sie.

Er schaute kurz zur Seite. Spottete sie?

"Als kleiner Junge träumte ich schon davon. Tagelang spielte ich nur mit Autos. Das erste Wort, das ich sagen konnte, war 'tut'. Alle Spielzeugautos stehen jetzt bei mir zu Hause im Schrank. Doch das Schönste ist ja, solch ein Auto in wahrer Größe zu besitzen. Aber es ist gar nicht so wichtig. Nur weil ich nichts Besseres zu tun habe, beschäftige ich mich damit."

"Was wäre denn besser?"

"Eine schöne Frau."

"Du wirst doch keine Schwierigkeiten damit haben, eine zu finden, oder?"

"Hübsch, intelligent und so weiter sollte sie sein. Solche gibt es nicht. Dachte ich…"

Er fuhr mit ihr zu einem teuren Restaurant in Maastricht. Sie kannte es natürlich, hatte jedoch noch nie da gegessen. Er parkte den Wagen um die Ecke, wo er nicht stehen durfte.

"Hier darfst du nicht parken."

"Ich parke den Wagen immer hier. Komm Gnädigste, mach dir keine Sorgen!"

War dies Romantik? Sicher nicht die Romantik, von der

Novalis schreibt. Ein Mann am Klavier spielte eine Melodie von Rubinstein. Zu gut, um ordinär zu sein, zu schlecht, um es wirklich *Musik* zu nennen. Die Kellner spielten ihre Sondernummer der Sorgsamkeit... Überall waren Damast, Silber, Kristall, Blumen und stimmungsvolle Musik. Romantik?

Sie sah mit ihren langen Haaren, ihrem Make-up und neuen Kleidern ganz anders aus, er aber auch. Er war hübsch und flott, war es gewohnt, in teuren Restaurants zu speisen, und war ein gewandter Redner. Genau so wie die Jungen, die sie immer abgewiesen hatte. Dies war Kultivierung des Vergänglichen, nicht der Sieg darüber. "Du bist zu streng, Maria", sagte René immer. War dieser Kerl besser als René? Frischer zwar, fröhlicher, nicht so weltfremd, aber sonst...

"Du freust dich nicht wirklich", stellte er nach einer Stunde enttäuscht fest. Sie seufzte.

"Ich ertrage dieses ... Getue nicht richtig. Ich finde es natürlich nett und so, aber ich habe sowieso schon viel Mühe mit allem, was vorüber geht. Wo ist das Bleibende im Vergänglichen? Ich sehe es nicht, hier schon überhaupt nicht."

Er legte seine schöne Gelehrtenhand auf die ihre. Sie ließ ihn gewähren.

"Ich bin ein Rechtsgelehrter. Das ist auch nicht so gut ... aber ich habe dazu etwas Mathematik studiert, um das Denken zu üben. Für Plato war die Mathematik schon eine Bedingung für die wahre Philosophie... Natürlich nimmt man mit den Sinnen nur zeitliche Dinge wahr. Aber denke mal an das Gesetz des Pythagoras. Das hat eine bleibende Gültigkeit, verändert sich nicht durch die Jahrhunderte. Wenn man alles Vergängliche wegdenkt, gibt es immer noch die mathematischen Grundprinzipien."

Sie fand es nett, was er sagte. Immerhin viel anziehender als die ewig wechselnden Prinzipien von René.

"Und deine Gesetzbücher? Dass man auf der Autobahn nur Tempo 100 fahren darf? Das ist doch ausgedachter Blödsinn? So vergänglich wie nur eben was?"

"Das ist auch meine Meinung. Aber das Grundprinzip 'Du sollst nicht töten!'... darüber sind die Menschen sich doch wohl einig. Das ist ein bleibendes Prinzip."

"Das Gesetz bringt die Sünde ... sagt Paulus."

"Vielleicht ... du bist eine ernste Ärztin, Maria."

Seine Hand lag noch immer auf ihrer. Seine blauen Augen ruhten ohne abzuschweifen auf ihr. Auf ihrer Gestalt, ihrem Blick. Er hatte doch wirklich etwas... Oder war es der Rotwein, der sie so erwärmte, dass sie zuletzt Gefallen fand an der Pianomusik?

"Vielleicht ist 'streng' ein besserer Ausdruck. Du darfst das Leben doch auch genießen."

"Das tue ich auch. Unter dem Apfelbaum im Gespräch mit meinem Vater. Während eines Konzertes mit René."

"Wer ist René?"

"Der Freund meiner Zwillingsschwester. Ich kenne ihn schon sehr lange. Auch habe ich Freude an diesen wunderbaren Kindern während der Sprechstunde..."

Er streichelte ihre Hand und fragte:

"Hast du schon öfter ein Verhältnis gehabt, Enttäuschungen?"

"Keine einzige. Ich suche einen Mann, der hübsch und intelligent ist, lieb und streitbar. Wie war das noch gleich?", lachte sie jetzt. "Und du?"

"Ja, ich habe wohl das eine oder andere ausprobiert. Mit

solchen schönen Mädchen, die gerne in einem Sportwagen fahren."

Die Zeit verflog… Es kam der Augenblick, da hatten sie alle Gänge hinter sich, einschließlich des Kaffees mit Likör. Nun fand sie es doch schade...

Draußen zitterte sie vor Kälte. Jetzt zurück nach Hause...

Er legte seinen Arm um ihre Schulter und führte sie zum Wagen. Was nun? Sie stieg ein, er stieg ein. Sie wollte sich anschnallen.

"Bitte lass' mal", sagte er. Er nahm ihr Gesicht in seine Hände und küsste sie sanft. So ging das also... Sie schob ihn weg.

"Ich weiß nicht ... ob ich das will", sagte sie.

"Ich schon", lachte er und versuchte es erneut. "Lass dich mal gehen, Maria. Du brauchst weiter nichts zu tun, wir werden nichts überstürzen. Bitte komm."

Sie fühlte, wie ihr die Tränen kamen. Sie suchte die ewige Liebe und wusste nicht, ob er ihr die geben konnte. Sie verlangte nach ihm, war er aber derjenige, den sie in ihm vermutete?

Er sprang aus dem Auto und half ihr wieder beim Aussteigen.

"Komm, liebe Frau Doktor! Wir machen einen kleinen Spaziergang. Nur so, ohne Ziel. Du in meinen Armen, bis du Vertrauen hast..."

Sie liefen ein Stück entlang der Maas, durch die eisige Novemberkälte. Er hielt sie kräftig fest, und sie spürte in der Tat etwas Vertrautes. Schließlich brachte er sie nach Hause, bis vor die Haustür.

"Wie geht es jetzt weiter?", fragte sie wieder.

"Ich rufe dich an, oder ich komme vorbei", sagte er.

Erschrocken erwiderte sie:
"Oh, nein! So geht das nicht. Ich werde nicht auf einen Anruf warten. Wir vereinbaren jetzt etwas oder überhaupt nicht."
Sie standen vor ihrer Tür, alle Leute in der ganzen Straße konnten sie sehen. Er lachte und tippte mit der Fingerspitze auf ihre Wange. Sie errötete, aber es war dunkel. Er sagte:
"Du bist nicht nur ein strenger Arzt, sondern auch ein rassiger. Komm mal her!"
"Komm du nur her!", sagte sie störrisch.
Er machte einen Schritt auf sie zu und flüsterte ihr ins Ohr:
"Morgen, um halb sieben. Und übermorgen. Und Donnerstag, und Freitag und so immer weiter ... bis wir achtzig, neunzig, hundert sind. Ok?"
"Ok", sagte sie.
Sie ging ins Haus, hängte ihren Mantel an die Garderobe und ging nicht in die Küche. Direkt nach oben, ins Bett ging sie. Sie hatte einen Freund...

Er empfing sie bei sich zu Hause. Er trug einen weißen Norwegerpullover und Jeans.
"Du zeigst dich in Metamorphosen, erst als Rechtsanwalt, dann als Playboy, als Elvis und jetzt ... als ... einfach ein sportlicher Junge." Sie schaute sich um. "Eigentlich müsstest du auch drei Wohnungen haben. Dies ist die Wohnung eines Rechtsanwalts. Dann noch eine für den Playboy, ein Bordell oder so – und schließlich noch ein Cottage mit Schafen und Apfelbäumen".
"Die dritte Wohnung ist dein Haus auf der anderen Sei-

te. Das Bordell ist mein Schlafzimmer, das ich dir vorläufig ersparen werde. Und das hier, ja das ist die Wohnung des Rechtsanwalts, der aus Langeweile viel gereist ist und Antiquitäten gesammelt hat. Alles wertlos, Maria ... jetzt, da du hier bist. Gib mir nur deinen Küchentisch..."
"Wie ist dein Garten? Darf ich ihn sehen?"
"Es ist dunkel. Aber komm nur."
Er machte das Licht draußen an. Sie sah einen romantisch angelegten Garten, mit viel Grün und einer weißen Gartenlaube am Ende. Kein einziger Apfelbaum stand da.
"Angelegt von einem Gartenkünstler", sagte er und schaltete das Licht wieder aus. Er schämte sich wegen des Luxus. Maria besaß eine solche Ausstrahlung, dass jeder Reichtum in ihrer Anwesenheit beschämend verblasste. Aber sie sagte tröstend:
"Es ist alles sehr schön und geschmackvoll. Was machen wir jetzt? In den nächsten sechzig, siebzig Jahren jeden Abend um halb sieben auswärts essen gehen?"
Er zuckte mit den Schultern und fragte:
"Kannst du kochen? Ich nicht."
"Ja, natürlich. Hast du etwas im Haus?"
"Nein, aber das machen wir dann morgen. Heute nehme ich dich noch einmal mit. Wir fahren nach Aachen und essen Sauerkraut."

Sie lernte den Charme der Vergänglichkeit kennen, während gleichzeitig das Bewusstsein von etwas Bleibendem in ihr wuchs. Jean sah etwas in ihr, dessen sie sich nie bewusst gewesen war, aber was sie jetzt als ihr wesentliches Selbst erahnte. Er verehrte dieses "Etwas" in ihr und brachte durch Aufmerksamkeit und Romantik seine Verehrung zum Ausdruck. Sie wusste nicht, wie ihr geschah. Im Physischen ergriff er energisch die Initiative. Er lud sie ein, mit ihm auszugehen, fuhr mit ihr in die Oper nach Brüssel oder zu einer Ausstellung nach Lüttich ... er nahm sie in seine Arme und küsste sie ... er würde zweifellos bestimmen, wann sie mit ihm ins Bett musste – oder durfte, sie wusste nicht recht, was sie davon halten sollte. Aber im Umgang, im Gespräch betrachtete er sie als Vorbild. Er bewunderte ihr reines Urteil, ihren Verzicht auf Sympathie und Antipathie in der Betrachtung der Menschen und Dinge, ihre tiefen Lebensfragen, die sie hegte, ohne eine Antwort zu erzwingen.

Er war zweiunddreißig Jahre, sechs Jahre älter als sie. Er war belesen, hatte sich selbst Fragen gestellt über Leben und Tod, Gut und Böse, Ewigkeit und Zeitlichkeit. Aber im Gespräch mit ihr, die nur wenig *Wissen* besaß über die möglichen Antworten, spürte er die Wertlosigkeit seiner ganzen Erkenntnis. Er hatte Kant gelesen, Hegel, Nietzsche und Steiner. Er hatte Erkenntnisse gesammelt, aber er bewunderte sie für die Unschuld ihrer reinen Fragen. Sie suchte überhaupt keine Antworten, sie wollte sich erst ihrer eigentlichen Fragen bewusst werden. Sie dachte nicht *über* die Fragen, sie *lebte* sie. Wenn er es wert war, von ihr geliebt zu werden, war es, weil er diese hohe Qualität ihres Wesens erkannte, gleichsam wieder erkannte. Sie hasste die Welt nicht, sondern sie litt unter deren stetig wachsenden technischen Art. Sie liebte die Menschen, aber sie sehnte sich nach wirklichem Zusammensein. Ihm tat es Leid zu sehen, wie sie ihre großartige Menschlichkeit bei Vorsorgeuntersuchungen in einer Beratungsstelle vergeudete. Praktizierende Ärztin müsste sie sein, ihre Liebe und ihr Mitleid in den Dienst des leidenden Menschen stellen!

"Du solltest eigentlich Hausärztin sein, Maria. Du wärst ein Segen für deinen Beruf."

"Ich kann es nicht, Jean. Ich müsste dann eine viel tiefere Erkenntnis haben. Ich habe ein technisches Wissen ... aber ich weiß nichts über Leben und Tod. Was ist denn doch der Mensch!? Was ist Krankheit, was ist Genesung? Ich weiß eine Menge, aber mir fehlt die eigentliche Erkenntnis. Du hast die Gesetzbücher studiert, die Gesetze, so wie sie sind. Ein Auto ist auch so, wie es ist, dahinter steckt kein Rätsel. Aber ein Mensch ... ich bin viel zu gewissenhaft, um einfach darauf los zu behandeln. Ich will wissen, was ich tue, womit ich mich beschäftige. Das hat mich bisher niemand zu lehren vermocht, sogar der gelehrteste Professor nicht. Du erwähntest die Mathematik. Wenn ich mir den physischen Menschen wegdenke, bleibt dann ein mathematisches Schema übrig? Das glaubst du doch selbst nicht!"

"Hinter meinen Gesetzbüchern steht auch das Modell von Gut und Böse."

"Das hat man mit einem reinen Gewissen doch viel mehr im Griff. Eine Schulung des Urteilsvermögens reicht dann aus. In meinem Fach jedoch nicht, da klafft ein Abgrund zwischen meinem technischen Wissen – das wohl ein Teil der Wirklichkeit ist, das glaube ich auch schon – und den Rätseln von Krankheit und Genesung, Tod und Leben, des lebendigen Körpers."

"Du solltest einmal Steiner lesen. Bei ihm findest du Antworten auf deine Fragen. Ich habe seine Bücher zugemacht, weil ich mich zu jung und unerfahren dafür fand. Später werde ich sie erneut lesen."

"Ach ... Steiner. Nein. Ich habe gesehen, wie Menschen damit leben. Einen Schrank voller Bücher, aber das Haus ist ein großer Schweinestall. Sie überlassen ihr einziges Kind seinem Schicksal, weil sie so 'spirituell' sind. Nirgendwo habe ich größere Selbstsucht und Hässlichkeit gesehen. Aber ich begreife, dass das nichts über den armen Steiner sagt. Menschen verderben nun einmal gerne das Allerhöchste. Trotzdem spüre ich eine Atmosphäre von Armseligkeit und Verwahrlosung um den Namen von Steiner."

"Bei ihm findest du die Antwort auf deine Frage nach dem Bleibenden im Vergänglichen. Du solltest eigentlich alles vergessen, was du um seinen Namen fühlst und sein Werk rein nach dem beurteilen, was es ist. Wenn das jemand kann, dann bist du es, Maria."

Sie lächelte.

"Lass mich erst einmal das unbändige Leben mit dir kennen lernen, bevor ich vielleicht darauf verzichten muss. Erst mit dir lebe ich. Alles, was davor war, war nur Vorbereitung, Leere."

Als der Frühling ins Land zog, und der kleine Apfelbaum seine ersten Blüten entfaltete, bat sie Jean, sich neben sie auf die Bank zu setzen.

"Wenn wir in deinem Haus wohnen werden, später ... dann musst du einen Apfelbaum für mich pflanzen, sodass wir dort sitzen und über die Rätsel des Daseins nachdenken können", sagte sie wehmütig.

"Wir können auch hier wohnen, liebste Maria. Dann bin ich dein einfacher Junge in einem Cottage mit ein paar Schafen und einem Apfelbaum. Du bist mein Reichtum, mein Alles... Das beste Diner, das ich je gehabt habe, war das vom

Chinesen, das wir an deinem Küchentisch gegessen haben, einfach so, an einem Abend im November. Essen bei Kerzenlicht, Ringe mit Brillanten, Perserteppiche und ein Alfa Romeo ... es ist alles nur äußerlicher Schein, ein Mittel, mein unbändiges Glück zur Schau zu stellen, dir zu zeigen. Aber ein Apfelbaum in Limburg, mit einer Bank zum Nachsinnen ... etwas Schöneres gibt es nicht, um mit dir zusammen zu sein."

*

Agnes bekam eine Ausbildungsstelle in der Abteilung Chirurgie. Sie hatte in der Ferienzeit als Assistentin gearbeitet und hatte so tüchtig mitgemacht, dass sie sofort nach ihrer ärztlichen Prüfung mit der Ausbildung anfangen konnte. Sie musste hart arbeiten, während langer Tage und ebenso vieler Nächte, sie musste Widerstände überwinden, Kritik überstehen ... aber sie spürte, dass sie lebte, dass sie etwas bedeutete. Man musste sich an die Disziplin gewöhnen, eine Disziplin wie an einer Kriegsfront. Ihre Schlamperei musste sie zu Hause lassen, und ihre männlichen Kollegen machten es ihr auch nicht einfach. Zu Hause erwartete sie ein ständig klagender René, unzufrieden darüber, dass sie nicht oft zu Hause war. Agnes lebte nun einmal zu hundert Prozent für sich selbst. René durfte wohl dabei anwesend sein, aber alles drehte sich um sie, nicht um ihn. Er wurde Psychiater, das war ein Kinderspiel. Sie wurde ein richtiger Facharzt!

Wann immer sie konnte, benutzte sie ihre übermäßige Schönheit, die Männer nach ihrer Pfeife tanzen zu lassen. Wenn es nötig war, setzte sie einfach ihren Körper dafür ein.

René war zu blöd, jemals dahinter zu kommen, sie überlistete ihn wirklich in allem.

Und dennoch wünschte sie sich keinen anderen Mann als René. Er war ein Nörgler und manchmal fürchterlich gemein, aber sie hatten sich aneinander gewöhnt und waren einander gewachsen. Im Bett war er aggressiv, und das mochte sie. Andere Männer langweilten sie schon bald...

Es gab allerdings einen Mann, den sie sehr anziehend fand. Das war Jean, der Mann von Maria. Er hatte etwas, was jede Frau anzog. Er sah gut aus, war aktiv, stark, erfolgreich und auf der anderen Seite wie ein Ritter für seine liebliche Frau. Aber er war der Einzige, den sie nicht bezirzte. Sie war im Übrigen vielleicht schlecht und verdorben, doch Maria liebte sie wirklich. Ihr würde sie nie Kummer bereiten.

Als sie einige Monate in der Abteilung gearbeitet hatte, wurde während einer Nacht, in der sie Dienst hatte, einer der Assistenten aus der Inneren konsultiert. Man hatte eine dicke Frau an ihrer Gallenblase operiert, aber jetzt waren die Zuckerwerte ganz durcheinander. Darüber wusste man als Chirurg nun einmal wenig.

Sie kannte diesen Assistentarzt aus der Inneren, er war eine auffallende Erscheinung. Lang und blond, ausgesprochen hübsch, aber doch der reserviertste Junge, dem sie jemals begegnet war. Er war auch jetzt von ihrer Schönheit völlig unberührt. Er war nur mit der Patientin im Bett beschäftigt, obwohl *sie* daneben stand. Er verstand sein Fach hervorragend, aber es gab anscheinend nichts Menschliches in ihm... Technik, Geschick, Können und Hingabe – aber keine Leidenschaft oder andere persönliche Emotion. Solch einen Mann möchte man erobern, ihn weich machen, ihn zwingen, seine beherrschte Leidenschaft explodieren zu lassen. Sie nahm sich vor, früher oder später mit ihm zu schlafen. Was sie sich vornahm, geschah schließlich immer...

Während der Mittagspause saß er an einem der langen Tische, aß und unterhielt sich mit einem Kollegen. Sie setzte sich zu den beiden und wurde von ihnen mit einem freundlichen Kopfnicken begrüßt. Er fragte sie:

"Wie geht es der Diabetespatientin?"

"Bis jetzt keine Probleme. Ihr Internisten rechnet und folgert immer. Macht dir das Spaß?"

Er lachte, es gab seinem Ernst etwas Sonniges. Seine grauen Augen färbten sich blau dadurch.

"Man sucht als Mensch doch etwas Bleibendes im Vergänglichen? Etwas, auf das man zurückgreifen kann, was bei allen Menschen dasselbe ist?"

Er meinte natürlich die chemischen und physikalischen Gesetze. Aber sie sagte:

"Was am niederschmetterndsten dasselbe ist bei allen Menschen, ist die Tatsache, dass sie letztlich alle sterben werden."

Er wurde wieder ernst.

"Du auch", sagte er.

Patsch! Es fühlte sich wie eine Ohrfeige an. Herausfordernd schaute sie ihn an und sagte:

"Das ist auch so etwas, was bei allen Menschen dasselbe ist: Nicht an die eigene Vergänglichkeit denken wollen."

"Darin unterscheiden Menschen sich doch wohl, Agnes." Ihr Name aus seinem Mund fühlte sich an wie ein Streicheln. "Man kann sich auch in das Rätsel von Leben und Sterben vertiefen."

"Das ist wahr", sagte sie brav. "Meine Schwester tut das, sie zergrübelt sich den Kopf."
"Dein Freund René stellt sich auch diese Fragen."
"Wie, du kennst René?", fragte sie erstaunt.
"Er hat hier doch sein Praktikum gemacht. Ich war damals schon Assistent. Man sagte von ihm, dass er so eine bildschöne Freundin hat. Ich sehe jetzt, dass man Recht hatte."
So fing es immer an ... und doch spürte sie, dass von ihm keine Bewunderung für sie ausging. Er stellte nur Tatsachen fest, ohne selbst etwas dabei zu fühlen. Sie widmete sich schweigend ihrem faden Essen.
Er blieb sitzen und schaute zu. Als sie mit dem Essen fertig war, fragte er:
"Hast du noch Zeit, einen kleinen Spaziergang zu machen?"
Sie nickte. Zusammen verließen sie das Krankenhaus. Sie spürte seine kühle Nähe. Was sollte man mit so einem Kerl anfangen. Sie fragte:
"Hast du eine Frau? Eine Freundin?"
"Nein. Ich bin zu anspruchsvoll, glaube ich. Und ich arbeite hart. Ich finde, dass ich alle Hände voll zu tun habe, wenn ich meine Arbeit gut machen will."
Sie ging ganz dicht neben ihm. René sagte immer, dass sie etwas von einem geschmeidigen, wilden Panther besaß. Ein schönes, jedoch gefährliches Tier. Sie brauchte einen Dompteur, der sie bändigen konnte. René fand, dass er das war. Dieser Mann neben ihr konnte das sicher noch besser...
"Was machst du denn in deiner Freizeit?", fragte sie.
"Studieren. Nicht nur innere Medizin, sondern auch Philosophie und so. Im Leben muss doch mehr verborgen liegen

als eine erfolgreiche Karriere, eine Frau und Kinder. Was ist der Sinn des Lebens? Den suche ich, und ich suche ihn leidenschaftlich. In meiner Leidenschaft ist kein Platz für etwas anderes."

"Ist das eine Abweisung?"

Er blieb stehen und schaute sie an. Sein Blick ging ihr durch Mark und Bein. Das war erst ein *Mann*! Den musste man erobern, verführen ... kokett schlug sie ihre schönen braunen Augen nieder.

"Wir werden hier nur mal eine Tasse Kaffee trinken." Es hörte sich streng an.

Als sie ihm gegenüber saß, sagte er:

"Ich habe nicht an eine Abweisung gedacht, Agnes. Du hast doch schon seit Jahren einen festen Freund?"

"Willst du mir Moral predigen?", fragte sie irritiert.

Nietzsche hatte Recht. Man musste nicht Apollo folgen, das ist ein langweiliger Kerl. Lang lebe Dionysos!

Er schüttelte den Kopf und erwiderte kühl:

"Aber nein. Ich verstehe es einfach nicht. Ich erzählte dir, was mich in meiner Freizeit beschäftigt, weil du mich fragtest. Meine Antwort hatte nichts mit dir zu tun. Überhaupt nichts."

Sie spürte, dass sie errötete. Es war wie in einem Arztroman. Nur wurde dort nach ungefähr zweihundert Seiten alles wieder gut. Dies hier war das wirkliche Leben. War dieser Kerl nun wirklich so unschuldig, oder spielte er eine Rolle? Sie schämte sich wegen ihrer Scham, die in jedem Fall echt war. Scham wofür? Weil er sie durchschaute, ohne das wirklich zu beabsichtigen. Er wollte einfach freundlich sein, mehr nicht.

"Entschuldige bitte", sagte sie nur.

"Ist nicht so schlimm", sagte er nachsichtig und lachte.

Das Ärgerliche daran war, dass sie spürte, dass sie sich wirklich in ihn zu verlieben drohte. Das durfte nicht geschehen, davon wurde man nur schwach und abhängig. Sie liebte das Spiel der Eroberung, aber sie wollte in dem Spiel die Führung haben – und behalten.

Abends, zu Hause, sagte René, durch seinen Argwohn getrieben:

"Du bist nicht bei der Sache, Agnes. Wo bist du mit deinen Gedanken?"

"Ich bin müde, ich hatte Dienst letzte Nacht, weißt du?"

"Das hast du öfter. Dies ist nicht nur Müdigkeit."

"Hör doch auf mit deinen ewigen Ermittlungen! Ich bin müde."

Er schlug auf den Tisch und erhob sich.

"Eines Tages werde ich dich verprügeln!", rief er böse und verschwand.

Das sagte er schon seit einigen Jahren, immer wieder. Wegen dieser Drohung hatte sie Karatestunden genommen, sie wusste genau, wie sie jemanden überwältigen musste. Sie hatte ihn schon einmal gefragt, warum er ihr immer drohte und es nie in die Tat umsetzte.

"Ich könnte es mir selbst nicht vergeben", hatte er geantwortet. "Es sei denn, ich hätte tatsächlich einen Grund dazu. Irritation oder Argwohn ist kein Grund, nicht wahr?"

Er war schon ein guter Kerl, dieser René. Er liebte sie wirklich, und sie spielte mit seiner Liebe, sie spielte mit dem Feuer. Aber sonst war das Leben auch zu fade. Sich fragen, was der Sinn der Existenz ist, das war nicht ihre Sache. Sie gab selbst dem Dasein den Sinn, indem sie für Spannung sorgte.

Sie liebte Lug und Trug und das Risiko der Entdeckung. Sie sah nicht ein, warum sie nicht aus der Reihe tanzen konnte. Warum denn nicht? Sie hatte Lust auf diesen schönen blonden Apollo und sie würde ihr Bestes tun...

Sie wurden Freunde. Es war ihr angenehm, mit ihm zum Lunch verabredet zu sein und danach noch zusammen einen kleinen Spaziergang in der Umgebung zu machen. Er war auch gerne in ihrer Nähe, das merkte sie schon. Aber er war für sie genauso unerreichbar wie Maria für René. Sie durfte wohl seine Freundin sein, aber ohne eine einzige körperliche Berührung. Er fand es schön, mit ihr umzugehen, aber von irgendeiner körperlichen Anziehung war nicht die Rede. Sie war andauernd Feuer und Flamme, er war ruhig er selbst. Sie hatte einen Freund, der hieß René, und sie stand also ganz einfach nicht zur Verfügung. Als sie ihn etwas besser kannte, fragte sie:

"Wenn René nun nicht mein Freund wäre, würde es dann anders sein zwischen uns?"

Seine Antwort überraschte sie.

"Nein. Es wäre nicht anders. Glaube mir, ich bin für Frauen nicht unempfänglich, wirklich nicht. Aber ich glaube an das Wort von Goethe, dass alles Vergängliche nur ein Gleichnis ist. So ist die Frau für mich: Bild einer reinen Seele, eines reinen Denkens und Fühlens, eines selbstlosen Willens. Ich strebe danach in meiner eigenen Seele, ich weiß, dass ich dieses Ideal nicht außerhalb von mir suchen darf... Doch sehe ich noch nicht gut, wie ich damit umgehen muss. In jedem Fall müsste *die* Frau für mich ... mich *rühren*, und zwar völlig. Es dürfte nichts Abstraktes zwischen uns geben, keine Distanz und eigentlich überhaupt keinen Sex."

"Du stehst wirklich nicht auf dem Boden der Tatsachen!"

"Vielleicht. Dann lass mich nur in Ruhe ... bis ich die Realität bewusst betreten kann. Natürlich könnte ich mich gehen lassen ... ich wüsste wirklich schon, wie ich das tun müsste. Aber ich will es nicht. Nicht nur, weil es einen René gibt, sondern auch, weil ich das nun einmal nicht will."

"Verstehst du mich überhaupt?", fragte sie unglücklich.

"Natürlich verstehe ich dich! Du bist eine tolle Freundin, ein flotter Kamerad. Ich unterhalte mich gern mit dir, du bist hingebungsvoll und enthusiastisch."

"Aber ich bin zu egoistisch. Das willst du noch sagen, nicht wahr?"

"Ach Agnes... Ich glaube, dass alle Menschen aus derselben Sehnsucht heraus leben. Nur die Art und Weise des Suchens ist verschieden und muss sich entwickeln. Ich verurteile dich gewiss nicht."

"Dazu bist du auch viel zu nett. Und doch muss meine Art zu leben für dich etwas Unbegreifliches sein."

Er schüttelte den Kopf.

"Ich suche einen geistigen Ausweg aus der unbefriedigten Sehnsucht. Ich will begreifen, durchschauen. Du suchst ihn im Physischen, in der Spannung, in der Berührung."

"Du weißt, dass ich untreu bin. Das solltest du doch verurteilen!"

Er schwieg nachdenklich. Sie mochte es, wenn er sie ernst nahm, wenn er über sie nachdachte. Nach einer Weile sagte er:

"Ich finde es schlimm für René, ganz schlimm."

Sie seufzte. Kurz spürte sie, wie *schlimm* es war. Sie räusperte sich und sagte:

"Nun ja. Er weiß es Gott sei Dank nicht. So schlimm ist es also nicht."

Es geschah etwas Merkwürdiges mit ihr. Ihr neuer Freund war wirklich ein *Freund*, jemand, der auf sie einging, jemand, der sich wirklich für sie interessierte. Sie spürte eine Art der Liebe von ihm ausgehen, die sie sanft werden ließ. Sie gewöhnte sich daran, dass zwischen ihnen nichts Körperliches geschah, sie musste es schon mehr oder weniger akzeptieren, es war ja etwas Unmögliches. Aber dadurch veränderte sich ihre Haltung René gegenüber von Grund auf. Anfangs wuchs ihre Antipathie zu einer fast unerträglichen Stärke. Sie nahm es ihm übel, dass er nicht so war wie dieser junge Internist, so edel und ruhig, so völlig Herr über sich selbst. Doch war es, als ob die Antipathie letztlich eine Grenze erreichte, von der sie als Sympathie zurückkehrte. Sie fing an, René durch die Augen ihres Freundes zu sehen – und sie verlangte stark nach mehr Harmonie in ihrem Umgang mit ihm. René war eigentlich doch ein wirklich netter Kerl. Da sie jetzt etwas mehr Geld zur Verfügung hatten, kleidete er sich nach ihrem Geschmack. Er war geistreich, obwohl immer ein gewisser trauriger Unterton in seinem Humor mitschwang. Er besaß eine umfassende Menschenkenntnis, obwohl sie ihrer Meinung nach nicht auf einem richtigen Fundament gebaut war. Er war sehr musikalisch, spielte wunderbar auf dem Cello … er war treu und hingebungsvoll. Darum, wegen all dieser Vorzüge, war sie bei ihm geblieben. Nicht aus Angst vor Gewalt oder so … nur hatten sie beide im Umgang miteinander schlechte Gewohnheiten entwickelt. Sie lebten jeder für sich und begegneten einander ab und an zu Hause. René brauchte den Kontakt viel mehr als sie, und er war eigentlich andauernd böse und beleidigt, dass sie immer etwas anderes zu tun hatte. Schon ein falsches Wort oder ein unüberlegter Blick konnte seine Verbissenheit in Wut verwandeln. Weil er es nachher bereute, wurde der Friede später im Bett wieder hergestellt, aber auch dann war er alles andere als ein sanfter Liebhaber. Da sie jetzt solch einen ganz anderen Umgang mit einem Mann kennen lernte, kam ihr das Verhältnis mit René niedrig und tierisch vor – obwohl sie wusste, dass das hauptsächlich an ihr lag! Das Problem war, dass sie selbst sich veränderte, während er derjenige blieb, der er war...

Meistens war er früher zu Hause als sie, und er sorgte dann dafür, dass das Abendessen fertig war. Was er machte, schmeckte immer, und er hatte den Tisch immer schön dekoriert. Für sie war das gar nicht nötig, aber jetzt bemerkte sie es auf einmal. Sie umarmte ihn und sagte:
"Eigentlich bist du ein Schatz, weißt du das?"
Erstaunt schaute er sie an und sagte:
"Wieso 'eigentlich'?"
"Es ist doch schlimm, dass wir so nebeneinander her leben. In meiner ewigen Eile sehe ich dich nicht mehr ... sehe ich nicht mehr, was du tust, wer du bist."
Er schaute sie ernst an und fragte:
"Hast du das denn nie gesehen, Agnes?"
Sie seufzte.
"Wenn man immer nur mit sich selbst beschäftigt ist, sieht man auch nur sich selbst."
Er zog sie an sich und sagte:
"Du erwachst nur aus deinem Selbst-Traum, wenn ich dich

trete oder schlage – und dann schäme ich mich so dafür."

Musste sie auf ihren Lebensstil verzichten? Eine hingebungsvolle Freundin werden, einem einzigen Mann treu sein? Wenn man mit Johannes verkehrte, konnte man sich unmöglich weiterhin schlecht benehmen. Man könnte ihm nicht mehr unter die Augen kommen... Aber sie liebte so sehr den Kampf, das Erobern, das heimliche Leben und die drohende Entdeckung. Für ein friedvolles Leben war sie wirklich nicht geschaffen. Krieg musste es sein, mit dem Risiko der Verletzung, des Todes...

"Zwei Seelen wohnen, ach ... in meiner Brust!", sagte René, der sie so durch und durch kannte.

"Warum bist du bei mir geblieben, René? Du bist doch überhaupt nicht glücklich mit mir."

"Du bist eine Sucht ... weil du dich nicht gibst. Niemals. Du lebst absolut nur für dich selbst. Das ist auch deine Kraft, dein Talent. Aber gleichzeitig ein Mangel. Ich werde niemals aufgeben, dich zu suchen, mein Liebling."

"Du bist doch auch nicht nett. Du bist immer hart, verbissen."

Er nahm ihr Gesicht in seine Hände. Sie konnte das eigentlich nicht gut ertragen, er sollte sie in Ruhe lassen. Sie war nicht sein Besitz. Aber sie beherrschte sich dieses Mal und ließ ihn gewähren. Er sagte:

"Das ist versteinertes Verlangen, Agnes."

"Wie können wir das denn ändern?"

"Willst du das, Agnes? Willst du das ändern?"

Sie nickte.

"Lass uns dann mal mit *Ehrlichkeit* anfangen. Es gibt einen Abgrund zwischen uns, der mit unausgesprochenen Gefühlen, Gedanken, Ereignissen gefüllt ist. Ungelöste Konflikte. Du hast mich betrogen, du weißt nicht, dass ich es weiß... Ich habe dich deswegen gehasst, getreten ... ich könnte dich dafür in eine Ecke treten – aber ich will dich suchen... In meiner Arbeit begegne ich solchen Problemen fast jeden Tag. Es gibt Menschen, die davon verrückt werden, wirklich wahnsinnig. Wir sind vielleicht zu *schlecht* dafür, unser Leben geht einfach weiter."

Sie hatte das Gefühl, als ob ihr Herz zu schlagen aufhörte, ein unerträglicher Druck stieg ihr in den Kopf, ein Wärmestau. Sie spürte, dass sie errötete. Sie schnappte nach Luft. Was sagte er? Dass er es wusste? Oder meinte er etwas anderes, sprach er über übliche Sachen?

Noch immer hielt er ihr Gesicht in seinen Händen, wodurch sie die Konfrontation mit ihm tatsächlich eingehen musste. Was hatte sie auf sich herabgerufen mit ihrem Augenblick der Schwäche! Er sagte:

"Ehrlichkeit, Agnes. Ohne Ehrlichkeit können wir überhaupt nichts ändern. Du gehst deinen Weg, ich gehe meinen. Ich suche dich und finde dich nicht. Deswegen bin ich fürchterlich böse, und ich weiß, dass irgendwann einmal ein Augenblick kommen wird, an dem ich mit dir die Rechnung begleiche. Irgendwann einmal wirst du dir doch deinen schönen Kopf einrennen!"

Ihr fehlten die Worte. Es konnte eine Taktik sein, sie zu einem Geständnis zu zwingen – und danach mit ihr abzurechnen. Das würde eine physische Abrechnung werden, wie auch ihr Betrug ein physischer war. Eine Tracht Prügel oder vielleicht schlimmer... Oder er wusste nichts und sprach nur über einen kleinen Betrug, die kleinen Lügen, manchmal

Notlügen. Es könnte auch sein, dass er ehrlich zu ihr war und mit ihr ins Reine kommen wollte, da sie selbst darum bat. Sie schaute ihn an, schaute in seine vertrauten Augen. Es gab ein wenig Gelb in diesen grauen Augen. Sie schaute zur Seite und sagte:

"Was meinst du denn jetzt, René? Sei bitte ehrlich und erzähl' mir, was du meinst."

Er ließ sie los, mutlos. Sie hatten sich zu weit voneinander entfernt. Er wollte überhaupt nicht hören, was sie zu sagen hatte. Er konnte es nicht, hätte es nicht ertragen können. Es sollte lieber unberührt zwischen ihnen liegen bleiben...

Aber sie konnte nicht mehr zurück und auch nicht mehr vorwärts. Sie stand wie angenagelt dort, in dem *Jetzt*. Was hatte sie in Gottes Namen getan! Wenn man so lebte wie sie, durfte man nicht zur Besinnung kommen, niemals. Niemals!! Wenn es doch einmal geschah – und es war jetzt geschehen – konnte man nicht mehr weiter. Und es gab kein Zurück mehr. Sie spürte einen Krampf in ihrer Brust, wahrscheinlich als Folge der Hyperventilation. Sie fühlte sich steif vor lauter Angst, aber sie würde es sagen. Jetzt. Wie ein Sprung von einem Zehnmeterbrett. Ganz einfach springen. Und wenn man sich das Genick brach – dann brach man es sich eben. Noch weiter fragen, was er meinte, war *feige*. Sie war feige, alle Lügen sind feige und alle feigen Menschen sind Lügner. Eine Tracht Prügel oder sogar noch schlimmer ... was sollte es. Es wäre etwas anderes, wenn sie es selbst bekannte ... oder wenn er irgendwann einmal dahinter kam. Was würde Johannes sagen? Schweigen oder reden? Er fand es nur schlimm für René. Aber wenn er es doch schon wusste? Oder wusste er nichts? Dann würde ihr jetzt ein Unglück widerfahren, mit diesem Sprung in den Abgrund.

"Komm, lass uns den Tisch abräumen", sagte René und wandte sich ab.

"Warum René!? Warum brichst du unser Gespräch ab? Es ist das *erste* Gespräch während unseres Zusammenseins. Geh' doch jetzt nicht!"

Er drehte sich um zu ihr.

"Ich bin dem nicht gewachsen. Ich weiß es, aber will es nicht wissen. Jetzt liegt es noch im Verborgenen... Lass mich nur, Agnes. Bitte."

Sie fing an zu weinen. Sie hasste weinende Frauen. Weinen ist ja auch wieder eine Feigheit. Angst, der Realität ins Auge zu sehen. Sie wollte Mitleid aufrufen, damit er nicht so böse wurde. Sie musste es jetzt sagen!

Er fing an, den Tisch abzuräumen. Im Laufe der Jahre hatten sie sich das so angewöhnt. Sofort abräumen, alles in die Spülmaschine. Nichts liegen lassen. Eine Putzfrau kam zum Staub saugen und Fenster waschen.

"Geh' jetzt nicht weg!", rief sie, mit den Füßen stampfend.

Er blieb stehen, die Teller und das Besteck in seinen Händen.

"Ich warne dich, Agnes! Halte deinen Mund! Ich schlage dich tot, wenn du deinen Mund nicht hältst."

Seine Augen hatten eine gelbliche Farbe angenommen, Augen voller Hass. Sie traute sich nicht. Sie sagte:

"Wie kann ich je ehrlich sein, wenn ich nicht ehrlich sein darf? Was ändert sich an dem, was du doch schon weißt, wenn ich es offen sage?"

"Dass es damit Wirklichkeit wird. Das ist es, was sich ändert. Jetzt leide ich darunter, dann muss ich mich an dir rächen."

Er ist verrückt, dachte sie. Wirklich verrückt. Alle Psychiater sind verrückt. Alle Chirurgen sind Sadisten. Einem Verrückten gegenüber muss man nicht ehrlich sein, und ein Sadist lässt sich nicht verprügeln. Und schon gar nicht von einem Verrückten!
Er brachte das Tafelgeschirr in die Küche.

"Ich möchte mit mir selbst und René ins Reine kommen, aber es geht nicht. Wenn er hört, was ich getan habe, bekomme ich eine Abreibung, oder er erwürgt mich oder ersticht mich mit dem Küchenmesser. Oder er hängt sich selber auf, das könnte auch passieren."
Sie erleichterte ihr Herz bei ihrem Freund.
"Was tätest du, als Mann ... wenn du so etwas hören würdest?"
Er seufzte.
"So weit würde es nicht kommen, glaube ich. Nein, so weit käme es nicht. Ihr seid viel zu weit gegangen, ihr habt beide Schuld."
"Du ekelst dich davor. Mit Recht", stellte sie fest. "Wegen dir kann ich aber nicht mehr damit leben. Mich hat es vorher nie gestört."
"Es geht mich nichts an."
"Natürlich nicht. Das ist es ja gerade. Du bist so objektiv, dass ich mich selbst erkenne. Ich sehe mich selbst, und zum ersten Mal gefällt es mir nicht."

Sie ging René noch mehr als vorher aus dem Weg. Sie wusste nicht mehr, wie sie sich verhalten sollte. Er tat ihr Leid, aber noch mehr hatte sie mit sich selbst Mitleid. Sie hatte keine

Lust mehr, mit ihm zu schlafen. Seine Aggression wurde in ihrer Vorstellung eine schaurige Vision von Mord und Totschlag. Und doch glaubte sie nicht wirklich daran. Es musste doch einen Ausweg geben...

Die einzige, die ihr helfen konnte, war Maria. Sie besaß die Reinheit, die René entspannte. Außerdem liebte er sie noch immer sehr. Vielleicht wusste sie einen Weg, sie beide zusammen zu bringen.

Mit etwas Widerwillen nahm Maria die Mission an, mit René zu reden... Sie hatte keine Lust, erneut in das Leben dieser beiden einbezogen zu werden. Auf der anderen Seite verstand sie ganz gut, dass die Situation einigermaßen gefährlich war – und dass es niemanden gab außer ihr selbst, der eine Chance hatte, erfolgreich zu vermitteln...

Sie empfing René bei sich zu Hause, in ihrem Haus in Limburg. Jean war bei der Arbeit, sie hatte Zeit genug, sich mit René zu unterhalten. Es war Frühling, im Garten blühten die ersten Blumen, der Apfelbaum war zu einem Bäumchen herangewachsen und trug schon vereinzelt Blüten...

Sie küssten sich auf die Wangen und saßen anfangs unbehaglich zusammen. Sie hatten sich nie mehr allein getroffen, und René war sehr nervös. Plötzlich sagte er:

"Meine liebe Maria ... du hast mich zu dir bestellt und ich bin sehr nervös. Es muss wohl etwas sehr Wichtiges sein!"

Seine Nervosität übertrug sich auf sie. Sie hatte sich nicht vorbereitet, das mochte sie nicht. Die Situation musste selbst zeigen, wie das Gespräch verlaufen sollte. Aber jetzt hatte sie doch ein Problem.

"Agnes hat mich darum gebeten. Sie weiß keinen Ausweg mehr."

Er neigte sein Haupt und sank ein wenig in sich zusammen. Er tat ihr Leid. Er schwieg. Sie hoffte, dass sie die richtigen Worte finden würde. Sie sagte:
"Du weißt, René ... Agnes hat eigentlich immer ein wenig darauf los gelebt. Das tat sie schon als Kind. Sie hatte nie Schuldgefühle. Sie log, wenn es ihr passte und ließ mich für ein Vergehen bestraft werden, wenn es ihr gelegen kam. Sie besaß viel Macht, glaube mir, und ich habe mich immer hässlich und langweilig gefühlt, die einfältige jüngere Schwester. Gott sei Dank durchschauten unsere Eltern die Verhältnisse sehr gut. Aber wenn wir bei unseren Nachbarn geboren worden wären, hätte ich sehr oft wegen ihrer Ungezogenheit mit einem Teppichklopfer den Hosenboden versohlt bekommen. Natürlich haben wir auch sehr viel Spaß zusammen gehabt, man konnte von ihr die verrücktesten Dinge erwarten. Aber sie lebte nur für sich, manchmal rücksichtslos."

"Du sprichst in der Vergangenheit", sagte René matt. "Es ist noch immer so."

"Schau, René ... ich habe nicht verstanden, warum ihr ein Paar geworden seid. Ich begreife nichts davon. Du bringst sie ein einziges Mal nach Hause, und hopp ... von dem Moment an seid ihr aneinander gekettet."

"Du bist meine große Liebe", sagte er mutlos.

"Dann brauchst du meine Zwillingsschwester nicht zu nehmen. Das ist auch für sie etwas Unmögliches."

"Das siehst du falsch, Maria. Sie ist keine Stellvertreterin. Sie ist mein Schicksal, mein Verhängnis, wenn du so willst. Meine Gefühle für sie sind wie ein Orkan ... ich habe keine Macht, mich ihnen zu widersetzen. Sie sind vernichtend, aber dennoch lustvoll. Du bist dafür zu gut, um so etwas zu begreifen. Wenn ihr keine Schwestern gewesen wärt, wäre es genau so gegangen. Ich kann nicht ohne sie, und sie nicht ohne mich." Es kam ein wenig Feuer in seine mutlose Stimme hinein.

"Gut. Das wird dann wohl so sein. Solch eine Unruhe kenne ich in der Tat nicht. Aber da es jetzt so ist, da ihr so miteinander verbunden seid, musst du doch versuchen, etwas Besseres daraus zu machen."

Er schlug mit seinen Händen auf seine Knie.

"Was glaubst du, was ich nicht alles versucht habe?!" Er schaute sie jetzt an. "Ich leide unter dieser Frau! Immer nur verlangen und dann erfahren, dass sie sich mit etwas anderem beschäftigt als mit mir! Mit ihrem Fach, ihren Freunden, anderen Männern, was weiß ich! Mit allem, außer mit mir. Ich binde sie an mich, indem ich ihr Angst durch physische Gewalt einjage, ihr ab und zu eine kleine Kostprobe davon verabreiche... Man muss sie bändigen; indem man nett zu ihr ist, erreicht man nichts. Glaube mir, ich wäre so gerne nett zu ihr, Maria. Ganz normal mit ihr umgehen, wie mit dir. Das geht aber nicht, sie braucht die Heftigkeit, Leidenschaft. Ein Panther ist sie, kein Mensch!"

"Sie ist auch ein Mensch, das weißt du ganz gut. Aber hast du keine Veränderung in der letzten Zeit bemerkt?"

"Sicher. Sie geht mir noch mehr aus dem Weg und will auch keine Berührung mehr."

"Sie hat Angst vor dir."

"Das ist nur gut so."

"Das ist niemals gut. Sie sucht die Annäherung, will sich verändern. Hast du das nicht gesehen?"

"Wir haben miteinander geredet, vor ein paar Wochen."

Er sank wieder in sich zusammen. "Manchmal ist es besser, nichts zu sagen, Maria. Wie könnte ich derjenige bleiben, der ich bin? Ich würde eine Tat vollbringen müssen, um erneut mein Gleichgewicht zu finden. So lange ich nichts weiß, braucht es das ja nicht."

Ihr war eisig kalt geworden. Hier stand sie am Abgrund des Daseins. Agnes hatte immer einen Ausweg gefunden. Hier würde sie mit ihrem Verhalten konfrontiert werden. Entweder sie musste verschwinden – oder den Abgrund zwischen ihr und René größer und größer werden lassen. Was sollte sie in Gottes Namen noch sagen? Ruhig erwiderte sie:

"Bitte hör zu, René. Du bist ein erfahrener Mann, du bist fast Psychiater, du kennst das Leben und seine Verwicklungen. Gerade du musst doch in der Lage sein, eine gewisse Objektivität an den Tag zu legen, auch wenn es dein eigenes Leben betrifft."

"Ja."

"Wenn du einen Patienten in deiner Sprechstunde hast, der sich in einer ähnlichen Lage befindet wie du, welchen Rat gibst du ihm?"

Es blieb eine Zeitlang still. Dann antwortete er, den Blick auf den Boden gerichtet:

"Ich verschreibe ihm ein Antidepressivum, das tue ich gewiss. Sicher spielt bei ihm eine agitierte Depression mit etwas Paranoia eine Rolle – obwohl der Argwohn sicher auf Wahrheit beruht."

"Was muss der Mann tun, um seine Ehe zu retten?"

"Ich bin nicht mit ihr verheiratet, aber gut. Reden muss er – und er darf nicht handgreiflich werden. Alles, was geschehen ist, ist auch seine Schuld. Er ist nicht verrückt, er weiß sehr wohl, was alles geschehen ist. Aber er ist zu feige für eine Konfrontation, zu depressiv eigentlich. Sie bekommt ab und zu mal eine Ohrfeige, das hat sie gern – es motiviert sie, sich schmollend umzuschauen." Er schaute Maria an. "Reden muss er, Maria. Und zuhören. Einfach zuhören, was das Weib an Unfug getrieben hat, und sich dann entweder in aller Ruhe trennen oder ihr vergeben. Aber das *will* er nicht. Er will sie zusammenschlagen, das ist es, was er will."

"Und dann?"

"Immer mehr depressiv werden, noch schweigsamer – und erneut fühlen, dass sie fremdgeht."

"Was hältst du als Psychiater davon?"

Er sprang auf und schrie:

"Dass er verrückt ist! Ein Psychopath, ein Sadomasochist! Mein Gott, Maria!"

Sie ging auf ihn zu und umarmte ihn, als wäre er ihr Bruder. Sie spürte die Spannung in seinem Körper, voller Abwehr. Sie streichelte sein Haar und sagte leise:

"Es tut mir so Leid für dich, René."

Er entspannte sich ein wenig.

"Du kannst nichts dafür. Du weißt natürlich auch sehr gut, was sie alles treibt und du hast Angst, dass ich sie eines Tages totschlage."

"Ich bin auch oft wütend auf sie, René. Doch ist sie schnell verletzt, sie ist eigentlich nur ein ganz kleines Mädchen – das so gerne wichtig sein will."

"Ich weiß es." Er war wiederum ganz entspannt. "Das ist es, was mich so trifft. Könnte ich nur darüber stehen, sie bräuchte jemanden, der darüber erhaben ist."

"Ich denke doch, dass du dieser jemand sein musst. Du bist

viel weiser als sie."
"Aber genau so egoistisch. Das ist das Problem. Ich bin immer nur verletzt. Jemand, der verletzt ist, kann nicht vergeben."
"Jemandem, der nicht um Vergebung bittet, kann man nicht vergeben. Eine Tracht Prügel ist das eine Extrem, unerbetene Vergebung das andere. Sie wird sich darüber im Klaren sein müssen, was sie dir antut. So hat deine Verletztheit einen Sinn, René."
Er seufzte tief.
"Was muss ich jetzt tun?"
"Für mich würde es davon abhängen, wie sie sich verhält. Wenn du mit ihr ins Gespräch kommen kannst, und ihr wollt weiter miteinander und sie verspricht, dass sie sich bessern wird, würde ich darauf eingehen ... sonst würde ich gehen. Du wirst unerträgliche Schmerzen haben, aber die werden vergehen – das weißt du."
Er setzte sich wieder.
"Ich hoffe, dass ich es kann, Maria. Sie kann mich doch so böse machen! Soll sie denn immer ungestraft davonkommen?"
"Du darfst ruhig böse sein. Wenn du nur *darüber* stehst. Du bist doch verflixt noch mal kein kleiner Junge mehr!"
Zum ersten Mal während des Gesprächs lachte er. Er sagte:
"Die Weisheit ... ist eine Frau!"

Noch nie war Agnes so nervös gewesen.
René war am Freitagmorgen zu Maria gefahren und würde jetzt, am Samstagabend wieder nach Hause kommen. Sie hatte einige Male angerufen, aber niemand hatte sich gemeldet.

Sie wusste also absolut nichts... Sie schaute ein wenig fern, lief durch das Zimmer, erledigte die Wäsche und setzte sich wieder vor den Fernseher... Sie hatte Angst, war niedergeschlagen und auch voller Erwartung. Sie wollte davonlaufen, sie müsste jetzt sicher eine körperliche Konfrontation eingehen. Maria...

Kurz nach acht Uhr hörte sie den Schlüssel im Türschloss. Sie sprang auf und ging ihm entgegen, in den Flur. 'Vor lauter Angst darauf losgehen!', sagte ihre Mutter immer.

Er war verändert, schien gewachsen zu sein, straffer, selbstbewusster. Er schaute sie kurz an und lief dann an ihr vorbei, hängte seine Jacke an die Garderobe und ging ins Zimmer.

"Möchtest du Kaffee?", fragte sie unsicher.

"Ja.", sagte er kurz und zog die Tür hinter sich zu. Er saß auf seinem Platz, auf dem er immer saß, das war das einzige, was sich nicht verändert hatte. Sie stellte den Kaffee vor ihm hin und setzte sich ebenfalls. Ruhig holte er ein Päckchen Zigaretten aus seiner Tasche und zündete sich eine Zigarette an. Er war auf einmal ein richtiger Mann geworden, er war nicht mehr dieser ruhelose Junge... Er nahm einen langen Zug, inhalierte tief, blies den Rauch aus und schaute sie an.

"So", sagte er, "du bist also viele Male fremdgegangen."

Sie fühlte, wie sie wankte. Sie konnte auf die alte Art und Weise reagieren, brutal und scharf ... dann wäre ihre Bitte an Maria sinnlos gewesen. Sie konnte auch die Schuld fühlen, den Kummer, den sie diesem Mann bereitet hatte. Eigenartig, dass man wählen konnte... Früher wählte sie nicht. Sie existierte einfach. Anscheinend kam man in eine andere Lebensphase, wenn man die Dreißig überschritten hatte. Es kam durch Johannes, durch seine objektive Liebe... Während diese Gedanken ihr durch den Kopf schossen, spürte sie, wie sie rot wurde und sich unbehaglich fühlte. Sie neigte ihr Haupt als ein Eingeständnis.

René sagte:

"Gut, dann sollten wir uns trennen."

Sie war fassungslos. So oft schon hatte sie sich von ihm trennen wollen und hatte es nicht gekonnt, sich nicht getraut. Jetzt gab er ihr die Freiheit und sie erschrak deswegen, sie wollte diese nicht. Jetzt nicht mehr! Sie wollte nicht weggeschickt, ausrangiert werden. Sie war *Agnes*, eine schöne, interessante und intelligente Frau! Sie sprang auf und kniete zu seinen Füßen. Flehend sagte sie:

"Nein, René! Bitte ... gib mir noch eine Chance!"

Er versuchte sie zu ergründen, sie spürte es. War es von ihrer Seite nur Schmeichelei, oder meinte sie es ernst? Sie wusste es selbst nicht ganz sicher. Sie wollte nur bei ihm bleiben ... und dieses Verlangen war echt!

"Unser gemeinsames Leben ist eine große Lüge! Du hast mich lächerlich gemacht, mich für einen Trottel gehalten, bei dem du nach Hause kommen kannst, während du dich mit einem anderen Mann–" Seine Stimme brach. Sie spürte seine Nähe, dass er böse war und gleichzeitig gebrochen. Sie hatte ihn kaputt gemacht und war sich dessen nicht bewusst gewesen. Nie hatte sie an ihn gedacht, nur wenn sie sich vor der Entdeckung gefürchtet hatte. Jetzt sah sie ihn so vor sich, so beherrscht und stark – nie hatte sie gedacht, dass er so sein könnte. Sie war stolz, aber in ihrer Selbstsucht spürte sie doch, wie sehr sie mit diesem Jungen, der auf einmal erwachsen geworden war, verbunden war. Sie nahm seine Hand und fragte:

"Vergib mir, René. Willst du mir bitte vergeben? Ich war mir nicht bewusst, ich habe einfach das getan, was ich schön fand. Es hat nicht einmal viel mit dir zu tun. Es ist ein unerschöpfliches Verlangen nach Erkanntwerden, Bestätigung. Keiner der Männer hat mich so wie du gefesselt. Ich will bei dir bleiben, ich habe nicht gewusst, wie reich ich war."

Er hielt ihre Hand in seiner. Ihre zarten Hände, die so geschickt operieren konnten und so gut ihren Weg beim Liebesspiel fanden. War sie aufrichtig? Er hatte überhaupt kein Bedürfnis, sie zu schlagen, jetzt. Vielleicht sollte er das als ein Beweis ihrer Aufrichtigkeit ansehen… Sie lag zu seinen Füßen wie ein Kind. Er legte seine Hand auf ihr Haupt und drückte es gegen seine Beine. Er fühlte den Wert, die Würdigkeit dieses Moments. Er schenkte ihr, der Schuldigen, Vergebung, weil sie darum bat – weil er darüber stehen konnte.

Sie brach in Schluchzen aus. Alle Spannung der letzten Wochen, Monate, Jahre lebte in ihrem Kummer.

"Ich bin so allein!", flüsterte sie. "So allein. Hilf mir René! Bleib bei mir, bitte!"

Die Lösung des Problems des Lebens merkt man am Verschwinden dieses Problems.

Ludwig Wittgenstein
(1889 – 1951)

Während einer Anzahl von Jahren wurde das Rätsel des Lebens für Maria von der Liebe gelöst – oder überwältigt, unsichtbar gemacht. Sie heiratete Jean, sie wohnten in seinem Haus, bekamen zwei Kinder, einen Jungen und ein Mädchen. Wenn sie zur Arbeit musste, passte ihre Mutter auf die Kinder auf. Das Glück durchtränkte ihr ganzes Dasein und ließ keine Fragen oder Unzufriedenheit mehr zu. Jean war ein erfolgreicher Anwalt, aber seine Sehnsucht nach ihr war um vieles größer als sein Ehrgeiz. Darum plante er geschäftliche Termine immer während der Arbeitszeit. Den Abend und das Wochenende hatte er für seine Familie reserviert.

Maria hatte immer viel Trost aus Schönheit geschöpft. Jetzt wurde die sie umringende Schönheit noch mit dem Glanz der Liebe erfüllt. Hier könnte diese Geschichte enden, wie ein Märchen…

Mit Jean konnte sie stundenlang zusammen sitzen und reden. Die Stunden verflogen dann wie im Nu. Es war, als ob sie zwei Freunde wären, die nach einer langen Trennung einander so viel zu erzählen hatten, dass sie nicht voneinander loskamen. Sie liebte Jeans verschiedene Seiten. Er war ernst und ruhig, wohlüberlegt, und er stellte hohe Ansprüche an sein Personal. Aber er machte auch gerne Reisen, liebte ein gutes Essen und einen guten Wein. Er war verrückt nach schnellen Autos … und konnte doch auch ganz einfach auf all das verzichten. Er sah immer gut aus, ob er nun einen dreiteiligen grauen Anzug oder eine Lederjacke trug. Zu Anfang hatte er große Probleme mit Agnes und René, jedes Treffen mit ihnen war eine Qual für ihn. Er konnte die Unbesonnenheit von Agnes nicht ausstehen, und René fand er einen Mann mit verschwommenem Denken, einen Tiefdenker ohne Boden. Aber nach der Wende in ihrer Beziehung wurde es besser. Er bemühte sich wirklich, sie zu verstehen und ihnen etwas wie Verstand einzureden.

So schien während einer Anzahl von Jahren das Lebensproblem verschwunden zu sein. Die Welt, das Leben, wie es sich ihnen darbot, war ihnen genug…

Als die Kinder in die Schule gingen, hatte sie wiederum mehr Zeit… Sie standen immer früh auf, frühstückten zu viert am großen Küchentisch. Dann verließ Jean das Haus, und sie brachte die Kinder zur Schule. Zuerst gab es noch einiges im Garten zu tun … aber als die Winterruhe dort ihren Einzug nahm und es allmählich kälter wurde, saß sie an zwei freien Morgen in der Woche in ihrer Wohnung. So ab und zu besuchte sie ihre Eltern oder sie ging in die Stadt. Sie kaufte gute Bücher und las diese. Oft war sie müde, dann ruhte sie ein wenig. Musste sie mehr arbeiten? Jean war dagegen, sie war weniger vital als er…

Zum ersten Mal seit Jahren wurde es ihr bewusst, dass der Advent begann. Ein Kranz mit vier Kerzen … in Erwartung der Geburt Jesu Christi. Weihnachten… *Leer* war alles geworden. Es war, als ob das volle Leben sich in Richtung der Äußerlichkeiten verlegt hatte, als ob man nur noch in den *Dingen* sein Glück finden konnte. Im Innern gab es nichts mehr. Vielleicht hatte es nie etwas gegeben? Die religiösen Gefühle aus ihrer Kindheit waren vielleicht auch nur Erlebnisse der *Stimmung* gewesen. Die geweihte Atmosphäre in der Kirche, ihr frommer Vater unter dem Apfelbaum. Er wurde alt … die Arbeit erledigten jetzt die Helfer. Er war mager geworden, mit einem verwitterten, gebräunten Gesicht. Wenn er draußen war, trug er nun immer eine Mütze. Sein Geist war so klar wie ein frischer Tag im Frühling. Und diese Klarheit schien immer stärker zu werden. 'Ich weiß nichts', sagte er zwar bescheiden, aber in Lebensfragen gab er immer wieder unerwartet weise Antworten. Wenn es jemanden gab, der immer mehr innerlich lebte, dann war es ihr Vater. Sie wollte noch einmal wie in alten Zeiten mit ihm reden!

Er saß nicht draußen, es war schließlich Winter … dann saß er in der Küche, dicht am Ofen und las oder hörte Musik, oder er half ihrer Mutter beim Putzen von Gemüse oder beim Zusammenlegen der Wäsche.
"Tag, Maria, mein Kind", sagte er und schaute sie erst mit seinen klaren blauen Augen untersuchend an, bevor er sie küsste.
Sie setzte sich zu ihm.
"Du hast ein meditatives Leben geführt, Papa. Ein Leben der Besinnung, des Gebets. Wie sieht es aus, wenn du uns anschaust, deine Kinder? Die so ein äußerliches Leben führen?"

Seine Augen leuchteten wie die Sonne. Man spürte immer Wärme und Licht, wenn man in seiner Nähe war. Lächelnder Ernst...

"Ihr seid sehr beschäftigt", sagte er. "Agnes macht Karriere, du bist ein Vorbild für eine gute Ehe, eine wunderschöne Familie. Ich empfinde tiefe Zufriedenheit, Maria."

"Natürlich. Du würdest nichts anderes sagen. Aber wir leben nicht gerade nach deinem Beispiel."

Er schüttelte den Kopf.

"Agnes nicht. Du wohl, mein Kind."

"Ich finde das Leben so äußerlich. Es wird jetzt Weihnachten, ich bin damit aufgewachsen und es sagt mir nichts. Es sagt mir schon etwas, aber ich *erlebe* nichts mehr. Ich glaube zwar noch, aber ich beschäftige mich nie damit. Gibt es wohl ein innerliches Leben, frage ich mich dann. Aber du *hast* es, so scheint es mir wenigstens."

"Möchtest du, dass ich dir über das innerliche Leben erzähle?"

"Ja gerne, wenn du willst."

Er lehnte sich ein wenig nach vorne. Ein alter Bauer auf einem Küchenstuhl am Ofen. Das war das äußerliche Bild, es war *Schein*...

"Mein innerliches Leben, mein Kind ... besteht aus Verweilen. Ich kenne keine Eile, die so kennzeichnend für eure Generation ist. Ich lebe nicht am Leben *vorbei*, sondern lebe *darin*, tauche unter und verweile so lange wie möglich darin. Im Positiven, wenn es irgendwie möglich ist. Man könnte großen Kummer haben wegen einer Tochter wie Agnes, und man könnte sich entschließen, daran *vorbei* zu leben. Das will ich nicht. Ich sehe sie, und später wirkt sie in mir nach ...

ihre Energie, ihre Lebenslust, ihr Ehrgeiz. Das geschieht mir nicht nur mit Menschen, sondern auch mit Wolkenpartien, mit der Morgensonne und der Dämmerung, der Wärme des Ofens … ich danke dem Herrn, dass er unter uns ist und uns das *Erleben* schenkt … das Glück des Erlebens mein Kind, das ist etwas Göttliches. Ich nehme das Leben einfach hin und trage es mit mir. Ehrfurcht vor allem um mich herum – und Dankbarkeit für das Erleben … daraus besteht mein innerliches Leben. Ich habe gerne gearbeitet, weil ich alles wirklich geliebt habe: meine Bäume, meine Knechte, Frau und Kinder … diesen alten Holztisch auf dem gebohnerten Fußboden. Den Geruch des Bohnerwachses und der Seife… Ihr habt für so etwas keine Zeit, ihr kommt nicht dazu, alles muss so schnell gehen…"

"Ich finde gerade, dass ich im Moment zu viel Zeit habe. Dadurch spüre ich eine Leere, die ich schwer vertragen kann. Du sagst also: Verweilen bei den Erfahrungen?"

Er nickte, aber sagte dann:

"Ich habe nur Angst, dass das für euch nicht mehr gilt, dass es nicht mehr möglich ist. Du hast gelernt, dich den ganzen Tag mit deinem Verstand zu beschäftigen – und der ist nicht für das Erleben geeignet. Ich kenne es nicht, dieses Verstandesgetue. Aber ich sehe an euch, wie es wirkt, sich auswirkt. Man wird global dadurch, zusammenfassend und schnell analysierend. So und so ist es und fertig ist die Laube! So wird René mit seiner ganzen Philosophie keine Weisheit finden und Agnes mit ihrem großen Wissen über die Anatomie kein Wissen über den Menschen. Das geht nun einmal nicht. Eure Kleinen fangen jetzt schon an zu argumentieren, sie werden wohl müssen. Und ihr beantwortet deren noch so elementare

Fragen mit dem Verstand eines Erwachsenen – das macht sie zu Besserwissern. Früher wurde einem dafür der Hosenboden versohlt, dann lernte man schweigen."

"Wir haben das nie gehabt. Und ich selbst könnte es nicht."
Er lachte.

"Ich auch nicht. Man kann so etwas Heiliges wie ein Kind nicht wie ein Biest, einen Hund trainieren. Aber früher wurde das so gemacht, und es wurde einem wohl Bescheidenheit beigebracht. Jetzt denkt ein Knirps schon, dass er eine eigene Meinung haben darf."

"Du siehst also doch das Negative?"

"Dem entkommt man nicht – und das Erleben dessen bringt *Leiden*. Ich suche die Realität, nicht den siebten Himmel. Aber wenn ich die Wahl habe, richte ich mich auf das Positive."

"Aber du denkst, dass es bei mir nicht wirken wird?"

"Du wirst deinen Weg *suchen* müssen, mein Kind. Du hast eine hohe innerliche Entwicklung. Dessen bin ich mir sicher. Frage dich selbst, und du wirst früher oder später die Antworten finden. Der Herrgott ist ja unter uns. Er beantwortet all deine Fragen – wenn du sie nur stellst."

Abends saß sie mit Jean zusammen am Kamin. Sie tranken ein Glas Wein. Sie schaute ihn an. Er war der Typ, in den sich die Frauen sehr leicht verlieben, aber er interessierte sich absolut nicht für sie. Seine ganze Liebeskapazität konzentrierte sich auf sie … und er machte sie warm und glücklich. Natürlich gab es wohl mal einen Streit. Sie vertraten über bestimmte Sachen verschiedene Standpunkte. Er mochte ein großzügiges Leben, während sie es gewöhnt war, sparsam und einfach zu leben. Sie ließ sich zwar gerne verwöhnen, aber manchmal war es ihr doch zu bunt… So gab es Kleinigkeiten, bei denen sie nicht einer Meinung waren.

"Was schaust du mich so an?", fragte Jean verlegen.

"Ich zähle meine Segnungen", lachte sie. "Ich war heute Mittag bei Papa, wir haben noch einmal tiefgründig miteinander geredet."

"Worüber?"

"Über … Glück und Unfrieden. Ich bin überglücklich mit dir und den Kindern – und doch spüre ich eine zunehmende Unzufriedenheit."

Er nickte und stopfte sich eine Pfeife. Er sagte:

"Du arbeitest auch unter deinem Niveau."

"Das ist vielleicht auch gut so. Sonst käme das Bewusstsein einer tiefen Sehnsucht nach … mehr, nach etwas Innerlichem, nach Religion nie zustande. Man kann sein Leben mit Arbeit und Sorgen füllen, aber darum geht es doch nicht nur. Hast du deine Talente vervielfältigt? Das wird die alles entscheidende Frage sein, wenn du vor oder hinter dem Tod stehst. Ich finde nicht, dass mich diese Frage beschäftigt. Was ich hatte, habe ich eher noch verloren."

"Es lebt in unserer Liebe, Maria."

"Ja. Ich möchte das nicht herabwürdigen oder deren Wert unterschätzen. Gerade die Zufriedenheit, die Sättigung gibt mir die Gelegenheit, diesen Mangel zu fühlen. Früher dachte ich, dass mir ein Mann fehlte. Das traf auch zu. Ich weiß, dass ich erst wirklich *lebe*, seit wir zusammen sind. Im *Leben* kann ich mir nichts Schöneres oder Besseres vorstellen als Augenblicke wie diese, jetzt. Und doch hätte dieses Sitzen am Kamin mit dem Geliebten nicht diesen Wert, wenn wir nicht so miteinander reden könnten, wenn wir nur eine physische Harmonie hätten. So jedoch empfinde ich mein Verhältnis zu meiner eigenen Lebensweise: Es gibt nur physischen Frieden, eine gute Beziehung, aber keine Vertiefung. Man dringt nie weiter durch als in die Außenseite der Dinge, wenn diese auch noch so schön sind..."

Er lehnte sich zurück und zog an seiner Pfeife.

"Was sagte dein Vater?", fragte er.

"Dass er bei seinen Erfahrungen *verweilt*. Dieses Verweilen bringt ihn mit dem Wesen der Dinge und der Menschen in Berührung – sogar mit dem Wesen des Göttlichen, glaube ich. Aber wir wissen doch nicht, wie man das macht? *Verweilen* ... was ist das?"

"Die Liebe ist doch unser Lehrmeister, Maria. Ich weiß nicht viel über das Wesen der Dinge, aber desto mehr über dein Wesen – weil ich dich liebe. Dein Vater wird diese Liebe wohl in einem viel höheren und erweiterten Sinn haben. Er ist durch und durch *gut*, dein Vater. In ihm spiegelt sich der ganze Kosmos, weil er sich ihm ohne jeglichen Widerstand hingibt. Das können wir nicht, aber vielleicht können wir es lernen. Man möchte eine größere innere Ruhe haben, in die das Leben seine Keime säen kann. Wenn man deinen Vater so sieht, könnte man sagen: Der erste Schritt ist Ehrfurcht, Verehrung. Denk mal an seine Augen, wie sie in die Welt schauen ... das ist Devotion, Maria. Ich habe sie für dich, ich bete dich geradezu an. Aber ich bin mit dir einer Meinung: So müsste man dem ganzen Leben begegnen. Seinen Kunden, der gegnerischen Partei ... allen und jedem."

"Du musst in deinem Fach natürlich auf der Hut sein. Aber im übrigen Leben wäre die Ehrfurcht vielleicht der erste

Schritt. Wie kommst du darauf?"

"Durch deinen Vater, wie ich schon sagte. Er ist die Devotion selbst … sein ganzes *Sein* ist Gebet."

"Bei uns müsste so etwas zur regelmäßigen Übung werden. Das Leben sorgt ja dafür, dass man seine Gewohnheiten nicht verändern kann."

"Ich habe früher wohl mal etwas über solche Übungen gelesen. Ich weiß nicht mehr wo."

Sie schauderte, trotz der Wärme des Holzfeuers.

"Ist dir kalt?", fragte Jean.

"Nein. Manchmal habe ich das Gefühl, berührt zu werden, das lässt mich schaudern. Nicht körperlich, sondern im Innern. Als ob ich kurz erleuchtet werde, aber das Licht schmerzt. Dann denke ich, dass ich ohnmächtig werde, aber das geschieht nicht."

Jean setzte sich gerade in seinen Sessel und legte seine Pfeife auf den Tisch. Er schaute sie an und sagte ernsthaft:

"Maria, wenn es einen Gott gibt, dann scheint es mir, dass er eine Verwandtschaft mit dem Guten in jeder Menschenseele hat. Wenn das Gute sehr groß ist, ist die Verwandtschaft auch sehr groß. Dieser Gott wird sich solchen Menschen offenbaren wollen, wenn sie Ihn suchen. Du bist so eine Person."

"Glaubst du, dass ich ihn suche? Ist das meine Sehnsucht?"

"So fasse ich deine Fragen wohl auf, Maria."

"Was bleibt von uns übrig nach unserem Tod?", fragte sie ihren Vater. Er zögerte keinen Moment und antwortete:

"Der moralische Wert von demjenigen, was wir getan, gefühlt und gedacht haben. Der Rest muss abgelegt werden. Je mehr *Gutes* wir getan haben, desto mehr bleibt von uns übrig. Unser Schlechtes bleibt in der irdischen Sphäre gebannt, oder, wenn du willst: Es wird in die Hölle geworfen."

"Ich habe das immer sehr hart, erbarmungslos gefunden."

Der Vater schüttelte den Kopf.

"Die göttliche Welt, der 'Himmel' nimmt nur dasjenige auf, was mit ihm verwandt ist. Alles andere wird abgewiesen. Es muss außerhalb der Himmelspforte auf Verwandlung warten."

"Wie wird es denn umgeformt? Von wem?"

"Vom Menschen selbst, in einem neuen Leben auf der Erde."

"Glaubst du daran? An Reinkarnation?", rief sie erstaunt.

Ihr Vater, der jeden Sonntag treu die Heilige Messe besuchte und die Kommunion empfing...

Er beugte sein Haupt und erwiderte leise:

"Ich habe viel damit kämpfen müssen, mein Kind. Mit den Dogmen der Kirche und den eigenen inneren Erfahrungen. Manchmal erlebe ich nachts eine Art Aufhellung, eine Aufklärung in meinem Schlaf ... dann erhellt sich das Bewusstsein, ich empfinde das moralische Urteil über meine Taten, ich erinnere mich an ein Leben vor meiner Geburt. Es gibt nicht nur Unsterblichkeit, sondern auch Ungeborenheit. Dennoch möchte ich so sehr eines der Schafe in der Herde des Guten Hirten sein. Die Kirche ist der Hirte, ich muss mich fügen – und fühle so ganz andere Einsichten in mir!"

Ein einfacher Bauer an einem gescheuerten Küchentisch neben einem brennenden Herd, so war ihr Vater. So still an der Oberfläche... Wieder spürte sie kurz das intensiv schmerzhafte Licht, das sie schwindeln ließ. Sie schauderte und sagte:

"Jean sagte neulich dasselbe, nur umgekehrt. Dass ein guter Mensch so viel Verwandtschaft mit dem Göttlichen hat, dass Gott sich mit seiner oder ihrer Seele vereinigt. Wie der Himmel den reinen Teil des Menschen aufnimmt, so nimmt der reine Teil des Menschen das Göttliche auf... Was dir an Einsichten gegeben wird, muss wohl von dieser Art sein. Ich sehe darin keine Sünde!"

"Du bist frei erzogen worden, mein Kind. Ich nicht. Und man muss immer sehr kritisch bleiben, glaube mir. Selbstüberschätzung liegt viel näher als Sündenbewusstsein."

"Beides scheint mir nicht gut zu sein", sagte Maria, während sie die verwitterte Hand ihres Vaters nahm und streichelte. "Du bist für mich in jedem Fall der lebendige Beweis, dass es neben einer sichtbaren Realität auch eine unsichtbare, eine innerliche Realität gibt…"

Als sie einmal an einem Morgen ihre Eltern besuchte, saß ein alter Mann bei ihrem Vater am Küchentisch. Als er sie sah, schaute er auf, aber sein leerer Blick ruhte ohne eine Spur des Erkennens auf ihr. Sie erkannte ihn, wenn auch mit Mühe. Es war der Nachbar, der Bauer Erens. Es schien, als ob er neunzig Jahre alt war, krumm und verwittert, wesenlos. Ächzend erhob er sich, reichte ihrem Vater die Hand, schaute sie verstohlen an und verschwand.

"Der sieht aber schlecht aus!", sagte sie, während sie sich setzte.

"Es geht abwärts mit ihm. Er erzählt ellenlange Geschichten von früher, was aber jetzt ist, weiß er nicht. Sein Geist ist in seinem Körper begraben, mein Kind. Es gibt kein Gleichgewicht in diesem Mann, er vegetiert so dahin, bis sein Körper verbraucht ist. Dann wird sein Geist sich wohl befreien, wenn auch mit Mühe, wie ich fürchte."

"*Siehst* du das wirklich, Papa? Oder deutest du deine Beobachtungen?"

"Ich sehe es. Aber nicht mit den Augen, obwohl sie beim vollkommenen Sehen natürlich mitarbeiten. Wenn ich deine Mutter anschaue, sehe ich, wie ihr Geist immer freier und freier wird. Aber Erens liegt in dem Erens begraben. Ich hoffe, dass er genug Glauben gehabt hat, um den Weg nach oben finden zu können."

"Er saß doch immer ganz vorne in der Kirche, mit all seinen Kindern?"

"Das kann auch nur bloße Schau gewesen sein, nicht wahr? Ach… Erens ist kein schlechter Kerl, das weißt du."

"Ich hatte immer fürchterliche Angst vor ihm. Dass er mich fassen und übers Knie legen würde."

"Er hatte Ehrfurcht vor dir. Er spricht noch immer voller Respekt von dir. Du hättest dich nicht zu fürchten brauchen."

Sie dachte voller Wehmut an ihre Kindheit. Sie war in heilige Geborgenheit getaucht gewesen. Jetzt war alles so profan geworden, nüchterne Realität. Die Welt ist kein mystisches Rätsel, sondern eine mit dem Verstand zu erfassende Maschine. Nicht, dass sie das glaubte, aber sie lebte danach, man hatte nichts anderes. Sogar der Apfelbaum hatte nicht mehr diese wunderbare Wirkung, die er vor einigen Jahren doch noch hatte…

"Alles, was man in seinem Innern trägt, rührt von den Sinnen her", seufzte sie abends wiederum, als sie mit Jean zusammen saß. "Wie kann man sich selbst daraus befreien? Es kann doch nichts anderes bedeuten, als dass man ein Gefangener in seinem eigenen Körper ist? Heute habe ich beim Bauern Erens gesehen, wohin das führt. Papa sagt: '*Erlebe*, was du an Sinneseindrücken erfährst.' Das Erleben ist *nicht* physisch. Aber das gelingt mir tatsächlich nicht. Auch die Verehrung ist von kurzer Dauer. Ich kann es zwar kurz aushalten, aber dann nimmt der Verstand das Heft wieder in die Hände und fort ist die Stimmung. Warum kann ich mich nicht begnügen mit dem, was vorhanden ist, wie alle anderen auch?"

"Und die kleinen 'Erleuchtungen', die du regelmäßig hast?"

"Sie sind eher beängstigend als gnadenvoll. Ich bin dadurch geschockt, werde in meinen Grundfesten erschüttert. Würden sie stärker werden, sie würden mich überwältigen. Und ich weiß nicht, was es ist."

"Epiphanie."

Sie schwieg. Jean konnte treffende Bemerkungen machen, aus seiner Liebe und seinem Verständnis zu ihr. Aber sie meinte, dass er sie viel zu groß sah.

*

Nach dem entscheidenden Abend, als René bei Maria gewesen war, brach für Agnes eine schwere Zeit an. René verlangte, dass sie ihm beweisen würde, wie wertvoll ihr Verhältnis für sie war. Sie sollte noch ein halbes Jahr eine Chance bekommen. Für sie war es wie eine Prüfung. Es bereitete ihr keine Mühe, mit dem Verführen aufzuhören. Ihre Liebe zu ihrem Freund Johannes hatte dem schon ein Ende gemacht. Aber es fiel ihr schwer, René wirklich in den Mittelpunkt ihres Lebens zu stellen. Sie war immer die Mächtige gewesen, er der verzweifelte Liebhaber. Durch die Androhung von körperlicher Gewalt hatte er es zwar geschafft, sie zu zügeln, aber sie kannte seine leidenschaftliche Liebe für sie nur viel zu gut. Jetzt waren die Rollen vertauscht worden, an nur einem Abend. Die Erkenntnis, ihn zu verlieren, hatte ihr bewiesen, wie sehr sie ihn liebte. Aber um ihm jetzt Abend für Abend zu Füßen zu liegen...

Er hatte sich völlig verändert. Jungen wie er, ein wenig mager und engherzig, sehen mit den Jahren meistens besser aus. Sie gewinnen an Würdigkeit, Gewicht. Er war auf dem Weg, ein reizvoller Mann zu werden. Aber jener Abend hatte ihn außerdem noch selbstbewusst gemacht. Er stand plötzlich über ihr und ließ sie das gut merken. Er war allerdings viel netter als je zuvor, sanftmütig sogar. Früher suchte er Streit mit Händen und Füßen und lief dann davon. Jetzt wurde er ein *Herr*, wenn er böse wurde, ein Herr, der sie nur zu warnen brauchte.

Sie war eine Sünderin, der man zwar vergeben hatte, aber die doch noch beweisen musste, dieser Vergebung wert zu sein. Diese Rolle lag ihr überhaupt nicht, und trotzdem nahm sie sie auf sich. Sie begleitete ihn zu seinen Konzerten und den Reitstunden. Er besuchte ihre Vortragsabende und die Feste bei ihren Kollegen. Ihr Leben war jetzt wirklich mit seinem verschlungen. Sie lernte ihn besser kennen, seine Interessen, seine Freunde, seine Fragen, seine Liebe zu ihr. Sie fand es sehr beschränkt, dass sie ihren ganzen Enthusiasmus auf diesen einen Menschen, René, richten musste. So war es natürlich auch wieder nicht ... sie hatte ihre Arbeit, die Patienten, die Kollegen, Johannes beim Mittagessen ... aber irgendwie erfuhr sie es als eine Erniedrigung, dass sie nun ihre ganze freie Zeit René schenkte. Sie lag zu seinen Füßen, wie damals

an jenem Abend. Sie wollte es, sie wollte es nicht.
Als er seine Weiterbildung in der Psychiatrie beendet hatte, konnte er eine Stelle in Den Haag bekommen. Mit großem Widerwillen folgte sie ihm. Sie musste die letzten beiden Jahre ihrer Ausbildung jetzt in Leiden abschließen, sie musste von ihren Freunden, von Johannes Abschied nehmen. Als Gegenleistung machte René ihr einen Heiratsantrag. Sie kauften ein imposantes Haus in einer der langen, hellen Straßen von Den Haag. René hielt im Haus Sprechstunde, neben der übrigen Arbeit im Krankenhaus. René war der große Doktor, der wichtige Facharzt. Sie war seine Frau und außerhalb des Rampenlichts vollendete sie ihre Weiterbildung in der Chirurgie, was doch auch keine Kleinigkeit war... Jeglicher Glanz von damals war verschwunden, sie war eine alltägliche, nette, hübsche junge Frau, verheiratet mit einem guten Psychiater. Auch in der Klinik musste sie wieder von vorne anfangen. Niemand kannte ihre Qualitäten, ihr fehlte die Kampflust von früher, und sie war eine ganz gewöhnliche Ärztin in der Weiterbildung, nicht gut und auch nicht schlecht. Sie nahm etwas an Gewicht zu, hier und da bekam sie zwischen allen schwarzen Haaren ein graues Haar, das sie heftig auszog. Für jedes ausgezogene graue Haar kamen ja zehn neue...
Abends brachte sie René, der in seiner Bibliothek an einem langen Tisch studierte, frisch gebrühten Kaffee. Wenn sie wollte, konnte sie sich zu ihm setzen...
"Darf ich etwas sagen?", fragte sie an einem dieser Abende.
Sie saß ihm am Tisch gegenüber. Lustlos blätterte sie in ihren Fachblättern, die auch auf dem Tisch lagen. René schaute auf, leicht gestört.
"Ja?"

"Bist du jetzt zufrieden mit deiner braven Frau? Habe ich die Prüfung bestanden?"

Er fing an zu lachen. Er streckte seine Hand über den Tisch und tätschelte ihre Wange.

"Legst du immer noch eine Prüfung ab?", fragte er.

"Ja."

"Vielleicht sollten wir es so lassen. Sonst wirst du wieder nachlässig."

"Du bist ein richtiger Herr geworden. Wo ist doch der kleine Junge von damals?"

"Hier", sagte er. "Gegenüber von dir. Durch Kummer ist er ein Mann geworden. So ist er jetzt, verstehst du?"

"Ist dein Kummer jetzt vorbei, René?", fragte sie leise.

Er seufzte tief und schob sein Buch zur Seite. Sie liebte den Mann, der er geworden war, aber ihr fehlte doch auch der Junge. Sie hatte den Jungen so vernachlässigt, jetzt war er weg. Er schaute sie an und sagte:

"Er geht nie vorbei. Und das Vertrauen ist noch nicht hundertprozentig."

Flehend sagte sie:

"Was muss ich noch tun, um es wieder gut zu machen? Ich tue doch alles, was du willst. Du bist streng geworden, so distanziert. Wohl nett, aber so unerreichbar. Es ist eine andauernde Strafe, die jetzt schon Jahre dauert…"

"Das ist nicht meine Absicht, Agnes. Durch das, was geschehen ist, habe ich mich entwickelt, im positiven Sinne, glaube ich. Ich bin viel sicherer und stärker geworden. Es ist nicht meine Absicht, dass das auf deine Kosten geht. Ich liebe dich sehr, das weißt du doch, nicht wahr?"

"Du hast diese Sünderin in Gnaden aufgenommen. Das

muss ich fühlen, jeden Tag."

"Überhaupt nicht. Anfangs vielleicht, aber jetzt schon lange nicht mehr."

"Du sagst selbst, dass du mir noch nicht ganz vertraust. Das tut weh, René. Ich verzichte auf alles, schon seit Jahren. Um unserer Beziehung willen."

Er erhob sich und kam auf sie zu. Schon dreizehn Jahre lebten sie zusammen, und es war ihm gelungen, dass sie sich jetzt noch einmal sehr in ihn verliebte, einfach, indem er sich nicht mehr ganz hingab… Sie stand auch auf und legte sich in seine Arme. Er hatte sie verstoßen, obwohl er ihr vergeben hatte und sie bei ihm bleiben durfte. Jetzt durfte sie wieder da sein, sie war wieder zu Hause. Warme, süße Tränen strömten über ihre Wangen, ohne Schluchzer. Sein Jackett wurde nass. Er streichelte sie und drückte sie an sich.

"Komm nur zu mir", flüsterte er gerührt. "Komm … du bist lieb. Ich bewundere dich wegen deiner Fähigkeit, dich zu verändern. Wir Psychiater glauben nicht daran. Ich wohl, denn ich sehe es ja bei dir. Ich habe dich nicht quälen wollen, ich dachte, dass du zufrieden warst."

Er hob ihr Haupt und küsste sie zärtlich, wie er es noch nie getan hatte.

Sie gab sich völlig hin und weinte, bis sie vollkommen erschöpft war.

Ach, sie war wirklich nicht auf einmal ein *guter* Mensch geworden. Bei René war es gut, der wusste mit ihr umzugehen. Aber ihre schlechten Eigenschaften suchten ihren Weg im Leben, um sich auszudrücken. Sie fand, dass man von Güte nur *schwach* wird. Man muss allerlei Faktoren außerhalb des

Ich, die die eigene Entwicklung hemmen, berücksichtigen. Als sie noch nicht an René gebunden war, konnte sie tun und lassen, was sie wollte. Jetzt *wollte* sie zwar bei ihm sein, sie musste aber sein und ihr Wohl in Übereinstimmung bringen. Ihre Ambition kehrte zurück und blühte auf. Sie hatte feine, zartgliedrige weibliche Hände, die außergewöhnlich schnell und sicher ihre Arbeit verrichteten. Natürlich bemerkte man das, und immer öfter wollte der Professor sie während der Operationen an seiner Seite haben. Auch sorgte sie dafür, dass sie ihr Fachwissen auf dem neuesten Stand hielt, wodurch sie nie einen Fehler machte. Sie war gerne das Verlängerungsstück der Autorität, und sie war ein unbequemer Lehrmeister für die jüngeren Ärzte und Famuli. Sie hatte ein feines Gespür für Angsthasen, nahm sie gnadenlos beim Schlafittchen und stellte sie unversehens vor schwierige Aufgaben. Ängstliche Ärzte sind *schlechte* Ärzte, das war ihre Devise. Sie mied jede Form der Freundlichkeit und genoss ihre Macht, die sie dann aber gerne aus der Hand gab, wenn es darauf ankam, beim Professor in der Gunst zu bleiben. So kam der sorgfältig von ihr vorbereitete Augenblick, an dem sie vom Professor gebeten wurde, nach ihrer Weiterbildung zu bleiben. Sie konnte promovieren und an der wissenschaftlichen Ausbildung mitarbeiten.

Zu Hause, in Den Haag, gab es jedoch andere Zukunftspläne. René war ein angesehener Spezialist, der mit ihr viele Feste besuchte, hier ein Empfang, dort ein Festessen. Ihre Zukunft war schnell geregelt: Sie konnte nach ihrer Weiterbildung in einer chirurgischen Praxis eine Stelle bekommen. Eine Frau im Team war eine interessante Neuerung…

Sie aber war begeistert von einer Karriere in Leiden, es gab sogar eine Chance, dass sie die Spitze erreichen würde, denn man strebte danach, mehr Frauen als Professoren anzunehmen. Dies wollte sie, aber wie sollte sie es René beibringen? Einfach wie ein Geschoss abfeuern…

"René, ich kann in der Klinik bleiben, wenn ich meine Weiterbildung abgeschlossen habe. Promovieren, Vorlesungen halten … das scheint mir fabelhaft."

Sie sah, dass er erschrak. Er wurde ein wenig rot und sagte: "Aber … du solltest doch…"

"Das ist deine Idee. Und finanziell ist es bestimmt vorteilhafter. Aber ich erstrebe eigentlich mehr, das weißt du. Du siehst an Johannes, wie so etwas geht. Er ist auch in der Klinik geblieben, ist jetzt Oberarzt, und jeder weiß, dass er Professor wird, wenn der alte sich verabschiedet."

"Johannes ist ein anderer Fall. Der verwendet sein ganzes *Sein* für sein Fach. Du hast noch andere Pflichten. Ich dachte wir hätten uns darüber geeinigt. Du bist vierunddreißig, ich hätte gerne noch ein paar Kinder."

Sie seufzte. Kinder, mein Gott! Er fing immer an, über Kinder zu reden … sie wollte kein Säugetier sein, auf die Fortpflanzung gerichtet.

"Wir können uns einen Hund anschaffen", sagte sie.

"Agnes!", sagte René scharf. Der Herr wurde böse und rief sie zur Ordnung.

"Und?", rief sie herausfordernd.

"Bitte vergleiche ein Kind nicht mit einem Hund!"

"Warum nicht? Sie sind anhänglich, man muss sie stubenrein machen und sie lehren zu gehorchen. Was ist der Unterschied?"

Sie wusste das natürlich, sie wollte einfach nörgeln. Früher

bekam sie dann einfach eine gescheuert, jetzt nahm er Abstand. Er sagte streng:
"Agnes, hör bitte auf. Du willst deinen Willen durchsetzen und versuchst, mich zu schockieren. Das kennen wir schon. Du hast dich selbst lange genug in den Mittelpunkt des Interesses gestellt, nicht wahr?"
"Warum musst du immer wieder diese Bemerkung machen? Ich habe mich doch klein genug gemacht. Du hast mich zwei Jahre lang spüren lassen, was ich dir angetan habe. Und gerade, da ich wieder anfange aufzublühen, darf ich das nicht."
"Du kannst immer noch abhauen. Dann kannst du dich so viel entfalten wie du willst und alles andere von mir aus ersticken lassen. Aber nicht neben mir, nicht mehr!"
"Du verbietest mir also, Karriere zu machen?", fragte sie laut.
"Verbieten ist Unsinn. So eine Karriere ist in unserem Leben nicht möglich, Agnes. Sei bitte jetzt realistisch. Du möchtest die Wirklichkeit gefügig machen, anstatt dich ihr hinzugeben."
"Dann gibt es keine Freiheit. Für mich ist Freiheit das Zwingen der Umstände nach meinem Willen."
"Und der Wille des anderen dann?"
"Das Recht des Stärkeren."
Er stand auf. Hoch erhob er sich über ihr. Er sagte:
"Ich bin der Stärkste, Agnes. Wenn du bleibst, gehst du nicht nach Leiden." In solch einem Augenblick hasste sie ihn. Aber sie fühlte gleichzeitig ihre Liebe in diesem Hass. Sie liebte verdammt noch mal diesen Trottel tatsächlich! Gerade weil er sich vorgenommen hatte, der Stärkste zu sein.
"Ein Verbot also", stellte sie störrisch fest.

"Schau mal hier, Agnes", sagte er geduldig. "Es ist anscheinend nötig, dass ich dich jedes Mal an unser Bündnis, das wir geschlossen haben, erinnere. Wenn du Wert auf unsere Beziehung legst, sorgst du dafür, dass du Zeit dafür hast. Als etablierter Chirurg wirst du genug zu tun haben, und eine bedeutende Dame bist du dann auch. Ich liebe dich und ich möchte dich in meinen Kindern sehen." Er beugte sich vor und küsste sie auf den Mund. Ein Strom durchlief ihren Körper, sie schauderte.

Sanft zog er sie vom Stuhl.

"Du bist ganz einfach ein ungezogenes Kind", grinste er. "Komm mit, ich lasse dich spüren, wer der Stärkste ist!"

"Liebe macht schwach", sagte sie zu Maria.

Sie liefen am Strand. Fast nie sahen sie sich alleine, ihre Männer waren immer dabei, oft auch noch Marias Kinder.

"Welch ein Unsinn!", sagte Maria. "Liebe ist für die Stärkeren. Was sie an Überschuss haben, schenken sie den Schwächeren."

"So etwas ruft bei mir Brechreize hervor!", rief Agnes. Sie lief stolz gegen den Wind, das Haupt erhoben, den Wind in ihren Haaren. "Jeder für sich, bitte!"

"Was meinst du denn mit 'Liebe'? Warum macht sie dich schwach?"

"Ich möchte mich ungehemmt entfalten, Maria!", rief sie über den Wind hinweg. "Darin passt keine Liebe!"

"Das ist so, als ob du nur ausatmen möchtest. Dann stirbst du. Es kommt dir auch immer wieder etwas entgegen, es modifiziert deine Möglichkeiten."

"Das hasse ich! Es ist gegen die Freiheit! René beschränkt

mich, weil ich ihn liebe." Sie blieb stehen und sagte leise: "Ich liebe ihn nämlich wirklich. Wer hätte das je gedacht? Ich bin schwanger, Maria!"

Marias Augen weiteten sich vor Erstaunen.

"Du?"

"Ja, ich!"

"Wie soll das dann werden?"

"Mutterschaftsurlaub und das Baby später in die Kindertagesstätte."

Sie gingen weiter.

"Es fühlt sich unbeschreiblich gut an, Maria, dieses neue Leben in mir, das hätte ich nie gedacht. Es schien mir eher eine Erniedrigung zu sein, das, was von so einem Kerl kommt, auch austragen zu müssen. Aber es gibt einem Vitalität und Einkehr zugleich. Ich besinne mich auf das Phänomen Freiheit. Wer hat die Macht, der Mensch oder die existierende Realität?"

"Du bleibst also nicht in Leiden."

"René erlaubt es mir nicht. Um das zu bekräftigen, hat er mir ein Kind gemacht."

Maria musste lachen. Agnes war verrückt!

"Du warst doch auch daran beteiligt, scheint mir."

Agnes blieb wieder stehen und fasste die Hand ihrer Schwester. Sie strahlte.

"Ich liebe das Leben, Maria!", rief sie. "Aber … gibt es auch Freiheit?"

"Du lebst in Paradoxen", sagte Maria, während sie Hand in Hand über den Strand liefen. "Du willst Freiheit, aber du findest es herrlich, dass du einen Mann hast, der dir Vorschriften macht. Du hasst die Liebe, aber besingst sie aus voller

Brust. Ein Kind bekommen ist eine Erniedrigung, aber das Schönste, das es gibt. Du findest mich eine Ziege mit meinem Mann, meinen Kindern und meiner dummen Arbeit, aber…"

"Aber du bist mein großes Vorbild!"

Maria fühlte gerührt, wie ihre Schwester, die keine Stunde älter war als sie, wie ein hüpfendes Kind neben ihr lief – auch das war ein Paradox.

*Nichts ist somit dieselbe Bestimmung
und damit überhaupt dasselbe,
was das reine Sein ist.*

G.W.F. Hegel (1770 - 1831)

Sie saß unter einem alten Apfelbaum auf einer Bank. Der Baum breitete seine Äste breit und knorrig aus. Sie bildeten ein Dach über ihr.
Beinahe vierzig Jahre war sie, und gestern hatte sie ihren Vater auf diesem Friedhof hier begraben. Es roch hier süßlich, wie es auch zu Hause gerochen hatte, in dem Schlafzimmer, wo er aufgebahrt gelegen hatte. Ein kleiner, verwitterter Mann, mit einem Geist, so groß wie das All…
Es war schnell gegangen, und sein Tod hatte sie überrumpelt. Es hatte keine Vorzeichen gegeben, woran man ein kommendes Ende hatte ersehen können. Vor einer Woche hatte sie noch neben ihm auf ihrem vertrauten Platz gesessen. Wohl offenbarte er ihr immer mehr seine geistigen Geheimnisse, als ob er ihr sein ganzes Wissen vererben wollte. Aber er wirkte frisch und munter wie immer. Am Tage danach hatte er Fieber bekommen, und das Husten hatte angefangen. Antibiotika schlugen nicht an, es würde sich wohl um ein Virus handeln. Aber er hatte immer mehr Atembeklemmungen und schien benommen. Auch im Krankenhaus gelang es nicht, ihn am Leben zu erhalten. Innerhalb von drei Tagen war er gestorben…

Mehr noch als sein Tod erschütterte sie die Reaktion von Agnes. Diese war verzweifelt, geriet sogar in Panik, hatte laut geschrieen ... dass sie ihn noch so viel hatte fragen wollen, was sie dann aber immer hinausgeschoben hatte – er war doch noch so jung. Noch nicht einmal siebzig. Dass sie mit ihm ins Reine hätte kommen wollen, mit ihm, ihrem Vater. Sie war ratlos, untröstlich, hörte nicht auf zu weinen. Sie alle hatten es versucht, sie zu beruhigen, sie davon zu überzeugen, dass er nicht zum Nichts geworden war, dass er noch da war, obwohl man ihn nicht mehr sah. Aber sie war konsequent in ihrem Materialismus. Wenn man etwas nicht mehr sehen kann, fühlen kann – dann existiert es nicht mehr. Das machte ihren Kummer unerträglich, nicht nur für sich selbst, sondern auch für ihre Umgebung.

Maria hatte nach seinem Tod bei ihm gewacht, bei dem kleinen, verwitterten Körper, um den der Geist so groß anwesend war. Sie verstand es nicht, dass Agnes dies nicht verspürte. Für sie war es eine Sicherheit, eine Tatsache. Sie hatte im Neuen Testament gelesen, während sie so bei ihm saß. Agnes war ein einziges Mal ganz schnell eingetreten und dann sofort wieder verschwunden. Sie war der Konfrontation mit dem leblosen Körper nicht gewachsen, obwohl sie diese während ihrer Ausbildung schon so viele Male mitgemacht hatte.

Mama war in ihrer tiefen Traurigkeit doch sehr stark. Sie spürte die Verbundenheit mit dem Mann, mit dem sie sehr viele Jahre in einer Einheit gelebt hatte, über den Tod hinaus. Nichts konnte sie von ihm trennen. Agnes konnte sich an ihrer Brust ausweinen, sie kümmerte sich um ihre Enkelkinder und sie war der Mittelpunkt, um den sich alles drehte. Während Maria bei dem Leichnam saß, regelte Jean das Begräbnis

… und hatte René alle Hände voll zu tun mit Agnes.

Es hörte nicht auf. Während der Heiligen Messe saß eine ratlos schluchzende Agnes in der Bank, sie ging nicht mit zum Friedhof, und bei der anschließenden Kaffeetafel saß sie bleich und winzig in einer Ecke, voller Unverständnis über die schwatzenden, manchmal lachenden Familienangehörigen und Bekannten.

Das war gestern. Jetzt saß sie, Maria, alleine auf einer Bank auf dem Friedhof. Oh, er fehlte ihr auch … er würde ihr immer fehlen. Die Wehmut und das Verlangen hingen wie ein schwerer Schleier über ihre Augen, ihre Schultern. Aber da hindurch fühlte sie das Glorreiche ihres Vaters. Für ihn war es vollbracht, das irdische Leben. Er konnte seinen Herrn jetzt anschauen, wie er Ihn in seinem Leben verehrt hatte. Hier auf Erden hatte er die Welt der Engel und Erzengel so stark gefühlt … jetzt war er zu Hause angekommen, nach einer langen, fruchtbaren Reise. Diese Sicherheit machte ihre Wehmut erträglich…

"Maria."

Sie erschrak aus ihren Überlegungen und schaute auf, mit Tränen in ihren Augen. Ein großer unbekannter Mann stand vor ihr. Nein, nicht unbekannt … vage bekannt.

Sie erhob sich und gab ihm die Hand.

"Johannes Leven", sagte er.

"Ach … Professor Leven. Agnes hat mir viel von Ihnen erzählt."

Er lächelte.

"Und mir von Ihnen. Darf ich Sie duzen?"

"Natürlich", seufzte sie. "Ich kenne Sie auch sehr gut aus dem, was Agnes mir erzählt hat. Ist es ein Zufall, dass wir einander hier begegnen?"

"Ja und nein. Ich bin wegen Agnes zur Beerdigung gekommen. Wir übernachten bei meinen Eltern, sie wohnen nicht weit von hier. Ich wollte heute noch kurz zurückkehren, um … deinen Vater noch einmal … zu erleben. Ich kannte ihn nicht, aber seine Beerdigung war vielsagend."

"Agnes ist untröstlich. Wir wissen nicht, was wir mit ihr anfangen sollen."

Er schwieg. Sie gingen zum Grab. Sie hatte viel über diesen Mann gehört, über seine Lebensweise, seine Promotion, seine Antrittsrede als Professor, seine Heirat mit einer Studentin. Agnes war bei allem dabei gewesen … er war ein Freund, auf den sie sehr stolz war. Jetzt gingen sie hier, zum Grab ihres Vaters, als ob sie einander sehr gut kannten. Sie spürte sofort etwas Vertrautes.

Sie blieben am frischen Grab stehen, das mit verwelkenden Blumensträußen übersät war.

Das Licht, das sie oft so schmerzhaft traf, fügte sich zu den verwelkenden Blumen. Es ging daraus hervor, war aber auch eins damit. Es war Entbehrung in der stärksten Form … sie wankte. Johannes nahm sie am Arm und stützte sie.

"Vorsicht", sagte er.

Ach … in dem Entbehrungslicht spürte sie ihren Vater. Sie spürte seine Heiligkeit, völlig frei jetzt.

"Was war dein Vater für ein Mensch?", fragte Johannes, während er sie noch immer stützte.

Sie schaute aufs Grab, auf das Verwelken.

"Er war heilig", sagte sie ruhig. "Einer jener Menschen, die in aller Bescheidenheit ein großartiges Leben führen, er war eine Wohltat für seine direkte Umgebung, aber auch für ein größeres Ganzes – obwohl er seinen Geburtsort nur selten verlassen hat. Sein Leben war ein Gebet ... er hat alles und jeden mit Ehrfurcht behandelt. Und doch ist man sich dessen nur ungenügend bewusst ... man weiß, dass man ein Wunder in seiner Nähe hat, und man wird sich dessen erst jetzt bewusst, da es unsichtbar geworden ist. Darauf beruht auch die Ratlosigkeit von Agnes, auf dem Bedauern über das Unterlassen, über das, was möglich gewesen wäre, über die Achtlosigkeit, mit der man lebt. Und sie hat Angst vor ihrem eigenen Ende."

Sie schweigen. Hier stand sie am Grab ihres Vaters. Und sie? Hatte sie keine Angst vor ihrem eigenen Ende?

Und wieder kam dieses unerträgliche Entbehrungslicht, das doch auch tröstete... In Wellen kam es und zog durch sie hindurch, als ob ihr Kummer sich von ihr gelöst hatte und etwas Selbständiges geworden war, das danach als Licht wieder zu ihr zurückkam. Wiederum wankte sie.

"Was ist los?", fragte der Mann neben ihr, während er sie festhielt. "Geht es?"

"Dies passiert mir öfter. Mein Mann sagt, dass es Gott ist, der sich mir offenbaren will. Es schmerzt ... und es macht auch glücklich."

Dass sie so etwas zu einem Fremden sagte, der ihr allerdings so vertraut war...

"Vielleicht möchtest du lieber alleine sein?", fragte er vorsichtig.

"Nein, nein. Ich bin froh, dass du da bist. Es hat lange gedauert."

Es hat lange gedauert ... ein Leben lang richtet man seine Schritte auf einen bestimmten Augenblick, eine großartige

Begegnung. Plötzlich ist der Augenblick da ... und muss *erkannt* werden. Was ihr Vater für sie bedeutet hatte, erstand auf in einer neuen Gestalt, neben ihr...

Sie fühlte sich schwach auf den Beinen, leicht im Kopf. Aber sie sah ihn doch ganz scharf, sie spürte seine physische Unterstützung. Sie sah immer alles sehr scharf und detailliert. Farben, Formen, Schönheit... Wenn man nur *schaute*, könnte man diesen Mann hübsch nennen, ein reizvoller Vierziger. Große Gestalt, dichtes, blondes Haar, schöne blaue Augen, Lachfalten. Aber bei ihm 'sah' sie doch noch etwas anderes. Bei ihm konnte man unmöglich nur seine körperliche Erscheinung betrachten. Es war so etwas wie ein Unterschied zwischen einem Foto und der lebendigen Wirklichkeit. Sie war noch nie jemandem begegnet, der so stark die lebendige Wirklichkeit bei sich und um sich hatte. Wenn man nicht an den Geist glaubte, müsste durch eine Begegnung mit diesem Mann die eigene Überzeugung ins Wanken geraten. Denn sinnliche Wahrnehmung war dies nicht, sie konnte diese sehr gut von jenem anderen, bei ihm so stark Anwesenden unterscheiden. Sie fühlte gerade hiermit eine sehr starke Verwandtschaft, als ob das Wanken ein Erfühlen dessen war. Alles, was im Inneren ist, kommt aus den Sinnen, hatte sie immer gemeint. Und dies? Sie war sich des nicht-sinnlichen Charakters ihrer Wahrnehmung sicher.

"Möchtest du nach Hause? Soll ich dich hinbringen?", fragte er.
Sie schüttelte den Kopf.
"Nein ... ich möchte noch kurz zurück zur Bank, unter den Apfelbaum."
Er brachte sie dorthin, aber blieb bei ihr. Er setzte sich neben sie.

"Das Sterben ist ein Höhepunkt im Dasein", sagte sie. "Diese drei Tage sind die erhabensten Tage, die ich je erlebt habe, trotz des Kummers. Ich habe immer schon an ein geistiges Leben vor und nach dem Leben auf der Erde geglaubt, aber jetzt ist es eine Wirklichkeit geworden. Die Stille von meines Vaters Leichnam war *so* stark im Gegensatz zu der Lebendigkeit seines Geistes darum herum … kann man so etwas auch bei einer lebenden Person gewahr werden?"

Er versank in ihre Frage, auch das nahm sie wahr. Er hörte nicht einfach zu, sondern er versank wirklich darin. Er sagte: "Dann muss es einen großen freien Teil geben, einen freien Geist. Einen, der nicht völlig im Körper begraben liegt."

"Wie kommt man so weit? Ein bisschen sterben, bevor man stirbt…?"

"Man muss dasjenige suchen in sich selbst, das von Natur aus die größte Verwandtschaft mit dem Tod hat, das sogar völlig tot *ist*. Darin schlummern die Auferstehungskräfte, aber sie *schlummern*. Sie wollen geweckt werden, aber sie wollen einem die Freiheit lassen, das selbst zu wollen. Sie können wohl ihre Herolde voraus schicken, um ihr Dasein zu verkünden. Das geschieht jetzt mit dir … es sind Grenzerfahrungen, Zustände der Ohnmacht. Du wirst an den Rand deines Körpers geführt, aber dein Bewusstsein ist zu schwach, um außerhalb dieses Körpers auszuharren."

"Aber dieser tote Teil … was meinst du damit? Es klingt beängstigend, man meint doch, dass man durch und durch *lebt*."

Wieder spürte sie eine tiefe Versunkenheit neben sich. Er sagte:

"Da war einmal ein Mann, der mich fragte: 'Was ist Ihr höchstes Können?' Ich musste antworten: 'Mein Vermögen zu begreifen, Zusammenhänge zu durchschauen.'

Seine nächste Frage war aber: 'Was ist Ihr größtes Hindernis?' Ich musste damals beinahe dasselbe antworten. Ich sagte: 'Mein Verstand. Weil ich durch ihn alles in einer großen Entfernung von mir empfinde.'

Dann fragte er weiter: 'Was ist für Sie das unergründlichste Rätsel?' Ich antwortete: 'Das Sterben.'

Seine folgende Frage war: 'Was berührt Sie am meisten?' Ich sagte: 'Das Scheiden.'

Dann erhielt ich eine Aufgabe, Maria ... die größte in meinem Leben: 'Suchen Sie mit Ihrem größten Talent den Ursprung dessen, was Sie am meisten berührt. Dann ergründen Sie das Rätsel und überwinden Ihr Hindernis.'

Sie war tief gerührt, obwohl sie der Bedeutung der Worte nicht direkt folgen konnte. Sie fragte:

"Warum spricht jemand so in Rätseln, so verhüllt? Warum sagt er nicht einfach, was er meint?"

"Es war *so* groß Maria ... so etwas darf nicht in der sachlichen Sprache des Verstandes ausgedrückt werden, es würde jegliche Wirkung, alle Kraft verlieren."

"Hast du verstanden, was er meinte?"

"Im Moment selber gab es ein Gefühl des totalen Verständnisses, aber noch undifferenziert. Später, zu Hause, habe ich seine Worte in meinem Denken und Fühlen wiederholt, meditiert ... und den Sinn, die Aufgabe verstanden."

Sie spürte, dass sie auch jetzt nicht fragen konnte, ihr den *Sinn* nüchtern zu erklären. Sie fragte:

"Willst du seine Fragen und deine Antworten noch einmal wiederholen?"

Sie hörte zu und nahm seine Worte so stark in sich auf, dass sie diese später, zu Hause, wiederholen konnte...

Er brachte sie mit seinem Auto zum Bauernhof. Sie fragte:
"Sehen wir uns noch einmal?"
Er schaute sie an und antwortete:
"Wann immer du willst."
"Wenn du morgen noch hier bist, dann komm mit deiner Frau zu uns. Wir könnten dann zusammen Kaffee trinken. Wir bleiben noch ein paar Tage hier, bei meiner Mutter. Agnes ist auch da."
Sie spürte, wie er zurückfuhr. Er sagte:
"Ich möchte lieber noch einmal alleine mit dir reden."
"Morgen auf dem Friedhof? Zwölf Uhr?"
"Gut" sagte er. Er half ihr beim Aussteigen und wartete, bis sie auf den Hof hinauflief. Sie hörte, wie er den Motor anließ und wie das Auto wegfuhr.
"Wo warst du in Gottes Namen!" Jean lief böse auf dem Hof hin und her. "Ich habe mir solche Sorgen gemacht! Du gingst nur mal kurz zum Grab. Kurz! Zwei Stunden warst du weg!"
"Entschuldige", sagte sie ruhig. "Mir wurde schlecht, und dann begegnete ich Johannes Leven, dem Professor von Agnes. Er ist bei mir geblieben, bis es mir wieder besser ging und hat mich dann nach Hause gebracht."
"Das ist das Letzte, worauf ich warte!", rief er böse. "Er soll dich in Ruhe lassen! Diese Freunde von Agnes!"
"Mach dich doch nicht lächerlich, Jean! Ich werde mich morgen noch einmal mit ihm treffen. Er ist ein sehr tiefsinniger Mensch."
"Tiefsinnig, ja, ja! Eine Frau betören, wenn sie verletzlich ist!"

Sie wurde jetzt auch böse.

"Was ist los mit dir?", rief sie, während sie ins Haus ging.

Er folgte ihr, nahm sie am Arm und zwang sie so, stehen zu bleiben. Jetzt wurde sie wütend, rasend sogar! Mit ihrer freien Hand schlug sie ihn ins Gesicht und erschrak selbst durch ihre Reaktion. Mit einem Ruck drehte er sie um und schlug sie auf ihren Rücken. Sie wurde wild und fing an, sich heftig zu wehren.

"Was ist das hier? Hört auf ihr beiden!"

Agnes war im Korridor erschienen und sah bestürzt das kämpfende Ehepaar. Maria und Jean, die perfekten Eheleute!

Keuchend ließen sie voneinander. Maria schluchzte laut. Er war verrückt geworden! Ihr Vater war gestorben, gerade begraben, ihr war schlecht geworden, und Jean wurde auf einmal eifersüchtig. Was geschah mit ihm? Was war dies?

Jean nahm sie in seine Arme.

"Entschuldige, Liebling, entschuldige bitte! Ich war verrückt vor Angst! Entschuldige!"

Sie schob ihn von sich weg.

"Ich will dich nicht mehr", sagte sie schluchzend. "Ich begreife nichts mehr." Sie drehte sich um und ging zur Treppe. "Ich lege mich hin."

Jean ging mit ihr und schaute unbeholfen zu, während sie sich auszog. Er hatte eine rote Wange, und sie fühlte, wie ihre Haut an manchen Stellen brannte. Es war lächerlich. Sie hatten nie so einen Streit gehabt. Sie schaute ihn an und sagte:

"Was ist dies denn, Jean? Was ist mit uns geschehen?"

Er kam auf sie zu und umarmte sie.

"Wir sind beide müde, ein wenig überreizt. Komm, wir vergessen es. Du gehst morgen zu ihm, ich vertraue dir völlig. Leg dich hin und dann erzählst du mir, was er sagte."

Nachschluchzend wie ein Kind kroch sie unter die Decke und erzählte ihm ausführlich über ihre Begegnung mit Johannes Leven.

Als er wieder unten war, versuchte sie, das Gespräch mit Johannes noch einmal zu erinnern. Aber sie war zu sehr in Verwirrung geraten, um sich klar an die Sätze zu erinnern. Dennoch waren sie lebenswichtig, diese Sätze. Es schien, als ob der Vorfall inszeniert worden war, um die Erinnerung an diese Sätze völlig auszuwischen. Ihr Vater sagte immer: 'Alles im Leben ist darauf gerichtet, einen in der Materie zu begraben. Denke gut daran, mein Kind. Die Sinne geben dir ein Bild von der großartigen Schöpfung Gottes, aber sie verführen dich auch, um dich im vergänglichen Teil dieser Schöpfung fangen zu können. Sich befreien aus der Macht der Sinne ist wie das Tun eines Wunders: Man durchbricht die Notwendigkeit der Naturgesetze. Aber glaube mir, mein Kind: Ein einziger Augenblick der Befreiung gibt einem viele Stunden erbitterten Streit mit Widersachern, die einem diesen Augenblick wieder nehmen wollen. Es wird eine Zeit kommen, in der du das schmerzlich erfahren wirst. Denke dann daran, was ich dir immer sagte, meine liebe Maria.'

So fühlte sie es jetzt auch … dies hatte nicht mehr viel mit dem Wesentlichen zu tun, das zwischen ihr und Jean war. Wohl aber etwas mit Johannes. Die Begegnung mit ihm war anscheinend von größter Wichtigkeit…

Er wartete auf sie unter dem Apfelbaum auf dem Friedhof. Sie hatte sich verspätet, denn alles schien verhindern zu wollen, dass sie von zu Hause wegging. Jean hatte schlechte Laune, die Kinder hielten sie auf mit ihrem Gequengel, Agnes wollte gerne wissen, wohin sie ging…

Er war ein Herr, ein Professor alten Stiles … aber doch auch jung und flott. Er schien in Meditation versunken, die Hände gefaltet, den Kopf etwas geneigt. Aber er erhob sich sofort, als sie sich näherte. Sie gaben sich die Hand. Er war ein Fremder, selbstverständlich … und doch … sie erwartete viel von diesem Gespräch.

"Möchtest du einen Spaziergang machen oder willst du hier bleiben?", fragte er.

Sie wollte spazieren gehen, durch die Hügel streifen, das Land ihres Vaters.

"Hier sitzen", sagte sie und dachte an Jeans Warnungen.

"Ich kann mich noch an dich erinnern", sagte er, während er in die Ferne schaute. "Das Praktikum in Physiologie, wo ich Assistent war und du ein ruhiges, verlegenes Mädchen. Erinnerst du dich noch daran?"

Der Blitz schlug in ihr Herz! Der Junge, der ihr Idealbild gewesen war! Jean war ihm überhaupt nicht ähnlich… Aber wie er sich verändert hatte!

"Bist du das?", fragte sie mit zitternder Stimme. "Du warst so ein sonniger, fröhlicher Junge – und jetzt bist du so ein ernster Mann. Bist du das wirklich?"

Er schaute noch immer in die Ferne.

"Es ist viel geschehen in der Zwischenzeit. Ich bin ein Gelehrter geworden, es war das Einzige, in dem ich noch den Geist gewahr wurde, sei es auch abstrakt, dünn und schematisch. Meine ganze Energie, Maria, meine Jugend, mein Alles habe ich der Entwicklung des Denkens hingegeben. Ich tat es aus einer unbändigen Sehnsucht nach Einsicht in den Grund des Daseins. Erst nach der Begegnung mit dem weisen Mann, von dem ich dir gestern erzählte, habe ich so allmählich *verstanden*, warum ich so strebte, auf diese Weise. Nach außen hin sieht mein Streben streng aus, und ich kann auch wirklich nicht begreifen, dass jedermann so bequem ist, so grenzenlos faul im Denken, so von den Wünschen getrieben und überhaupt nicht von der Kraft der Wahrheit. Moralität hat doch ihren Ursprung in einem reinen, nicht egoistischen Denken? Von dort schöpft man doch seine Ideen für ein freies Handeln? Nun, so bin ich dann geworden, Maria. Noch immer sonnig und fröhlich, aber mehr im Innern, wo ich aus Dankbarkeit jubele. Denn ich durfte den Weg finden, den ein Mensch finden *muss*, wenn er Glück und Leid wirklich kennen lernen will."

Maria zitterte noch immer. Die Begegnung mit diesem Mann war wie ein Erdrutsch, oder sogar noch stärker ... der ganze Kosmos wankte. Oh, sie würde sich keine Verliebtheit erlauben. Darum handelte es sich gar nicht. Die Verliebtheit damals war viel mehr ein Wiedererkennen gewesen. Sie sagte, während sie ihn von der Seite anschaute:

"Damals hatte ich bereits dieselben Fragen wie heute, aber es waren noch elementare Fragen, sie waren noch Keime. Ich kam nicht weiter... Wie finde ich je den Zusammenhang zwischen meiner Gelehrtheit, meinem Wissen über den Körper und dessen Wirklichkeit? Was ich weiß, beruht auf Erfahrungswissenschaft. Aber der lebendige, warme, pulsierende, atmende Körper, der den *Menschen* in sich trägt mit Gedanken und Gefühlen, mit Gewissen, all das ist für mich ein Mysterium geblieben. Deshalb sitze ich in einer Mütterberatungsstelle an meinem Schreibtisch und bin kein Hausarzt oder Internist geworden ... denn ich hätte dann ein wirkliches *Wissen* mit Bezug auf meinen Körper, ja bezüglich des menschlichen Körpers im Allgemeinen haben wollen. Ich müsste Fühlung damit bekommen, ein Mit-Erleben, Mit-Leiden. Du hast es nicht aufgegeben, hast weiter gesucht und hast, wie du sagst, den Weg gefunden. Ich habe weiterhin geschmachtet, lechze noch immer, aber ich habe mich damit abgefunden ... mehr oder weniger. Und dann die Berührungen durch das Licht, wovon mir schlecht wird ... sie ermahnen mich, weiter zu suchen. Ich rede mit Jean darüber, aber er weiß auch nichts anderes zu sagen als: Lies Bücher über Spiritualität!"

"Das könntest du tun...", sagte Johannes mit einem Lächeln.

"Was würdest du mir empfehlen?"

Es blieb eine Weile still, während er erneut in die Ferne schaute. Sie fühlte, wie *stark* sein Gedankenleben war. Wie kann man so etwas denn fühlen? Sie fühlte es ... und schauderte. Er sagte:

"Du könntest im Werk des Meisters des Abendlandes suchen, du wirst deinen Weg schon finden. Aber lieber noch wäre es mir, wenn du die Sätze, die ich dir gestern gab, meditativ durchdenkst und festhältst. Du kannst Wagenladungen voller Weisheit zu dir nehmen, du wirst dadurch nicht weiser, wenn sie nicht zur *Kraft* werden."

Verschämt erwiderte sie:

"Ich habe sie nicht behalten können, zu Hause gab es ein großes Durcheinander."

"Versuchst du es jetzt einmal?"

Sie errötete vor Verlegenheit. Er war es gewohnt, ein richti-

ger Professor zu sein ... sie grub in ihrer Erinnerung.
"Was ist Ihr größtes Talent? hat der Weise dich gefragt. Du sagtest: mein Begreifen. Und auf seine Frage, was denn dein größtes Hindernis sei, antwortetest du, dass es dein Verstand sei. Das ist paradox, nicht wahr? Dein Talent ist Hindernis zugleich?"
"Begreifen ist weiter als Verstand ... diese Dinge musst du in deiner Meditation untersuchen, Maria. Mit aller Kraft, die du besitzt. Nun, soweit geht es gut, mach weiter."
"Was ist das größte Rätsel? war die nächste Frage, und du antwortetest – das hätte ich auch gesagt: Dass der Mensch sterben muss. Was ist das Sterben? Gibt es ein Leben vor der Geburt und nach dem Tod? Warum wissen wir denn nichts davon?
Danach fragte er dich, was dir den meisten Kummer bereite, und du gabst eigentlich wieder dieselbe Antwort: das Scheiden.
Und dann die Aufgabe..."
Sie musste sehr lange denken. Es war, als ob sie ins Nichts tastete, in eine bodenlose Tiefe ... Was musste er tun? Versuchen das Sterben zu begreifen?... Nein...
"Du musstest versuchen, das Scheiden zu begreifen, und dann würdest du deinen Verstand, dein Hindernis überwinden, weil du das Sterben begreifst."
"Sehr gut."
"Es sagt mir wenig, Johannes. Jedoch ... es lässt mich immerhin schaudern."
"Meditiere, während du schauderst ... und du wirst sehen, dass aus diesen wenigen Sätzen die Größe des Daseins aufblüht. Zuerst die Größe des Denkens, Fühlens und Wollens

– und schließlich auch die des Körpers. Du wirst dann die Berührungen durch das Licht hinnehmen können und nicht mehr wanken. Finde *Kraft*, Maria!"

"Was sagte er?", fragte Jean sofort, als sie nach Hause kam.
Sie lächelte ihn an und sagte mit einem Augenzwinkern:
"Darf ich erst einmal eintreten?"
"Hast du etwas mit ihm vereinbart?"
"Jean! Ich bitte dich ... er wird heute Nachmittag nach Amsterdam zurückfahren."
Überall auf dem Bauernhof waren Menschen, auch Kinder... Sie ging nach oben, ins Schlafzimmer und ließ sich aufs Bett fallen. Jean setzte sich neben sie, legte seinen Arm um ihre Schultern und sagte:
"Ich versuche, nicht eifersüchtig zu sein, Maria ... und ich habe keine Angst mehr. Ich bin nur neugierig, weil wir beide wissen, dass du an einem Wendepunkt in deinem Leben angekommen bist. Auf deine Fragen wird es Antworten geben – wird es darin noch einen Platz für einen einfachen Jungen wie mich geben?"
"Also doch Angst...", murmelte sie. Sie legte ihre Hand auf seine Knie und sagte: "Er hat mir eine Anzahl Sätze zur Meditation mit auf meinen Weg gegeben. Keine Antworten, sondern eine Methode, einen *Weg*. Vielleicht liegen entlang des Weges die Antworten, aber es wird eine lange Reise werden, und ich nehme dich gerne mit, Jean. Du brauchst mich doch auch nicht alleine gehen zu lassen? Ich möchte gern alles mit dir teilen. Johannes ist ein Lehrer, kein Freund. Obwohl ein moderner Geisteslehrer heutzutage mehr ein Freund ist als früher, glaube ich."

Nachdem sie ihm genau erzählt hatte, was sie gehört hatte, sagte Jean:
"Steiner."
"Wieso?", fragte sie erstaunt.
"Er ist ein Schüler Steiners, ich kenne die Methode. Der Meister des Abendlandes, er ist es. Ich habe früher über ihn gelesen, hatte es jedoch ein wenig vergessen."
"Er ist *wirklich* kein Anthroposoph, Jean!"
"Er ist zu selbständig, zu groß … um Mitglied eines Clubs zu sein. Doch ist jedes Wort, das du von ihm empfangen hast, ein Zeugnis Steiners."
"Der Meister des Abendlandes?"
"Das Abendland kennt keine Meister … außer Steiner und, vielleicht … Johannes."

Ihr Vater war gestorben. Ihr größter Lehrer hatte sich in ein Gebiet zurückgezogen, das unsichtbar, unhörbar, untastbar war, ein Gebiet, das Sein und Nichts zugleich ist. Der wirkliche große Abschied ist der Tod. Man kann sich vorstellen, dass der andere noch da ist, man kann es sogar gewahr werden. So vollkommen sicher wie während des Lebens auf Erden wird man den anderen nicht mehr vorfinden können. 'Du hast deine Erinnerungen, du verdankst ihm zum Teil deine eigene Entwicklung…', dachte sie, 'aber er wird nie mehr dort sitzen, unter dem Apfelbaum oder an dem Küchentisch. Seine blauen Augen werden dich nie mehr so innig anschauen, und du wirst nie mehr seine Betrachtungen hören können. Sie sind vielleicht noch immer da, seine Antworten, vielleicht lebendiger und wahrhaftiger als jemals zuvor, aber du kannst sie nicht mehr hören.'

Was ist im Leben am stärksten verwandt mit diesem Abschied durch den Tod? Wo hört alles Sehen, Hören, Fühlen vollkommen auf? Immer hatte sie gemeint, dass jeglicher innerer Inhalt aus den Sinnen stammt. Sorgfältige innerliche Untersuchung ließ sie jedes Mal mit Sicherheit darauf zurückkommen. Aber Johannes hatte sie noch auf etwas anderes hingewiesen, auf den Tod selbst, der unmöglich aus den Sinnen, den Eindrücken kommen kann. Nicht der Inhalt, sondern die *Form* der Gedanken ist frei von Sinneswahrnehmungen. Diese Form lebt zwar nicht, man befindet sich im Schattenreich des Todes … aber die Form ist frei von Sinneswahrnehmungen, es ist der Geist selbst, der dort seinen Schatten wirft. Sie hatte zu lange darüber gegrübelt und nach etwas Wesentlichem im Dasein verlangt, um nicht sofort zu verstehen, was Johannes ihr gegeben hatte. Aber Verständnis war auch hier etwas Relatives. Verständnis ist ein erster Schritt, aber in sich genau so leblos wie alles Denken. Der Verstand ist das Hindernis … man kommt dadurch in eine gewisse Entfernung zum ganzen Dasein. Der Verstand ist zugleich die größte Gabe, er macht einen frei und selbstbewusst. Sie musste im Verstand selbst nachforschen, was dort ergriffen werden kann, um von Einsicht zur *Kraft* zu gelangen...

*

Während ihrer Arbeit in der chirurgischen Abteilung erhielt Agnes die Nachricht, dass ihr Vater auf dem Sterbebett lag. Der Schlag kam völlig unerwartet. Natürlich hatte er ein hohes Alter erreicht, und der Augenblick des Abschieds würde irgendwann einmal kommen, aber jetzt noch nicht – noch lange nicht. Dann war er plötzlich doch da, das Schicksal traf wie ein Dolch in ihr ängstliches Herz. In ihrem schnellen Auto reiste sie sofort in den Süden. René würde später nachkommen, mit oder ohne ihre vier jungen Kinder.

Das Krankenhaus, ihr vertrauter Arbeitsplatz, erschien ihr plötzlich wie ein bedrohlicher Ort. Dort, auf der Intensivstation, lag ihr Vater, nicht mehr ansprechbar. Ein zartes Männlein vom Lande, einer der vielen Patienten … manche genasen, andere nicht. Dieser kleine Bauer würde sterben, innerhalb einiger Stunden. Ein einfacher kleiner Mann. In ihrem Innern schrie sie auf! Er war der außergewöhnlichste, weiseste, liebste Mann, der lebte! Ihr Vater! Nicht nur ein Obstbauer am Ende seines vielleicht frommen Lebens – ein Liebling, so voller Verständnis für dasjenige, das für ihn doch so unverständlich sein musste!

Maria war die Ruhe selber, wie immer. Sie saß neben Mama am Bett, hatte sich auf diesen Augenblick vorbereitet, weise, wie sie war. Für sie war der Tod keine Endstation, sondern ein Übergang. Maria war so vernünftig, man könnte ihr fast glauben… Sie selbst konnte aber so nicht fühlen. Weg ist weg! Bald würde dieser Körper still werden, regungslos. Dann steckte man ihn in den Boden, und das war dann Papa… Der Gedanke daran war unerträglich, darum dachten sich die Menschen ein Leben nach dem Tod aus, sodass man dieses Schreckliche nicht zu fühlen brauchte. Sie stellte sich an die andere Seite des Bettes. Zwei Töchter, zwei Ärztinnen. Und sie wussten nicht, was sie tun mussten, um ihn hier zu halten… Sie nahm seine kleine, warme Hand in ihre. Sie hatte nicht gewusst, dass sie ihn so sehr liebte … sie erwartete auch noch so viel! Er musste ihr auch noch erzählen, worum es im Leben geht. Nicht um Geld, um Sex, um Ehre. Um was denn? Wogen der Verzweiflung drohten sie zu überwältigen. Tränen flossen, strömten warm und salzig über ihre Wangen in ihren Mund.

"Bitte, Agnes", ermahnte Maria sie.

Sie schüttelte verzweifelt ihr Haupt.

"Ich kann nichts dafür!", schluchzte sie. "Er darf nicht sterben, ich liebe ihn so sehr. Er ist immer so lieb … Ich habe alles vorübergehen lassen, alles!"

Maria führte sie auf den Korridor und sagte ruhig:

"Nimm bitte Rücksicht auf Mama. Für sie ist es am schlimmsten. Wir haben noch unser eigenes Leben."

"Du verstehst es nicht", schluchzte Agnes laut. "Du verstehst es überhaupt nicht! Du hast deine Chancen genutzt, ich nicht! Er muss noch eine Weile bleiben, Maria!"

Maria umarmte sie und streichelte ihr Haar.

"Bleib ruhig, wir werden es schon überstehen. Komm, wir gehen wieder zurück. Beherrsche dich bitte, Agnes!"

Er starb, ohne noch Abschied von ihnen zu nehmen. Agnes, die erfahrene Chirurgin, rannte voller Grausen aus dem Zimmer. Sie konnte den entseelten Körper ihres Vaters nicht mit ansehen. René, der inzwischen auch eingetroffen war, versuchte, sich um sie zu kümmern, sie zu trösten. Hier gab es keinen Trost … wenn man selbst einmal stürbe, würde man sich auch so fühlen. Ein ganzes Leben an sinnlose Dinge verschwendet und dann Auge in Auge mit dem ewigen Richter. "Du hast nur deine Talente genossen!", würde es streng heißen, und man würde fühlen, dass man wirklich alles unterlassen hatte, was man hätte tun sollen. Dies war ein Vorgeschmack, es betraf hier nur die Beziehung zu *einem* Mann, ihrem Vater. Aber dann würde über jede Beziehung gerichtet werden. Wozu überhaupt diese Gedanken, diese Phantasien? Doch schienen sie wahr zu sein, sie fühlte es ja? Panik war dies, vollständige, chaotische Panik. Mit ihren Fäusten trommelte sie auf Renés Brust.

"Du verstehst es nicht! Niemand versteht etwas davon! Er war ein Wunder, und ich habe es nicht geglaubt! Jetzt, im Verlust, weiß ich es! Ein Wunder, René!"

"Das weiß ich doch, Liebste. Ich kannte ihn doch auch?"

Agnes jammerte laut, wie in einer griechischen Tragödie. Wehklage und Stöhnen, Heulen und Zähneklappern. Und es gab niemanden, der sie trösten konnte.

Sie weinte ununterbrochen, bis sie erschöpft einschlief. Am nächsten Morgen wachte sie schweißgebadet auf. Jet kümmerte sich um die Kinder, sie selbst war zu nichts imstande. René versuchte, mit ihr zu reden, sie zur Vernunft zu bringen, aber sie *wollte* einfach nicht vernünftig sein. Der Tod wirft alle Vernünftigkeit um, es gibt keinen einzigen Begriff, mit dem man ihm entgegentreten kann. Vor dem Tode liegt die Schönheit, die Weisheit und die Kraft – danach das große Nichts, der *Un*-Sinn, die Verneinung jeglicher Lebenslust. Er kommt für jeden, ohne eine einzige Ausnahme. Sogar der zum Menschen gewordene Gott musste ihm weichen, obwohl man behauptet: nur für drei Tage. Als Kind hatte sie gelernt, dass er den Tod überwunden hat. Als Erwachsener konnte man daran nicht mehr glauben. Obwohl … der Tod war die Ungerechtigkeit in Person, ein negatives Wunder, etwas Unbegreifliches. Warum könnte man ihn nicht mit etwas genau so Unbegreiflichem überwinden? Warum sollte das Leben bis in die Ewigkeit dem Tod unterlegen sein? Und das Verhältnis könnte nie, niemals umgedreht werden? Wunder geschehen im zwanzigsten Jahrhundert nicht mehr, außer diesem Wunder mit dem Minuszeichen: dem Tod.

Ihre Mutter kam regelmäßig zu ihr, drückte sie wie ihr Kind an ihre Brust und schüttelte schweigend den Kopf. Sie weinte nicht, sie hatte den Vater bei sich, fest in ihr Herz geschlossen. Für sie war das Nichts das Alles, und das Nirgends war überall. Dann, ans Herz ihrer Mutter gedrückt, fühlte sie kurz die Ruhe, den Trost, wie sie dies als Kind gefühlt hatte, wenn sie Schmerzen oder Kummer hatte. Sie hatten eine gesegnete Jugend gehabt, mit solchen Eltern in einer solchen Umgebung. Wenn sie daran dachte, wie sie ihre eigenen Kinder erzog ... jeden Tag in die Kindertagesstätte, abends war sie zu müde und zu ungeduldig, alles war ihr zuviel. Die Kinder hingen an ihr, das war ja süß, aber sie quengelten, weinten und stritten sich. Dann teilte sie hin und wieder ein paar gemeine Schläge aus, was das Elend eigentlich nur noch größer werden ließ. Schließlich kam dann René aus seiner Bibliothek heraus und hielt einen Vortrag über das Entstehen von Neurosen und Psychasthenie. Ödipus betrat die Bühne, und ihr wurde speiübel. Dann stritten sie und René sich auch noch, und das Chaos war komplett.

Vier Kinder, warum nicht eins oder zwei? Manchmal war es allerdings auch angenehm ... auch die Kinder waren in Opa vernarrt, der so schöne Geschichten erzählen konnte und so aufmerksam ihrem Geschwätze zuhören konnte. Im Sommer durften sie alle vier auf dem Bauernhof bleiben, dann konnten Agnes und René zusammen zwei Wochen Urlaub machen. Sie bekamen die Kinder als zahme Schäfchen zurück, vollkommen gesättigt von der Liebe und der erhaltenen Aufmerksamkeit. Für die Kinder war es auch eine Katastrophe, dass ihr Opa gestorben war. Tot … mausetot. Dann fing das Schluchzen wieder an, ratlos. Unbeherrscht und ohne Ende…

Maria wachte beim Leichnam. Agnes verstand nicht, wie sie es fertig brachte. Selbst versuchte sie es auch, aber sie floh bereits nach einer halben Minute. Der leblose Körper flößte ihr Grausen ein. Sie war so oft mit dem Sterben konfrontiert worden und sie war sich nie einen Moment bewusst geworden, wie schlimm Sterben eigentlich ist. Vielleicht nicht für den Sterbenden, sondern für die Hinterbliebenen ... mein Gott!

Warum waren alle so ruhig, so gelassen!? Und sie so völlig ratlos? Weil sie die Schlechteste von allen war? Weil sie das Wägen der Seele fürchtete? Die Hölle? Ach was, sie fürchtete das Nichts, wie jeder andere auch. Nur, ihre Lösung war ehrlicher: überhaupt keine Lösung!

Warum erschütterte die Heilige Messe sie denn so? Der Sarg, dort vorne im Mittelgang, die Kirche so gerammelt voll… Jeder kannte ihren Vater… Die Orgel dröhnte durch ihre Seele, der Chor quälte ihr Gehör… Sie würde noch verrückt werden, die Frau des bekannten Psychiaters war psychotisch geworden … die Last war für ihre schwache Wenigkeit zu groß geworden. Zusammengebrochen. Nein, nein! Agnes war *stark*! Sie schluchzte erneut laut auf, ihr Körper zuckte von dem unterdrückten Kummer. Papa! Sei gegrüßt, du wahrhaftiger Leib! Ave verum corpus. Abgeleierte Musik, aber jetzt so schmerzlich schön…

René machte sich Sorgen, sie durfte nicht mit ans Grab. Sie wollte auch nicht, sie konnte nicht mehr. Dies sollte nur an ihr vorbeigehen. Sie gab sich seinem Schutz hin, vielleicht zum ersten Mal. Sie hörte seine Worte, verstand sie aber nicht. Sie hörte nur den Klang seiner Stimme, es gab ihr ein geborgenes Gefühl. Der Blitz konnte sie nicht treffen, er baute eine Festung um sie herum.
"Johannes ist auch hier. Hast du ihn gesehen?", fragte René.
Sie schnellte auf.
"Wie lieb von ihm, dass er gekommen ist. Ich will mit ihm reden!"
René fuhr zum Restaurant, wo die Kaffeetafel sein sollte. Er sagte:
"Ich habe ihn für dich zum Leichenschmaus eingeladen. Er sagte, er würde kurz da sein, für dich."
Sie seufzte tief. Er würde wissen, sie zu trösten, obwohl seine Kategorien nicht ihre waren. Sie waren Freunde geblieben. Es hatte sie schmerzlich getroffen, als er schließlich doch die große Liebe seines Lebens fand. Sie hatte es nicht für ihn sein dürfen, und sie war neugierig, was für eine Frau er gefunden hatte. Es stellte sich heraus, dass es keine Frau war, sondern ein Mädchen, eine Studentin, ein unschuldiges Kind noch… Sie hatte es verstanden, als sie das Mädchen sah. Sie war eine Synthese von Agnes und Maria, die reine Mitte. Unschuld ohne Angst, Mut mit Bescheidenheit, Schönheit ohne Eigenliebe. Sie war bei der Hochzeit anwesend gewesen und hatte

damals erst *wirklich* gesehen, was für ein Mann Johannes war. Er war vor allem *Mensch*, nicht nur ein Mann. Seine Frau würde die Kunst verstehen, die Freiheit zu benutzen, die er ihr ließ, um sich mit seinem ganzen Sein zu verbinden. Das hätte Agnes niemals gekonnt, sie hätte den Punkt nicht erreicht, an dem sie einsehen würde, wer Johannes eigentlich war. Sie konnte das nur in einer gewissen Entfernung wahrnehmen, in der Rolle des Zuschauers.

Nachher würde sie ihn sehen, er blieb mit ihrem Leben verbunden, wie sie mit seinem. Seinem gerechten Urteil verdankte sie schließlich die Rettung ihrer Beziehung mit René … und noch vieles mehr!

Als die Gäste schließlich ankamen, zog sie sich in eine Ecke des Saals zurück. Wie war es möglich, dass Menschen miteinander redeten und lachten, als ob es eine Hochzeit war! Sie ekelte sich davor und schaute verstimmt auf ihren Teller, ohne etwas zu essen oder zu trinken. Ab und zu kam jemand zu ihr, aber sie ging nicht auf ihn ein. Der Schlag sollte sie alle treffen! Wo doch nur Johannes blieb?

Er kam schließlich…

"Ich habe zuerst Eva nach Hause gebracht, sie war müde … sie ist schwanger."

Für ihn erhob sie sich aus ihrem Stuhl und stellte sich voller Erwartung direkt vor ihn hin. Er schaute sie lange an und fasste sie an den Schultern.

"Ich habe gesehen, wie schwer es für dich ist, Agnes", sagte er sanft. "Es tut mir so Leid für dich. Du hast ihn sehr geliebt."

Sie neigte ihr Haupt.

"Hätte ich nur gewusst, *wie* sehr! Warum weiß man das erst, wenn es zu spät ist?"

"Es ist nicht zu spät ... aus der Tatsache, dass du jetzt spürst, wie sehr du ihn geliebt hast, zeigt sich doch, wie *gut* es gewesen ist? Es ist deine Ohnmacht, Agnes, die du spürst. Sie schmerzt, das weiß ich. Aber der Schmerz ist nicht sinnlos, glaube mir."

"Ich wollte, ich könnte dir glauben. Ich glaube dir auch – und auch wieder nicht. A propos, du müsstest meiner Schwester noch begegnen ... dort steht sie."

"Sie ist so mit der Familie und den Bekannten beschäftigt. Lass sie nur ... ich sehe sie vielleicht noch mal. Aber du, Agnes! Wirst du *stark* sein, so stark wie du eigentlich bist?"

Sie schüttelte den Kopf.

"Stark ... in der Selbstliebe, ja. Aber jetzt, Auge in Auge mit dem Ende, bin ich *nichts*, Johannes."

"Im Nichts lebt das reine Sein."

"Mein Nichts ist wirklich nichts, fürchte ich. Ich kann entweder in eine Depression geraten oder härter werden, noch härter als ich schon war. Einfach alles vergessen und mit dem Feiern weitermachen."

Ernst schaute er sie an. Sie verlangte nach körperlichem Trost, nach einem Arm um ihre Schultern und einer Umarmung durch seinen Blick. Ein wenig streng sagte er:

"Beides ist *schwach*, Agnes. Fühle jetzt doch, was du jetzt empfindest! Es gibt keine andere Medizin als das Aushalten deiner Gefühle ... dann wirst du durchkommen und bist du danach geläutert, besser als zuvor."

"Vielleicht hasse ich Läuterung", maulte sie.

Johannes lachte herzhaft und streichelte ihre Wange.

"Ja, ja. Ich gehe jetzt. Ich bin noch einige Tage bei meinen

Eltern. Du kannst mich jederzeit anrufen."
Er gab ihr einen Kuss auf die Wange, drehte sich um und ging davon, groß und gerade. Ein aufrichtiger Mann.

Er traf ihre Schwester zweimal auf dem Friedhof. Sie war grimmig darüber. Es war schon immer so gewesen. Maria klaute ihr immer ihre Freunde. Sie wusste genau, wie sie es tun musste, mit ihrer Scheinheiligkeit. Agnes hatte doch auch nie eine Freundschaft ganz für sich alleine, sogar René musste sie ihr ganzes Leben mit ihrer Schwester teilen! Sie zahlte es ihr heim, indem sie Maria völlig ignorierte. Nach zwei Tagen fragte Maria:
"Was hast du Agnes?! Was habe ich dir getan? Du bist nicht die Einzige, die trauert. Das rechtfertigt dein Verhalten nicht."
"Kümmere dich um dein eigenes Verhalten, ja? Bei dir stimmt auch einiges nicht."
"Sage mir dann bitte Bescheid, damit ich etwas dagegen tun kann."
"Du versuchst wieder einmal, meine Freunde zu bestricken."
Maria sah sie böse an:
"Wie bitte!? Was meinst du eigentlich?"
"Dein Rendezvous mit Johannes."
"Du wolltest doch gern, dass wir einander begegnen würden?"
"Nicht so. So idyllisch auf dem Friedhof."
Maria lachte Agnes aus.
"Er wollte es so. Er wollte nicht hierher kommen."
Agnes wurde wütend.

"Was ist so besonders an Maria!", rief sie aus.

"Nichts. Was hat meine Begegnung mit Johannes mit dir zu tun? Ich könnte genau so behaupten: Agnes hat sich René vor meiner Nase weggeschnappt."

"Das passte dir doch gut in den Kram. Du bist und bleibst eine dumme Ziege."

Maria beruhigte sich wieder. Sie seufzte.

"Hör doch auf damit. Ich habe zweimal mit ihm gesprochen und das war alles. Er bleibt *dein* Freund. Du brauchst dir keine Sorgen zu machen."

"Worüber habt ihr gesprochen?"

"Über den Tod. Das beste Thema auf einem Friedhof."

Sie war beruhigt. Maria war nicht gerade ein interessanter Typ. Sie hatte nur eine miese Stelle und einen Salon-Ehemann. Nur wenn man in Schwierigkeiten geriet, konnte man sie gebrauchen.

Kummer und Wut wechselten sich in Agnes ab. Weinend schlief sie ein und wurde wütend wach, oder sie lag wütend wach und erwachte in Tränen aus ihrem kurzen Schlaf... René bemühte sich sehr, sie zu verstehen, aber sie goss ihre Ohnmacht hauptsächlich über ihn aus. Dann hasste sie sein Verständnis genau so heftig wie seine Abwehr... Seiner Meinung nach war sie eine Hysterikerin, seine Diagnose war bereits gestellt. Agnes tyrannisierte die ganze Familie: Jean wurde es bang ums Herz, wenn er Zeuge ihres herausfordernden Triezens wurde; Mama tat ihr Bestes, sie zu trösten. Maria versuchte mit Worten, sie zur Vernunft zu bringen, und René fühlte sich verantwortlich.

Sie selbst genoss ihre Macht... Was wollte sie? In jedem Fall wollte sie *nicht* die Ohnmacht fühlen. Sie vergaß, dass es eigentlich um Papa ging. Sie vergaß, dass er tot war … er konnte jeden Augenblick ins Zimmer treten.

"Wir sollten wieder nach Hause gehen, Agnes", sagte René am Abend. "Es wird Zeit, dass wir wieder unser eigenes Leben aufnehmen."

Sie fing an zu weinen. Eigenes Leben? Sie hatte überhaupt kein Leben. Er versuchte, sie zu trösten, aber sie schob ihn zur Seite. Sie wollte es zwar, dass er sie tröstete … ach, immer diese zurückkehrende Verzweiflung. So wird man zum Selbstmord getrieben. Sofort Schluss machen, dann braucht man nicht tatenlos darauf zu warten, bis der Moment da ist. Weinen war Schwäche, sie hasste die Schwäche. Aber die Verzweiflung war stärker als ihre Kraft.

"Was ist denn nur los, Liebste?", fragte René zärtlich in dem soundsovielten Versuch, sie zu verstehen. "So wichtig war Papa doch nicht für dich?"

"Das war er wohl, ich wusste es nur nicht. *Das* genau ist los, René: eine verfehlte Chance ohne Aussicht auf eine Wiederholung."

"Jede Beziehung ist eine Chance, auch die zwischen uns."

"Du bist ein alltäglicher Mann. Mein Vater war ein Wunder."

"Du wiederholst immer dasselbe. Was erreichst du damit? Du musst weiter, Agnes!"

Sie musste weiter … sie gingen zurück nach Den Haag, sie fing wieder mit ihrer Arbeit an. Ihren Kummer sperrte sie tief in ihrem Gefühlsleben ein. Sie war wieder die starke, lebensfrohe Agnes. Schön, ehrgeizig und vital. Sie trug einen Panzer um ihr Herz, damit es nie, niemals mehr so getroffen werden könnte wie beim Tod von Papa...

Als einige Jahre später auch ihre Mutter starb, weinte sie ihr keine Träne nach. Nicht, weil sie ihre Mutter weniger geliebt hatte als ihren Vater, sondern weil sie inzwischen ein gepanzertes Herz hatte. Sie hielt den Schlag auf und wehrte ihn ab, bevor sie getroffen wurde. Sie 'benutzte ihren Verstand', blieb dadurch vernünftig und half mit bei der Erledigung aller Angelegenheiten. Der Bauernhof musste verkauft, die Besitztümer verteilt, die Erbschaftssteuer bezahlt werden... Alles verlief in ruhiger Harmonie mit ihrer Schwester, die immer schon so ruhig gewesen war. Maria hatte Mühe, von ihrem Elternhaus mit dem Hof und den Apfelbäumen Abschied zu nehmen ... sie selbst hatte sich schon vor Jahren verabschiedet – als Papa starb.

Das was sich zeigt,
so wie es sich von ihm selber her zeigt,
von ihm selbst her sehen lassen.
Das ist der formale Sinn der
Phänomenologie.

Martin Heidegger (1889 – 1976)

Es war noch eine lange Strecke bis zu dem Platz, an dem sie den Wagen geparkt hatte. Durch die Erinnerungen, die unterwegs aufgekommen waren, hatte sie nicht mehr viel von der Umgebung gesehen. Zehn Jahre waren seit dem Tod ihres Vaters – und der Begegnung mit Johannes vergangen. Zehn Jahre intensiven Studiums und Meditation. Sie ging ihren Weg selbständig, sie konnte das, musste das auch. Sie las die Bücher von Johannes, aber sie war ihm nie mehr begegnet. Die Begegnung war ein absoluter Wendepunkt in ihrem Leben gewesen, auch wenn man äußerlich nichts davon spürte. Sie hatte noch immer die gleiche Stelle, das gleiche Haus … denselben Mann. Die Kinder waren schon ausgeflogen, sie studierten an der Universität. Die Jugend war vorbei, normalerweise geriet man in eine Phase des Abbaus, wenn man die Fünfzig überschritten hatte. Sie aber hatte das Gefühl, dass ihr Leben vor zehn Jahren erst wirklich angefangen hatte. Zuvor hatte es eine unbefriedigte Sehnsucht gegeben, durch die alles von Wehmut durchtränkt war. Sie hatte mit alter Kraft gelebt, die ein Geschenk zu sein schien; eine Kraft, die langsam, aber sicher zur Neige ging … gerade an ihrem Tiefpunkt war ihr da das Neue erschienen.

Erst waren es nur Worte, gesprochen von einem Mann, von Johannes. Diese Worte hatten durch die Meditation an *Kraft* gewonnen. Es waren Wirkungen geworden, die sie verändert hatten, die sie sehr langsam, aber vollkommen sicher mit Antworten, mit Befriedigung dieser unbestimmten Sehnsucht erfüllt hatten. Die Wehmut hatte nicht abgenommen, im Gegenteil ... aber sie war nicht mehr so unbestimmt. Sie nahm die Gestalt einer lebendigen Wirkung an, so wie alle Gedanken und Gefühle lebendige Wirkungen wurden. Manchmal sehnte sie sich schmerzhaft nach einem weiteren Gespräch mit dem Mann, der so weit weg war, über den sie von Agnes ab und zu etwas erfuhr. Mit seiner Position im Krankenhaus hatte er immer mehr seine Schwierigkeiten gehabt. Er hatte Bedenken in Bezug auf gerade dasjenige, was seine Aufgabe war – und er hatte sich schließlich zurückgezogen, um sich völlig jener anderen Aufgabe zu widmen, der Entwicklung der Geisteswissenschaft.

In Jean hatte Maria einen Freund, mit dem sie alles zusammen unternahm, auch das Studium der Geisteswissenschaft. Es gab nur einen einzigen Punkt, an dem sie sich nicht einig werden konnten ... das war ihr Verhältnis zu Johannes. Er wollte dies nicht, absolut nicht. Auch er las seine Bücher, ohne Kritik an ihnen zu üben. Aber seine Person war für ihn eine Bedrohung, und Maria fügte sich. Sie sah keine Möglichkeit, ohne eine totale Zerstörung der Harmonie, sich an Johannes zu wenden – sie unterließ es also. Dennoch war es eine Art Verleugnung, und diese quälte sie. Wenn sie mit Jean darüber sprach, hatten sie Streit. Sie versöhnten sich zwar wieder, aber eine wirkliche Lösung gab es nicht. War es persönliche Eifersucht ... oder etwas anderes?

Offensichtlich war es auch für Agnes wichtig, dass Maria und Johannes sich nicht mehr sahen. Sie erzählte immer mit einem gewissen Stolz über ihn, ließ aber deutlich merken, dass er *ihr* Freund war. Vielleicht war sie zu gefügig, sollte sie quer durch allen Widerstand hindurchbrechen? Sie tat es nicht... Wenn sie in den Werken von Steiner las, dachte sie: *Er* müsste jetzt, in dieser fürchterlich schwierigen Zeit, doch *hier* sein, um den Menschen, die den Geist suchen, den Weg zu zeigen – nicht nur durch seine Schriften, sondern indem er persönlich anwesend wäre... Nun, sie dachte nicht, dass Johannes und Steiner dieselbe Individualität wären – sie erlebte in Johannes ein anderes Wesen, aber Sicherheit auf diesem Gebiet konnte sie nicht haben. Müsste sie aber nicht *alles* versuchen, seine Anwesenheit auf Erden zu nutzen? Zehn Jahre innerlicher Arbeit in Einsamkeit. Fragte ihr ganzes Sein nicht danach, auf Erden die Geistesverwandtschaft mit Johannes auszuarbeiten?

Wofür lebt man eigentlich? Für die Liebe und die Freiheit. Beide sind in gewisser Hinsicht ein Geschenk, aber man muss selbst daran arbeiten, diese zwei menschlichen Qualitäten *hier und jetzt* zu verdoppeln, zu verdreifachen ... bis ins Unendliche zu vergrößern. Man hat sein Schicksal, seinen Beruf, seine Talente, seinen Mann und seine Kinder. In der Bejahung und Hingabe an das Schicksal lebt die Liebe. Aus dem einem zugeteilten Maß an Liebe lebt man mit seinem Schicksal ... man kann ihm nicht entkommen. Das geht nur mit Hilfe der Freiheit. Man kann die Freiheit suchen, in und mit dem Bewusstsein. Freiheit existiert, insoweit man sich gelöst hat von *allem*, was einen binden könnte. Gelöst von sowohl Gott als auch dem Mitmenschen, von der Religion und der Erziehung. Wo nichts anderes mehr herrscht als das Selbst, kann man wählen zwischen dem Guten oder dem Bösen. Man kann die Freiheit für sich selbst in einem absoluten Egoismus benutzen. Man kann auch seine freien Impulse mit der Liebe verbinden… Ihr Schicksal verband sie mit Jean, ihre Freiheit mit Johannes. Wie könnte man diese zwei in der richtigen Weise vermählen?

Sie hatte zu lange unter dem Apfelbaum gesessen, jetzt musste sie noch den ganzen Weg zurück zum Auto. Jean fand es immer unangenehm, wenn sie so alleine einen Spaziergang machte, aber sie kannte die Wege und Stege gut. Jean war ein besonderer Mann, er lebte mit ihr in vollkommener Gleichwertigkeit. Diese sah sie bei niemandem, bei keinem einzigen Ehepaar. Frauen konnten selbständig sein und einen noch so großen Mund haben, der Mann hatte doch immer das letzte Wort. Bei oberflächlicher Beobachtung merkte man das zwar nicht immer, aber ein etwas tieferer Blick in die Realität brachte die alte überholte Hierarchie wieder ans Licht. Nur Jean verzichtete bewusst darauf. Seine Achtung vor ihrem Wesen sorgte dafür, dass es nichts ausmachte, wer von beiden das Sagen hatte. Deshalb gab sie seinem Widerwillen in Bezug auf ihre Freundschaft mit Johannes nach. Dieser Widerwillen beruhte nicht auf Herrschsucht, sondern auf Ohnmacht. Er hatte vor irgendetwas Angst…

Wenn sie auf ihr Leben zurückschaute, sah sie ein wunderbares Zusammengehen von Glück und Wehmut. Rein äußerlich hatte sie immer Rückenwind gehabt. Aber diese Gnade ging immer mit einem innerlichen Schmachten einher… Die

Essenz des Daseins entging ihr – bis zu dem Augenblick, da sie Johannes begegnete. Zuerst hatte diese Begegnung eine Leere gefüllt … später war die Leere nur noch stärker spürbar geworden. Die leichten Berührungen, die sie jedes Mal wanken ließen, hatten ihre Wirkungen mehr in ihr Inneres versetzt, sie kamen jetzt von dort und erleuchteten die Leere, verstärkten das Gefühl der Ohnmacht. Sie gingen aber mit einer zunehmenden Offenbarung von *Kraft* einher, wodurch die Ohnmacht ausgeglichen und gewandelt wurde. Für sie war es eine Art Leidensweg, jedoch umspült mit Gefühlen der Gnade. Alles war Entbehrung, und gerade diese Entbehrung erwies sich als Gnade…

In der Ferne sah sie einen Wanderer näher kommen, er oder sie lief den umgekehrten Weg. Ab und zu entzog eine Kurve des Weges die Gestalt den Blicken, dann sah sie ihn wieder, und er hatte sich genähert. So konnte noch einmal etwas mit einem geschehen … nun ja, sie war kein junges Mädchen mehr. Man müsste eigentlich einen Hund haben, wenn man solche Spaziergänge machte. Umkehren konnte sie nicht, dann würde sie überhaupt nicht mehr nach Hause kommen. Ach, so etwas geschieht doch nur, wenn Gott will … und dann soll es nur geschehen… Es war ein kleiner Mann von ungewissem Alter. Überhaupt kein Furcht erregender Typ. Sie spürte eine stille Ruhe in ihrem wehmütigen Gefühl. Alles ist eigentlich gut, wie es auch geht.

Offensichtlich hatte sie in ihrem Leben die Aufgabe, die enorme Diskrepanz zwischen Körper und Geist zu erfahren. Sie erlebte die Gefangenschaft im Körper und die unbeschreibliche Sehnsucht nach Befreiung – ohne wirklich zu sterben. Jeder wird schließlich im Moment des Todes befreit.

Aber sie sehnte sich nach einer solchen Befreiung während des Lebens im Körper. Sie arbeitete daran und sie arbeitete hart. Sie verwendete einen Großteil ihrer Freizeit auf das Erfüllen ihres Denkens mit Geist, auf das Auferstehen aus dem alltäglichen Denken und Fühlen. Nach und nach gewann sie Kraft, eroberte sie sich kostbare Momente der Freiheit. Aber sie hatte das Gefühl, dass sie zu *mehr* fähig war. Alles im Leben scheint den Menschen an seinen Körper zu fesseln. Das *Alles* muss überwunden werden – ohne sich über die Hindernisse zu beklagen. Das spürte sie jetzt so stark ... beim Nahen dieser kleinen Gestalt ... dass alles *gut* ist, so lange man nur intensiv strebt. Sich dem hingeben, was das Schicksal einem bereitet ... sogar die scheinbar schlechten Jahre sind gute Jahre, weil man sie braucht. Man will sich entwickeln, und das kann man nur an Widerständen. Keiner hält einen für verrückt, der gegen Widerstände seine physische Kraft entwickelt. In einem Zeitalter, in dem Fitnesstraining zum Volksvergnügen geworden ist, müsste doch jedermann wissen, dass Kraft entsteht, wenn man Widerstand erfährt ... warum sollte das im Innern anders sein?

Sie konnte ihn jetzt recht gut sehen. Er hatte einen außergewöhnlich geschmeidigen Gang, obwohl er älter als sie war, vielleicht auch nicht... Er schaute sie an ... lief nicht in Gedanken versunken, sondern er sah sie wirklich. Es tröstete sie, von ihm gesehen zu werden, man wurde eigentlich selten beachtet. Nur ihretwegen schien er dort zu gehen ... kam er ihr entgegen. Sie schauderte. Man konnte also einfach jemandem begegnen ... einem Menschen, der einem nach dem Leben trachtet oder der gekommen ist, um sein Leben mit dir zu teilen ... einem Meister, Eingeweihten ... einem einfachen Wanderer, der sich selbst auf deinen Weg gebracht hat. Sogar der liebe Gott kann sich einem durch Gnade zeigen, wenn er will. Man kann ihm ohne weiteres begegnen, oder vielleicht betritt er das Zimmer, gerade dann, wenn man in der größten Not ist. 'Wer einsam sitzt in seiner Kammer, und schwere bittere Tränen weint...'* in einem Zeitalter, in dem man keine Wunder mehr wahrnimmt, glaubt natürlich keiner daran. Wunder sind für kindliche Menschen, für Primitivlinge. Wir dagegen haben es in der Wissenschaft so herrlich weit gebracht, dass wir vor dem Unerklärlichen keine Angst mehr zu haben brauchen. Alles lässt sich schließlich erklären, Wunder gibt es nicht. Sie aber sah jeden Tag Wunder... Neugeborene, Säuglinge, Kleinkinder, Knirpse, Kinder im Grundschulalter. Ein Wunder nach dem anderen. Der ganze Makrokosmos hat sich einst in einem einzigen Menschenkörper zusammengezogen, ist durch den Tod gegangen und hat sich selbstverständlich, als Macht des Makrokosmos, daraus wieder aufgerichtet. Seitdem lebt diese makrokosmische Macht – unwahrnehmbar für die Sinne – bei der Erde und offenbart sich demjenigen im Übersinnlichen, dem sie sich in irgendeinem Augenblick offenbaren will. Shamballas Reich muss auf Erden gesucht werden, aber nicht in der physisch sinnlichen Sphäre ... solche Gedanken ließ der sich nähernde Wanderer in ihr aufkommen.

'Es lebte Christus einst auf Erden...'* Sie kannte diese Gedanken über das Erscheinen Christi in der Ätherwelt aus dem

---

* Novalis, Geistliche Lieder.
* Rudolf Steiner, Mysteriendramen I, GA 14.

Werk Steiners ... aber dieser Mann schien ihr doch aus Fleisch und Blut zu sein. Er war noch einige Meter von ihr entfernt, und er schaute sie noch immer an. Sie blieb stehen ... er war ihretwegen gekommen. Gott allein weiß, wie so etwas möglich ist, hier auf diesem Weg durch die Felder kommt ein wohlüberlegtes Treffen zustande. Ohne Vereinbarung, aber sicherlich kein Zufall...

"Darf ich Sie ein kleines Stück begleiten?", fragte der Fremde. "Ich habe Ihnen etwas mitzuteilen."

Sie nickte. Die ganze physische Schwere fiel von ihr ab, sie fühlte nur noch Jugend, zartes, aber hoch differenziertes Leben... Leben, das wie eine Symphonie klingt, in fremden Tönen, auf unbekannten Instrumenten, tönend in Farbe ... solch eine Seeligkeit musste das Sterben sein, der Übergang zu einem rein geistigen Dasein, es wäre der Triumph des Geistes. Trotzdem starb sie nicht, sie lief auf einem schmalen Pfad durch die Felder ... neben ihr ein Engel auf ihrem Pfad ... ein Bote ... oder...?

"Sie haben gerade Ihr Leben in Erinnerungen vor Ihrem Geistesauge vorbeiziehen lassen. Die Erinnerung bannt Sie im physisch-sinnlichen Dasein. Jetzt werde ich Sie zu einer rein geistigen Anschauung Ihres jetzigen Lebens erheben, damit Sie es, nicht im Raum sich abspielend, sondern in der Zeit sich entfaltend, der Wahrheit und Bedeutung nach gewahr werden."

Er schwieg eine Weile, während Maria seine Worte in ihrem Gemüt hegte. Dann hörte sie erneut seine Stimme:

"Aber der Geist spricht nicht Ihretwegen. Alles, was Sie hören, ist Selbsterkenntnis, jedoch für den guten Gang der Entwicklung aller Menschen bestimmt. Dazu müssen Sie sich mit demjenigen Menschen vereinigen, der auf Sie wartet. Dämonen werden sich Ihnen entgegen stellen, aber fürchten Sie sich nicht. Lassen Sie sich von Ihrer aufrechten Sehnsucht leiten. Deren Reinheit ist Ihr Führer."

Sie trug das Herz in Demut, ihr Haupt so hoch wie der Sternenhimmel. Über sich sah sie den aufgehenden Mond... Und als sie wieder neben sich schaute, war er weg. War er jemals da gewesen? Oh ja, sie hätte ihn berühren können! Hatte er einen Seitenpfad genommen? Sie hatte keinen bemerkt. Die Welt war mit Geist erfüllt ... sie sah ihren Lebensweg in die Zukunft hinein jetzt deutlich vor sich – wie auch ihre Vergangenheit in Vollkommenheit sich ihr zeigte.

Jean stand draußen auf der Straße und schaute, ob sie nicht bald käme.

"Warum hast du denn nicht wenigstens dein Handy eingeschaltet!", sagte er böse. "Ich habe mir große Sorgen gemacht!"

Sie umarmte ihn und sagte:

"Die Batterie war plötzlich leer. Du hast Recht, ich habe nicht richtig auf die Zeit geachtet."

Sie gingen ins Haus, der Tisch war gedeckt.

"Du weißt, was ich von deinen Streifzügen durch die Einsamkeit halte!", schimpfte er weiter. "Du kannst dort wer weiß wem begegnen."

"Zufall gibt es nicht", antwortete sie bestimmt. "Nachher, nach dem Essen, werde ich dir von meinen Erlebnissen berichten. Jetzt habe ich Lust auf den herrlichen Salat, den du gemacht hast."

Durfte sie ihm eigentlich von der Begegnung erzählen? Aber

sie konnte ja nicht neben Jean weiterleben und das größte Ereignis in ihrem Leben für sich behalten. Sie hatte die Freiheit, zu entscheiden, was sie tun wollte.

Sie erzählte es nicht gleich, es war zu früh. Sie musste die Erfahrung in aller Ruhe innerlich verarbeiten, keimen lassen. Dann würde sie es mit ihm besprechen. Morgen ... oder übermorgen.
Ihre Erinnerungen hatten sich in Impulse verwandelt, es gab egoistische und selbstlose Impulse. Sie sah nicht die einfachen blassen Erinnerungsbilder, sondern lebte in den Ereignissen wie im Jetzt, nur ohne sich in Bildern an die physische Realität zu erinnern. Sie erlebte den Trieb des Schicksals in ihren Motiven und manchmal den Glanz der Freiheit... Moralische Impulsivität strömte wie ein herrlicher Fluss durch das verdorrte Land der egoistischen Triebe...

"Jean, ich habe große Mühe, dir dies zu sagen ... aber ich muss mit Johannes Kontakt aufnehmen."
Er verzog sein Gesicht. Sie hasste dieses Gesicht, weil darin ein hässlicher Charakterzug zum Ausdruck kam. Aber man sieht sich selbst nicht ... wer weiß, wie hässlich man manchmal selber blicken kann.
Bevor er etwas sagen konnte, fing sie an, über ihre Begegnung an jenem Donnerstagnachmittag, als es fast Abend war, zu erzählen...
"Warum erzählst du das jetzt erst? Es ist bereits Sonntag!", fragte er empört.
"Ist das deine einzige Reaktion?", fragte sie streng.
Er entspannte sich.

"Entschuldige, es ist die Eifersucht. Ich bin nur ein einfacher Kerl, dir geschehen Wunder."
"Unsinn! Wenn ich sie mit dir teile, erlebst du sie auch. Wenn du dich jedenfalls nicht in deinem eifersüchtigen Turm einschließt."
"Ich möchte mit zu Johannes."
"Ich habe nicht daran gedacht, alleine zu gehen."
"In Ordnung. Ruf ihn an. Wir machen zwei Wochen Urlaub und fahren zu ihm in die Schweiz."
Sie konnte es nicht glauben. Zehn Jahre hatte sie gewartet, ihn hierum zu bitten … und innerhalb von fünf Minuten war er einverstanden.
"Ich hatte gedacht, dass du dich furchtbar widersetzen würdest", sagte sie. "Kenne ich dich denn so schlecht? Was für eine Beziehung haben wir denn?"
Er legte sein Haupt in seine Hände und seufzte sehr tief.
"Es tut mir Leid, Maria. Du kennst mich doch durch und durch. Ohne die Geschichte über den Mann während des Spaziergangs hätte ich mich aufs Neue heftig widersetzt. Täte ich das jetzt noch, würde ich einen Fehltritt begehen. Er ist für mich eine schwierige Aufgabe, dieser Johannes."
"Du hast ihn noch nie gesehen!"
"Ich finde es schwierig, dass er … ich weiß es nicht. Es ist die Eifersucht. Ich bin eifersüchtig auf dich, ihn, euch … auf das, was ihr zusammen erfahren werdet."
Es dauerte einige Tage, bevor sie all ihren Mut zusammengenommen hatte, bei dem spirituellen Institut anzurufen, wo Johannes seit ein paar Jahren arbeitete. Sie wollte Agnes nicht um die Telefonnummer bitten, sie hatte keine Lust, sich die Nörgelei ihrer Schwester anhören zu müssen. Über die Aus-

kunft erhielt sie eine Nummer. Es meldete sich eine Dame, die Deutsch sprach.

"Kann ich den Professor sprechen?", fragte sie zögernd. Sie fand es eine lächerliche Frage. Sie wurde mit einer Sekretärin verbunden. Sie wiederholte ihre Frage.

"Er ist in einer Besprechung. Wenn Sie mir Ihre Nummer geben, werde ich ihn bitten, Sie zurückzurufen."

"Wann kann ich den Anruf denn erwarten?"

"Zwischen zwölf und ein Uhr heute Mittag."

Sie nannte ihre Nummer und legte den Hörer auf. Natürlich würde er nicht zurückrufen, das konnte er doch nicht machen? Heutzutage heißt es immer: Er oder sie ist in einer Besprechung, man ruft Sie zurück – und man hört danach nie mehr etwas.

Zwischen zwölf und eins rief jeder an, der überhaupt anrufen konnte ... und um viertel vor eins, als sie es fast vergessen hatte, dass sie auf einen Anruf wartete, hörte sie:

"Leven hier. Ich habe diese Nummer erhalten mit der Bitte um Rückruf."

Sie musste schlucken. Es war nicht so fernliegend, dass Jean eifersüchtig war. Sie fühlte ein Band mit diesem Mann. Sie sagte:

"Johannes, ich bin es, Maria, Agnes' Schwester..."

Stille.

"Weißt du noch ... wir haben am Grab meines Vaters miteinander gesprochen."

"Natürlich weiß ich das noch."

Hörte sie etwas wie Rührung in seiner Stimme? Ach ... so wichtig war sie nicht. In jedem Fall fühlte sie selbst eine starke Ergriffenheit, so stark sogar, dass sie nur mühsam sprach:

"Ich ... äh ... würde dich gern noch mal sehen. Ich weiß nicht, wie du arbeitest ... wie es dort bei euch organisiert ist, aber ... könnte ich dich nicht einmal besuchen?"
Wieder diese Stille. Wenn sie ihn nur sehen könnte ... am Telefon hat man von der Miene des Gesprächspartners keine Ahnung. Dann sagte er schließlich:
"Im Sommer ist hier immer sehr viel zu tun, ich könnte dich dann nicht in der richtigen Weise empfangen. Du müsstest entweder jetzt kurzfristig kommen oder im September. Du bist hier herzlich willkommen, Maria."
Es war tatsächlich Rührung, die sie in seiner Stimme wahrgenommen hatte.
Sie sagte:
"Ich möchte so schnell wie möglich kommen, ich habe schon viel zu lange gewartet. Jean begleitet mich."
"Natürlich. Wann möchtest du?"
Sie vereinbarte ein Datum mit ihm, er würde für die Unterkunft sorgen. Sie hatte ihn außer in den Monaten ihres Studiums, als er Assistent beim Praktikum war, zweimal gesehen. Heute sprach sie zum dritten Mal mit ihm, und sie hatte das Gefühl, nach Hause zu kommen nach einer langen, zu langen Reise voller Entbehrungen.

*

Direkt gegen den Wind entfaltete Agnes ihre Kraft. Sie hatte ihr Leben an sich vorbeiziehen sehen, während sie mit dem harten Gegenwind die Meeresküste entlang lief. Allmählich beschlich sie ein unangenehmes Gefühl, das geschah in der letzten Zeit immer öfter und in vielerlei Situationen. Es war den Wehen vor einer Geburt ähnlich, nur saßen die Krämpfe nicht in ihrem Unterleib, sondern in ihrer Brust. Sie bekam lahme Kiefer davon ... sie war zwar kein Hausarzt oder Internist, aber sie hatte ihre Diagnose sofort gestellt: Angina Pectoris. Angst, Hass, Zweifel und Stress ... hatten Krankheitskeime in das Gefäßsystem ihrer Herzkranzschlagader gebracht, die Arterien verkrampften oder waren verstopft... Es war jetzt doch ziemlich schlimm ... und sie musste noch viele Kilometer zurücklaufen, wenigstens mit dem Wind im Rücken. Sie drehte um. Ah, welch eine Erleichterung! Sie fühlte in ihren Taschen nach dem Streifen mit den Tabletten, die sie unter die Zunge legen musste, und nahm eine. Es half nicht wirklich. Vielleicht bekam sie hier am Strand einen Herzinfarkt. Eine Frau im Alter von fünfzig Jahren, in der Blüte ihres Lebens. Sie müsste sich untersuchen lassen. René ... sie würde es ihm nicht erzählen. Er würde sagen: Morgen gehst du zu diesem oder jenem Kollegen, dem Kardiologen. Dieser würde es sehr ernst nehmen, und innerhalb von zwei Wochen hätte man sie operiert. Nein, sie würde zu Johannes gehen, er würde schon Rat wissen. Bei ihm hatte man das Gefühl, dass man *Mensch* war, einzigartig, also unersetzlich. Nicht eine x-beliebige Nummer mit einer statistischen Überlebenschance von soundsoviel Prozent. Sie war ein überzeugter Materialist, jemand, der alles auf eine Karte gesetzt hatte: den Körper. Der Tod ihres Vaters hatte sie wanken lassen. Sie wusste, dass Johannes' Anschauung von der Medizin eine völlig andere war ... aber ihr Respekt vor ihm war so groß, dass sie ihn deswegen nicht verspottete. Jetzt, da ihr selbst etwas fehlte, gab es für sie sogar nur *einen* wirklichen Doktor in dem großen Kreis ihrer Kollegen...

"Johannes, ich brauche deinen Rat, deinen Rat als Arzt. Wann hast du Zeit für mich?"
"Ich wohne nicht direkt um die Ecke, Agnes. Was ist los?"
"Herzbeschwerden. Ernsthaft. Glaube mir."
"Ich kann dir einen guten Kardiologen empfehlen, einen Freund."
"Ich brauche keinen Kardiologen; ich will dich."
Es war einen Augenblick still am anderen Ende. Dann sagte er:
"In Ordnung. Komm dann bitte sofort. Morgen oder übermorgen, ich habe jetzt Zeit."
"Ich suche im Internet nach einer Flugverbindung und rufe dich wieder an."
Sie legte auf, zufrieden. Sie liebte diesen edlen Mann, dort weit weg in den Bergen, noch immer sehr. Dies war eine perfekte Gelegenheit, ihn noch einmal zu sehen.

Auf dem Flugplatz mietete sie ein Auto und fuhr in die Klinik in den Bergen, wo Johannes zur Zeit arbeitete. Unterwegs dachte sie an René, der jetzt zu Hause saß mit vier Kindern, von denen drei schwer in der Pubertät waren. Sie hatte ihm doch erzählt, warum sie Johannes besuchen wollte, sie war auf seine Mitarbeit angewiesen. Er war ein lieber Mann … war sehr erschrocken und hatte sie sofort krank gemeldet und selbst eine Woche frei genommen.
Ärzte haben wenig Einfühlungsvermögen, darum wollte sie sich nicht operieren lassen. Sie wusste nur zu gut, wie das vor sich ging … nun ja, es war manchmal auch sehr erlösend, so eine Operation. Erst einmal abwarten und hören, was Johannes dazu sagte.

Sie fuhr durch die Gassen einer kleinen Bergstadt, setzte den kurvenreichen Weg fort, der langsam anstieg, in die höher gelegene Ebene des Tals. Herrlich, die hoch aufsteigenden Berge, deren Gipfel noch mit Schnee bedeckt waren.
Die Klinik war Teil eines großen Zentrums, in dem Kurse gegeben wurden, sie würde ein Zimmer im Hauptgebäude erhalten. Das Gebäude lag dort sehr eindrucksvoll in einem weiträumigen Park, perfekt gepflegt ... alles an Johannes war imposant...

Sie war enttäuscht, dass er nicht da war, um sie zu empfangen. Am Empfang wusste man aber Bescheid, sie erhielt einen Schlüssel und einen Zettel, auf dem der Zeitpunkt und Ort ihres Termins mit dem großen Mann hier notiert worden war...
Das Zimmer war wiederum eine Enttäuschung. Es lag im zweiten Stock, obwohl es auch Zimmer im Parterre gab, von wo aus man auf eine eigene Terrasse gelangen konnte. Für sie blieb nur der Balkon mit einer wunderschönen Aussicht auf die Bergkette. Sie hatte erwartet, dass man sie als die große Freundin empfangen würde, aber sie war nur eine von vielen. Nun ja, sie konnte immer noch nach Hause fahren und zu dem Freund von René gehen, dem Kardiologen.

Er empfing sie nicht in seinem Sprechzimmer in der Klinik, sondern in einem Zimmer im Hauptgebäude. Sie sah keine Untersuchungsbank, wohl einen Schreibtisch mit einigen Stühlen und drei Wände voller Bücher. Er trug sein blaues Jackett, das er immer trug, und er sah wie immer glänzend aus. Er machte ein ernstes Gesicht, und sie hatte das unheim-

liche Gefühl, dass ihr Kommen ihn nicht gerade erfreute.
Er begrüßte sie mit einem festen Händedruck, und sie setzte sich.
"Ich habe mich erschrocken, als du mir von deinen Beschwerden erzähltest", sagte er, trotzdem freundlich und warm.
Er war wie die Sonne, die beleuchtet und erwärmt. Der einzig treue Freund, den ein Mensch hat. Man weiß, dass er immer wieder da sein wird. Sie hatte Lust, sich an seiner Brust auszuweinen … aber sie sagte:
"Es stört dich vielleicht, dass ich komme, aber ich weiß mir keinen Rat mehr. Ich brauche dein Urteil, deinen Rat, deinen weisen Rat."
"Hast du diesen denn schon mal befolgt, meinen 'weisen Rat'?"
Erstaunt antwortete sie:
"Du klingst verbittert, warum?"
Er schüttelte den Kopf.
"Es ist eine allgemeine Verbitterung. In diesem Zeitalter des Selbstbewusstseins wollen die Menschen zwar um Rat fragen, aber sie wollen ausschließlich hören, was sie sich selbst empfehlen würden. Das ist eine ziemlich anstrengende Beschäftigung, Agnes, wenn ich auf diese Weise einen Rat erteilen muss."
Sie dachte nach und sagte dann:
"Da hast du Recht, ja. Meistens ist das, was du sagst, nicht dasjenige, was ich hören möchte – also folge ich meiner eigenen Idee. Das ist Freiheit."
"Dann lass mich in Ruhe, bitte!"
"Was ist los mit dir?! Du warst immer so offen, so herzlich, so wohlwollend!"

Er lächelte.

"Ich prüfe den Beweggrund deines Kommens."

"Und? Was ist dein Befund?", fragte sie böse.

"Natürlich werde ich tun, was du verlangst", sagte er ruhig. "Ich werde dich untersuchen, ergänzende Untersuchungen durchführen und dir die Diagnose geben, die du bereits hast. Dann werde ich dir einen Rat geben, den Rat, wie du damit leben musst, mein Urteil, wie deine Krankheit entstanden ist. Das Übrige musst du selbst erledigen. Das ist Freiheit."

Sie hatte jetzt wirklich Lust zu weinen. Sie neigte ihr Haupt und sagte leise:

"Bitte, Johannes. Ich habe großes Vertrauen zu dir, ich brauche dich. Wo bist du nun…?"

"Dies hier ist mehr als eine Klinik. Erst war dies eine Schule für orientalische Weisheit, ein Meditationszentrum. Der Meister aus dem Osten ist noch immer hier… Er war sehr streng. Wenn man zu einem Kurs kommen wollte, musste man bereit sein, eine Anzahl von Wochen wie ein Mönch, ein Klosterbruder zu leben. Man musste sich einem strengen Regime unterwerfen. Wir, der Meister und ich, arbeiten hier zusammen. Seine Art der Führung ist gegen die westliche Freiheit, wir haben sie also abgeschafft, umgeformt. Die Folge ist, dass wir hier viele Feriengäste haben, die eine Prise Spiritualität suchen, ohne Ernst, ohne die totale Hingabe, die man dafür braucht. Du kommst nicht für die Spiritualität, sondern wegen deiner Gesundheit. Natürlich kann ich dir helfen, aber meine Wirksamkeit wird mehr im Geist, in der Seele angreifen – nicht direkt im Körper. Wenn du meine Hilfe willst, *nachdem* ich getan habe, worum du mich gebeten hast, wirst du dich in Freiheit einer bestimmten Disziplin ergeben müssen – und das wird schwierig für dich werden, ich kenne dich doch, Agnes. Du hast dich entwickelt, wie ich auch. Ich bin nicht mehr der fröhliche Freund von früher, auch nicht mehr der strenge, sehr fähige Professor."

"Wer bist du denn jetzt, Johannes?", fragte sie verzweifelt. Sie schaute auf, in seine großen blauen Augen.

"Ich bin Johannes", sagte er leise und lächelte. "Ich suchte den Geist und ich habe ihn gefunden. Er ist so groß wie der Kosmos und noch größer; so ausgedehnt wie die Ewigkeit und noch weiter. Ich untersuche den Geist und treibe Geisteswissenschaft. Als dein Freund werde ich tun, was du von mir verlangst. Willst du als meine Freundin ernst nehmen, was mein tiefstes Streben ist?"

Plötzlich verstand sie, was er meinte, worum er bat. Er verlangte Ehrlichkeit. Sie konnte nicht um etwas bitten, während sie seine Art zu antworten nicht respektierte, das war unaufrichtig. Sie konnte den Geist nicht verspotten – wie sie es immer tat – und trotzdem die Früchte davon ernten. Sie neigte erneut ihr Haupt, jetzt wirklich vor Scham, und sagte:

"Gut, Johannes, ich habe dich verstanden. Ich werde zuerst sehr ernsthaft darüber nachdenken, ob ich auf diese Weise deine Freundin sein kann und deinen Rat empfangen kann. Darf ich morgen zurückkommen?"

Er nickte und erhob sich.

"Komm um dieselbe Zeit Agnes. Ich freue mich darauf."

Bestürzt verließ sie den Raum, sie fühlte sich wie ein kleines Mädchen, das auf der Suche nach Liebe war … und abgewiesen wurde. Sie setzte sich auf eine Bank. Hier und dort gingen einige Leute, gruppenweise. Sie waren hier wegen der

Spiritualität oder vielleicht auch wegen einer schlechten Gesundheit. Sie fühlte eine tiefe, trostlose Einsamkeit. Das war nicht fair. Alle guten Impulse in ihrem Leben waren ja aus ihrer Freundschaft mit Johannes hervorgegangen, war das nicht genug? Seine Aufrichtigkeit hatte sie spüren lassen, wie unaufrichtig sie selbst war, damals ... sie war dadurch mit René wieder ins Reine gekommen. In dieser Art gab es noch viel mehr... Jetzt hatte sie das Gefühl, seine Freundschaft zu verlieren, und das besorgte ihr unendlich viel Schmerz.

Mit einem Ruck erhob sie sich. Irgendwann einmal hatte sie sich vorgenommen, Kummer aus ihrem Leben zu bannen, ihre Aufmerksamkeit etwas anderem zu widmen. Diesen widerlichen Schmerz in ihrer Brust ignorierte sie auch, wenigstens so viel sie konnte. Manchmal wurde der Schmerz so stark, dass sie nicht umhin konnte, ihn zu beachten...

Sie ging den Pfad entlang. Rechts, in der Ferne lag ein Haus, ein Chalet. Wohnte er dort? Es lag dort wunderschön, ganz frei, von der Terrasse aus konnte man das Majestätische der Berge sehen. Ein Mann trat aus dem Haus, ein indischer Mann, wahrscheinlich war er Ende sechzig, aber noch sehr vital. Das musste 'der Meister' sein. Wenn er nur nicht auch auf den Pfad gehen würde, sie hatte keine Lust, diesem Mann zu begegnen. Aber doch, er bemerkte sie und kam ihr entgegen. Sie war einfach eine Passantin, sie würden grüßend aneinander vorbeigehen. Sie musste vor sich hinschauen, seinem Blick ausweichen, dann würde sie einfach vorbeigehen können. Aber gerade als er vorbeiging, schaute sie doch auf und ihre Blicke begegneten sich. Welche dunklen Augen, welche Tiefe ... sie erschrak davor. Er blieb stehen und sagte:

"Gnädige Frau, Sie sollten jetzt keinen Spaziergang in den

Bergen machen. Es gibt schlechtes Wetter."
Sie blieb ebenfalls stehen und murmelte:
"Ich war nur so unterwegs. Ich wollte eigentlich auch wieder umkehren."
"Ich sage es Ihnen nur, weil es gefährlich ist. Übrigens, ich kenne Sie nicht, sind Sie jetzt erst gekommen?"
"Kennen Sie jeden, der hier wohnt?"
Er lächelte.
"Es gibt eine alte Regel: Der Meister möchte jeden sehen und auch sprechen, der hierher kommt."
"Auch die Patienten?"
"Nein. Manchmal. Sind Sie Patientin?"
Sie gab ihm die Hand und nannte ihren Namen.
"Ich bin Agnes, eine Freundin von Johannes. Wir kennen uns schon seit dem Studium oder vielleicht etwas später. Ich möchte mich selbst nicht als 'Patientin' betrachten, aber ich bin wohl im Zusammenhang mit körperlichen Beschwerden hier."
"Möchten Sie kurz eintreten, Agnes? Dann können wir uns ein wenig unterhalten, und Sie haben dann das Pflichtgespräch mit dem Meister hinter sich."
Er lächelte und schaute sie fragend an. Sie hatte Angst vor dem Meister, vor dem Abgrund in seinem Blick. Aber sie war auch einsam, und von ihm ging eine große Wärme aus. Sie nickte und folgte ihm in sein Haus. Er nahm sie mit in ein Zimmer, dessen Boden mit dicken Teppichen bedeckt war. Es gab nur zwei einfache Stühle in diesem Raum. Sonst nichts.
"Dies ist mein Meditationszimmer, Agnes. Setz dich bitte."
Ihre Angst wuchs. Was würde er mit ihr machen? Mit Ausnahme der dicken Teppiche war es in diesem Zimmer so

schlicht wie in einer Zelle. Sie setzte sich auf den harten Stuhl mit der geraden Rückenlehne. Er zog seinen Stuhl näher zu ihr und setzte sich ihr direkt gegenüber. Gleich würde er sie beschwören oder verzaubern!

"Welche Form der Meditation üben Sie?", fragte sie nervös.

Er lachte freundlich. Er war so unschuldig wie ihr Vater! Er gab keine Antwort, sagte aber:

"Agnes, Agnes ... du bist so bange. Warum hast du solche Angst?"

"Ich ... äh ... kenne Sie nicht und so."

Kopfschüttelnd sagte er:

"Das meine ich nicht, mein Kind. Du bist lauter Angst, schön geformt zwar, aber letzten Endes doch tödlich. Gib jetzt einfach zu, dass du Angst hast!"

Sie fühlte, wie verkrampft sie war und versuchte, sich ein wenig zu entspannen.

"Ich bin überhaupt nicht bange, niemals."

"Kind, Kind ... du täuscht dich selbst. Na ... wer ist Agnes eigentlich? Ist sie jemals erwachsen geworden? Oder ist sie noch immer in den kindlichen Gesetzen von ungezogen sein und Strafe bekommen gefangen?"

Er sprach abwechselnd Niederländisch und Englisch. Wie er 'Kind, Kind' sagte...

"Ich habe keine Angst!", wiederholte sie störrisch.

"Ein Herzinfarkt beruht auf Angst, jahrelanger Angst."

"Ich habe keinen Herzinfarkt gehabt. Wie wissen Sie, dass ich Herzbeschwerden habe?"

"Das sah ich, sofort als ich dich erblickte. Du lebst von Kräften, die nicht die deinigen sind, es ist alles bloße Schau."

Er sprach wie ihr Vater. Der hätte solche Worte gesagt –

wenn sie je so weit gekommen wäre, wirklich mit ihm zu sprechen.
"Kennen Sie meinen Vater?", fragte sie und dachte: Ich bin dabei, verrückt zu werden!
"Er ist hier. Jetzt, in diesem Moment."
Oh, sie hatte Angst. Tatsächlich. Todesangst. Angst vor dem Unsichtbaren, dem Unerklärlichen, dem Irrationalen, dem Unlogischen. Trotzdem war sie selbst oft irrational, eine Hysterikerin ersten Grades – sie war sich dessen bewusst. Alles nur Schau… Diesem Mann konnte man nicht böse werden, er war wie Gott selber. Die Wirklichkeit sprach, und man konnte sich nicht verteidigen. Angst, jawohl. Sie zitterte. Oh, dieser Schmerz … dieser ewige Schmerz. Wenn sie nur einmal weinen konnte…
"Wie wissen Sie das?", fragte sie schwach.
"Wo du bist, da ist auch er."
Sie musste sich zusammennehmen, zurück in das Tageslicht, statt in diesem Dämmerzustand auf diesem elenden harten Stuhl gegenüber diesem Ekel zu verweilen.
"Ich möchte gehen", sagte sie.
Zu ihrem Erstaunen stand er sofort auf und sagte:
"Natürlich. Das war dann das Pflichtgespräch mit dem Meister."
Sie wollte überhaupt nicht gehen, aber sie musste jetzt wohl. Sie reichte ihm die Hand und sagte unsicher:
"Ich danke Ihnen, Meister."
Dank … wofür? Draußen war die Sonne verschwunden, ein schweres Gewitter zog auf. Sie hatte davor keine Angst, sie hatte niemals Angst!

"Ich habe sehr tief und lange nachgedacht, Johannes. Du hast anscheinend keine Ahnung, wie viel Einfluss dein moralisches *Sein* auf meine Lebensweise hat. Vom ersten Tag an habe ich dich geliebt, und als sich zeigte, dass du mich nicht wolltest, habe ich die Liebe in Freundschaft umgewandelt. Durch deinen Einfluss konnte ich keinen Ehebruch mehr begehen und kam mit René ins Reine, wir haben vier Kinder und ich tue wirklich mein Bestes. Natürlich liebe ich mich selbst sehr, das erlaubst du vielleicht nicht … aber wenn es einen Menschen gibt, dem ich tiefen Respekt zolle … dann bist du es. Du warst hart gestern … ich würde wirklich nicht kommen, wenn ich kein volles Vertrauen hätte, auch zu deiner innerlichen Überzeugung. Es ist einfacher, sie nicht zu haben, also habe ich sie auch nicht. Aber jetzt, da ich solche ernsthaften Beschwerden habe, sieht alles anders aus. Ich bin fünfzig und werde früher oder später einen Infarkt bekommen, oder ich muss unters Messer. Gestern habe ich jemandem gesagt, dass ich keine Angst hätte. Aber ich habe sie wohl, ich habe Angst vor dem Tod, vor dem Nichts, das vielleicht das All ist … und vor dem Vorwurf, dass ich an das Nichts geglaubt habe. Ich habe Angst, Johannes! Darum bin ich gekommen, zu dir. Zu wem sonst? Welchen Doktor kann es überhaupt etwas interessieren, wie ich mich fühle? Hilf mir, Johannes!"

Zwei wunderliche Kerle, der Meister und Johannes. Man wurde in den Abgrund geworfen, und die beiden schauten zu, was einem geschah. Johannes saß hinter seinem Schreibtisch, streng und unzugänglich. Sie war in ein Märchen geraten, inmitten von Zauberei und unmöglichen Aufgaben… Aber freundlich sagte er:

"Natürlich werde ich dir helfen, Agnes, das habe ich dir

doch schon gesagt. Erzähle bitte, hast du in letzter Zeit schockierende Dinge erlebt?"

"Den Tod meines Vaters und später den meiner Mutter", antwortete sie sofort. Sie dachte nach. "Und ... ich habe vor ungefähr drei Jahren eine fürchterliche Konfrontation mit René gehabt. Es gab nicht einmal einen deutlichen Anlass, außer vielleicht meiner Untreue in ferner Vergangenheit. Man denkt, dass sich alle Probleme gelöst haben, aber ... er hat mir seinen Hass gezeigt. Ich weiß, dass er mich liebt, aber er hasst mich auch. Er kann ... meine Hysterie, wie er das nennt, nicht ausstehen. Früher stritten wir uns mit Händen und Füßen, ich habe sogar Karatestunden genommen, um mich zu verteidigen. Aber nach der Umkehr, vor vielen Jahren, war das vorbei. Er hatte die Macht und brauchte nicht mehr darum zu kämpfen. Ich weiß nicht, ob er meinte, dass seine Macht abnahm – wir haben den Vorfall mit keinem Wort mehr erwähnt. Es wird schon einen Anlass gegeben haben, aber den habe ich dann vergessen ... in jedem Fall hat er mich damals geschlagen. Für mich war das immer gerade spannend, so ein physischer Streit um die Macht zwischen Mann und Frau. Aber in dem Moment, als die Phantasie Wirklichkeit wurde, hatte ich fürchterliche Angst. Ich vergaß meine Karatestunden, und er hat mich windelweich geprügelt. Danach ist nie mehr etwas passiert, ich riskiere nicht mehr, ihn so anzuschnauzen ... und ich schlage die Kinder nicht mehr. Ich tat das öfter, es schien mir eine gute Erziehungsmethode zu sein, und ich ließ mich auch gehen, verstehst du. René hat mich eine Woche völlig ignoriert, während ich lahm von den Prügeln durchs Haus schlich. Ich traute mich nicht, etwas zu sagen ... und allmählich wurde alles wieder normal."

Johannes war bestürzt, das sah sie.
"Hat er – habt ihr euch nie ausgesprochen?", fragte er.
Sie schüttelte den Kopf.
"Er sagt zwar immer: Die einzige Therapie gegen Hysterie ist ein Eimer kaltes Wasser über den Kopf oder eine tüchtige Tracht Prügel. Als Psychiater muss er sehr viel ertragen und kann nichts unternehmen, er muss immer die Ruhe bewahren. Vielleicht hat er die Therapie dann einmal zu Hause angewandt oder es war nachträglich Vergeltung der verletzten Ehre, ich weiß es wirklich nicht."
"Wie könnt ihr einfach weiter leben? Zusammen an einem Tisch, miteinander im Bett…"
"Ich hatte meine Herzbeschwerden bereits, sie sind nicht dadurch entstanden."
"Auf jeden Fall müsst ihr euch hierüber aussprechen, das ist klar. Gibt es noch andere Dinge?"
"In meiner Arbeit erlebe ich sehr viel Stress, du kennst das. Und dazu haben wir noch vier Kinder, obwohl ich eine gute Hilfe im Haushalt habe. Ich bin eine emanzipierte Frau, so sieht es jedenfalls aus. Ich genieße das Leben, Johannes, den Luxus, die Schönheit … ich weiß, dass ich ein schwieriger Mensch bin, nicht freundlich. Ich finde alles prächtig, nur die Menschen nicht. Sie sind dumm, schwach und hässlich. Niemand kann der Agnes das Wasser reichen", lachte sie. "Das ist natürlich Unsinn … ich weiß es wohl besser – und doch auch wieder nicht. Es macht mir nichts aus, wenn Menschen mich für eine Schlange halten, was soll's. Ein 'gutes Herz', nein, das habe ich nicht. Der Meister sagte übrigens, dass ich aus Angst bestehe."
"Der Meister?"

"Dein Freund, der Inder. Ich begegnete ihm, und er hat mich in sein Meditationszimmer mitgenommen. Ich fand es unheimlich. Ich habe doch überhaupt keine Angst. Findest du, dass ich ein ängstliches Wesen bin, so ein Angsthase?"
"Du weißt deine Angst gut zu überschreien, aber er sieht das natürlich richtig. Er sieht alles, nun ja, wenigstens sehr viel."
"Was nun?"
"Komm bitte mit in mein Sprechzimmer in die Klinik, dann untersuche ich dich, lasse ein EKG machen und so weiter."

Sie ging mit ihm durch den Park zu einem etwas tiefer gelegenen Gebäude. Dort herrschte ein reges Treiben, es gab hier mehr zu tun, als im Hauptgebäude.
"Die Klinik ist das ganze Jahr hindurch belegt … auch außerhalb der Saison. Wir hatten nicht damit gerechnet, dass die Bevölkerung hier uns ihr Vertrauen schenken würde. In kurzer Zeit sind wir zu einer Art Regionalkrankenhaus geworden, in dem viele akute Probleme behandelt werden müssen. Zum Glück habe ich neben Eva, meiner Frau, die die alternative Therapie anwendet, auch noch meine rechte Hand aus Amsterdam hier. Er kümmert sich um alles, ohne ihn wüsste ich mir keinen Rat."
Er öffnete die Tür zu seinem Zimmer. Sie war durch das Interieur wie auch durch ihn gerührt. In allem sah man seine Hingabe, seine Sorgfalt, sein Können.
Er erledigte die physische Untersuchung so ausführlich und sorgfältig wie ein Famulus, der es noch lernen muss. Zum Schluss schloss er selbst das EKG-Gerät an und druckte das EKG aus. Während sie sich wieder ankleidete, schaute er es sich an, und er machte ein ernstes Gesicht, als sie wieder vor

dem Schreibtisch Platz nahm. Er schaute auf.

"Bei der Untersuchung schien alles in Ordnung zu sein." Er erhob sich mit dem EKG in der Hand und zeigte es ihr. "Aber schau, Agnes. Hier sieht man einen alten Vorwandinfarkt … und man sieht Hinweise auf eine Ischämie, schon ohne Anstrengung ist das deutlich zu sehen." Er legte seinen Arm um ihre Schultern, als ob er sie vor einem Schlag, der sie traf, beschützen wollte. "Es ist also viel schlimmer als erwartet, siehst du?"

Sie sank in sich zusammen. Weg war die stolze Agnes. Eine Operation und dann noch ungefähr zehn Jahre … wenn alles gut ging. Der Tod bezog Stellung in einer sichtbaren Entfernung, sie würde ihn nie mehr *nicht* sehen.

"Was würdest du tun, Johannes, wenn du so etwas hättest? Sag mir, was würdest *du* tun?"

"Die Frage ist: Ist jede Therapie erlaubt, wenn sie das Leben verlängert? Ist diese auch im Licht der Ewigkeit erlaubt? Das ist eine ethische Frage, nicht nur eine rein medizinische. Heutzutage arbeitet man in der Medizin mit Standards, das weißt du. Wenn dieses passiert, handelt man so, und wenn jenes geschieht, handelt man auf eine andere Weise. Du wirst sagen: Die Euthanasie beweist, dass wir uns nicht nur mit der Verlängerung des Lebens beschäftigen. Nein, hier spielt in der Tat die Lebensqualität eine Rolle. Aber von diesen qualitativen Prozessen, davon wissen wir nur das Gröbste. Glück oder Unglück, Schmerz, Leiden oder Wohlbefinden … das sind so ungefähr die Qualitäten, die wir kennen. Aber wir haben kein Sinnesorgan für die verfeinerte Qualität. Ist eine Operation, die das Leben verlängert – während das Leben dann wieder

Glück und Wohlbefinden bringen kann – immer im verfeinerten Sinn qualitativ berechtigt? Haben wir nach einer solchen Operation psychisch und geistig noch dieselben Möglichkeiten wie zuvor? Dafür gibt es keine Messinstrumente. Solche Fragen gelten natürlich auch für aggressive chemische Therapie. Ich kann der jetzigen medizinischen Wissenschaft nicht beweisen, dass durchaus ernsthafte – wenn auch verfeinerte – qualitative Beschädigungen auftreten. Manche Eingriffe sind erlösend, andere wiederum fesseln die Seele an den Körper. Ich könnte es zwar beweisen, aber dann müsste die Wissenschaft bereit sein, von Alpha bis Omega mitzudenken, aber sie passen, sagen wir, schon bei Beta. Man will einen anschaulichen Beweis, keinen denkenden Beweis, bei dem die Anschauung zwar entsteht, aber dann bei jedem Denker innerlich und individuell. Für dich gibt es zwei Wege, nach dem äußerlichen Weg lässt du dich katheterisieren, und wir haben Angst vor dem Resultat: Man wird vielleicht eine Operation empfehlen. Dieser wirst du dich dann unterziehen, du rekonvaleszierst und lebst wieder fit und munter, bis sich das Problem erneut einstellt, und dann sehen wir weiter. Wer weiß, wie weit die Wissenschaft dann schon ist. Der innerliche Weg dagegen ist ein Weg weitgehender Selbsterkenntnis, ein Übungsweg, der tagtäglich großen Einsatz fordert, die Bereitschaft, sich selbst ehrlich aus einem sich metamorphosierenden Bewusstsein heraus anzuschauen. Arzneimittel helfen auch, aber das Wichtigste ist die 'innerliche Hygiene'.

Wenn du mich fragst, was ich tun würde, ist das eine unmögliche Frage, denn ich gehe den innerlichen Weg schon seit Jahren, ohne Krankheit als Anlass dazu. Ich würde mich keiner Operation unterziehen, weil ich die qualitativen psychisch-geistigen Folgen, wie diese für *mich*, als Individualität gelten, durchschaue. Agnes, es wird eine Zeit geben, in der ich für diese Worte zur Verantwortung gerufen werden würde, eine Zeit, in der der Standard zur Pflicht werden wird, in der der Arzt, der sich nicht an den Standard hält, wie ein Verbrecher bestraft wird. Darum sitze ich hier, als ein unbedeutender Arzt in den Bergen – ich kann mich den Standards nicht unterwerfen, weil ich durchschaue, was sie ihrem Wesen nach sind."

"Und wenn ich dann in drei Jahren an einem Herzinfarkt sterbe, während ich mit einer Operation noch viele Jahre gut hätte leben können?"

"Du fragtest mich, was *ich* getan hätte. Verstehe mich bitte gut, ich rate dir nicht, auf eine eventuelle Operation zu verzichten, auf diesen Gedanken würde ich nie kommen. Dennoch ist nicht nur die Quantität – die Anzahl von Jahren – maßgebend. Wenn du daneben das Vermögen der Seele und des Geistes, sich physisch zu entfalten, als Maßstab hast, können drei Jahre in den Bergen mehr bedeuten als zehn Jahre sonstwo."

"Mein Gott, Johannes! Was soll ich tun?"

"Ich muss mich besinnen. Ich möchte gern, dass du noch einmal mit dem Meister sprichst. Frage ihn, was er davon hält."

Diesmal empfing er sie in seinem Zimmer im Hauptgebäude. Er saß mit dem Rücken zum Fenster und erhob sich, als sie das Zimmer betrat. Hier lagen keine Teppiche, es war hell, das Zimmer war gut ausgestattet, vom Fenster hatte man eine schöne Aussicht auf den Park. Er lächelte freundlich. Jetzt war er kein gefährlicher Löwe, vor dem man sich hüten musste, er war ein netter dunkelhäutiger Herr…

"Setz dich bitte", lud er sie ein. "Diesmal hat dein Freund mir einige Fragen gestellt. Der Doktor, dein Freund Johannes, stellt seine Diagnose aus dem Licht des Geistes, der Meister, der dir hier gegenüber sitzt, fühlt die Prozesse im Körper des anderen Menschen mit…" Es blieb eine Zeit still. Sie fühlte, wie sie nervös wurde. Musste sie dies alles denn wirklich glauben?

"Weißt du…", sagte er nachdenklich, "es ist alles nicht so schlimm, wie es auf dem EKG aussieht. Man registriert damit nur einen Bruchteil von dem, was sich in Wirklichkeit abspielt. Ein alter Infarkt … ja, natürlich. Sauerstoffmangel des Herzmuskels? Sicher. Aber die Ursache liegt viel mehr in der Dynamik der Gefäße als in einer schlechten Verfassung der Gefäßwand, in deinem Fall, nicht wahr?" Er beugte sich etwas nach vorne und sagte: "Agnes, du bist ein sehr sensibler Mensch, obwohl du das nicht gerne hörst. Du hast deine Ängste und Sensibilität wegrationalisiert. Du hast dir vorgenommen, wirklich alles aus diesem Leben herauszuholen, was herauszuholen ist, und du lässt dich nicht von allerlei Schwächen hindern. Das ist, wenn ich dein Wesen betrachte, so wie es außerhalb der engen Grenzen dieses Lebens ist, auch ganz verständlich. Du besitzt viel zu viel Kraft für eine solch große Sensibilität … und doch ist dein Wille schwach. Dein Eigenwille ist zwar stark, aber deine wirkliche Willenskraft nicht. Solch eine Labilität packt den Körper, jahrein, jahraus. Bei dir ist alles noch vor allem *Dynamik*, mein Kind. Keine verschlackten Gefäße, nur Spasmen. Angst. Du hast fürchterliche Angst, vielleicht noch am meisten vor dir selbst, vor der, die du dem Wesen nach bist."

Sie seufzte. Hier hört jeder Glaube auf, dachte sie. Es hat keinen Zweck, über Glauben zu streiten, wenn man die Wahrheit in jedem Wort spürt. Sie sagte:

"Ich bin ein *schlechter* Mensch, Meister. Sehen Sie, dass ich ein schlechter Mensch bin? Sehen Sie das auch?"

"Menschen, die behaupten, dass sie schlecht sind, sind *faul.*"

"Ich arbeite sehr hart! Ich habe einen schweren Job, und zu Hause noch einen Mann und vier Kinder. Zweimal in der Woche mache ich Fitness und was weiß ich noch alles!", rief sie entrüstet.

"Das machst du alles gerne, das ist keine Kunst. Aber wenn du etwas tun sollst, um das man dich bittet, widersetzt du dich wie ein kleines Kind, das nicht beim Abwaschen helfen will. Ich meine die innerliche Faulheit, fast völlige Passivität. Die einzige Aktivität ist der innere Widerstand – und der höhlt den Willen aus, macht schwächer und schwächer."

"Ich bin stark, Meister!"

"Das ist die Maya des Sichtbaren. Du hast einen schönen, gut trainierten und versorgten Körper. Aber du verträgst nichts."

Ihr Zorn steigerte sich.

"Ich habe einmal eine Tracht Prügel bekommen und keinen Mucks von mir gegeben."

"Das scheint mir ziemlich albern. Ich nehme an, dass es ein *Mensch* war, der dich geschlagen hat?"

Sie nickte.

"Dann hättest du seine Triebfeder untersuchen müssen. Faulheit und Angst, Agnes, darum handelt es sich."

Er saß nur da und warf ihr die gröbsten Beleidigungen an den Kopf. Warum stand sie nicht einfach auf? Weil es wahr war ... sie sagte:
"Und doch bin ich ein schlechter Mensch, faul oder nicht, ängstlich oder nicht, ich bin schlecht. Ich blicke gern auf andere herab, bin gemein zu anderen, gönne dem anderen kein Glück und so weiter. Wenn meine kleine Tochter darum bittet, erklären zu dürfen, warum sie dieses oder jenes getan hat, gebe ich ihr ein paar Ohrfeigen – und ich tue das gerne."
Sie provozierte. "Ich jage den Famuli einen höllischen Schrecken ein, indem ich ihnen schwierige Aufträge gebe, ich bin bewusst unfreundlich – und eigentlich kann die ganze Welt zur Hölle fahren! Mit Ihnen und Johannes und dem ganzen Rest!"
Sie brach in Tränen aus, wütend und verzweifelt zugleich. Der Krampf in ihrer Brust stellte sich wieder ein. Er bemerkte es, stand auf und rieb mit seiner Hand zwischen ihren Schulterblättern. Der Schmerz nahm ab, er legte die andere Hand sanft auf ihren Hinterkopf und drückte sie etwas nach vorne, eine Wohltat entströmte diesen sanften Händen.
"Sei mal ehrlich, Agnes. Ist dies das Einzige, das du über dich selbst erzählen kannst? Gibt es denn nirgendwo einen, sei es nur winzigen Sonnenstrahl? Etwas Gutes, eine kleine Tugend in diesem kindlichen Herzen von dir, hm?"
Sie schluchzte, untröstlich. Sie wollte jetzt wohl das Kind sein, das kleine Mädchen bei Papa auf dem Schoß, das ganze Leben noch vor sich, unverdorben... Er streichelte und tröstete sie, bis sie zur Ruhe kam. Ihr Make-up war verlaufen, auf ihrer Bluse saßen Flecke, ihr Haar war durcheinander. Sie schnäuzte sich die Nase im Taschentuch des Meisters und

stammelte:

"Ja ... es gibt wohl etwas, Meister. Dass ich etwas bereue. Etwas zutiefst bereue. Und schon so lange ... wer will denn so hart sein und gehasst werden wie ich? Ich habe mich immer in jeder Hinsicht unterlegen gefühlt, war immer geringer als meine Schwester, mein Vater, meine Mutter. Geringer als René, mein Mann ... sogar geringer als meine Kinder. Meine einzige Triebfeder ist Selbstverherrlichung, weil ich eine Null bin, ein Niemand. Agnes ist schön, eifersüchtig und faul. Es werden Eimer voll Pech über sie ausgeschüttet, und das ist genau das, was sie verdient. Aber ich will nicht brav sein, damit erreicht man in der Welt nichts, rein gar nichts. Also: Will ich mich ändern? Aber nein!" Sie schaute auf, in die treuen braunen Augen des Weisen. "Und dennoch ... fühle ich Reue. Sehen Sie das Chaos, Meister? Das Paradoxe? Ich bedauere *alles*, wie ich bin, was ich getan habe. Ich habe viel Böses getan, Unrecht, habe gelogen und betrogen – und alles mit großem Vergnügen. Und doch hinterher auch mit Bedauern. Aber an wen sollte man sich für eine Vergebung wenden? An einen Priester im Beichtstuhl? An Johannes? Maria? René? Wenn man Reue zeigt, ist man schwach, dann ist man erst recht eine Null. Ich habe bedauert, dass ich nie wirklich mit Papa gesprochen habe. Als er tot war, wurde ich fast verrückt vor Reue. Johannes sagte: '*Fühle* die Ohnmacht.' Was habe ich getan? Ich habe noch lauter geschrien als vorher schon, um die Reue zu vergessen."

"Reue hat nur dann einen Sinn, wenn man sie in aller Gemütsruhe fühlen kann. Wenn man dadurch verzehrt wird, ist es genau derselbe Egoismus, der einen quält, wie in der Sünde. Reue muss einen *einsehen* lassen, wie unvollkommen man noch ist – und diese Einsicht muss man nachher ruhig ertragen können. Gibt es vielleicht noch eine kleine Tugend in dieser bösen Agnes?"

Sie war ein Kind, ein kleines Kind. Ihr gegenüber saß ein Zauberer, der ihr gut oder schlecht gesinnt war. Hier musste sie nicht ihre Sünden beichten, sondern ihre Tugenden – wenn sie diese hatte.

"Ist Sehnsucht eine Tugend, Meister? Alles in mir ist Sehnsucht. Ich suche mich selbst, und alle Mittel sind erlaubt. Ich greife ins Nichts, es gibt keinen Boden. Ich brauche die Außenwelt, damit sie mir bestätigt, dass ich existiere. Aber *was* genau existiert, das weiß ich nicht. Ich möchte so gern ganz aus mir selbst *sein* – wie meine Zwillingsschwester, sie braucht nichts und niemanden, um sagen zu können: Ich Bin! Ja, Meister, ich habe Angst. Angst vor mir selbst, vor der Leere, vor der Vergänglichkeit, vor dem Tod. Ich besitze ein schönes Haus, teure Kleider und einen Sportwagen. Juwelen und ein gut gefülltes Bankkonto. Das alles ist da, um zu beweisen, dass es Agnes gibt. Aber wenn ich gestorben sein werde, wird das andere noch da sein ... also ist es Agnes gar nicht, es sind nur Ausscheidungsprodukte. Sehnsucht, Meister. Nach dem *Sein*. Ich existiere nicht, die Umgebung lässt mich existieren!"

Sie spürte Erbarmen, sah es in seinen Augen, in seiner Miene. Er sagte:

"Sehnsucht ist bestimmt eine Tugend, Agnes. Mein Buddhismus hat mich gelehrt – und ich habe verkündet – dass alle Sehnsucht Leid bringt. Sie ist die größte Ursache des Leidens und muss also systematisch abgelegt werden. Dann aber begegnete ich Johannes, und ich fing an, heftig zu verlangen. Ich sehnte mich danach, zu verstehen, wie er so sein konnte wie ich ihn sah, sehnte mich nach seiner Freundschaft, seiner Nähe, nach einer Verwirklichung des *Seins* hier und jetzt, auf Erden und nicht im Nirwana. Alles, was ein Mensch verlangen kann und verlangen *darf*, ist hier auf Erden unter uns. Es fehlt uns nur ein Sinnesorgan, um das große Glück wahrnehmen zu können. Ja, Agnes, Sehnsucht ist eine Tugend, vielleicht wohl die größte und unumgänglichste Tugend aller Zeiten."

"Was muss ich tun?", fragte sie verzweifelt.

"Suche dich selbst, Agnes – aber suche dich selbst im Innern. Jeder weiß jetzt recht gut, dass es dich gibt, du brauchst uns das nicht mehr zu beweisen. Du denkst immer: Ich bin hier in einem Märchen gelandet. Nun denn: Mach dich auf den Weg, auf innerlichen Pfaden, auf der Suche nach dir selbst. Nur das Finden von dir selbst kann dich von deiner Selbstsucht heilen. Selbstsucht ist die Sucht nach dem Selbst – und sie hört auf, wenn man sich selbst gefunden hat. Suche das Licht, mein Kind, das nur dort zu finden ist, wo die Sonne untergeht. Das physische Licht verblendet deine Begabung, das innere Licht zu sehen."

Er ließ sie gehen, ihre Sehnsucht war größer denn je, aber sie ging mit nichts in ihren Händen, überhaupt nichts. Sie stand vor der absoluten Leere, dem Abgrund des Daseins – sie stand vor dem Abgrund ihres eigenen Wesens.

Übereinstimmung beruht auf gemeinsamen Überzeugungen.

Jürgen Habermas

Menschliche Erwägungen werden oft von Pfaden durchkreuzt, die das Schicksal sich gebahnt hat. Jean wollte so gerne mit in das wunderbare Institut in den Bergen, zu Johannes … und musste Maria alleine fahren lassen, weil er am Gericht einen wichtigen Termin hatte. Er würde einige Tage später kommen. Maria nahm den Zug. Am Bahnhof wollte sie ein Taxi nehmen, aber zu ihrem großen Erstaunen stand Johannes selbst am Bahnsteig. Er umarmte sie, als ob sie gute, alte Freunde waren, nahm ihre Tasche und brachte sie zu seinem Auto.

"Ich hoffe, dass es dir nichts ausmacht, in meinem Haus zu wohnen, Maria. Wir haben viel Platz – und da du nun endlich gekommen bist, möchte ich dich bei mir in der Nähe haben!"

Er war erneut wie die Sonne, die erleuchtet und Wärme schenkt. Es machte sie ein wenig verlegen.

"Hast du eine gute Reise gehabt?"

"Ach, es ging. Jean kommt Montag mit dem Wagen. Wie ging es mit Agnes?"

Er schwieg, in Gedanken versunken, während er die Serpentinen nach oben fuhr. Gerade, als sie dachte, dass er sie nicht gehört hatte, antwortete er:

"'Lebt das Herz mit der Verzweiflung, so wird es höllisch für die Seele.' Die Anfangsworte des Parzival gelten wirklich für Agnes. Wenn sie nur das liebe, unschuldige Kind sein wollte, das sie in der Tiefe doch ist … dieses unnötige Tamtam … Wie ist dein Verhältnis zu ihr?"

"Wir gehen natürlich sehr vertraut miteinander um, ich meine ganz anspruchslos, obwohl wir wenig miteinander reden. Es gibt jedoch nicht viel Gemeinsames. Nur wenn sie in Schwierigkeiten gerät, spricht sie mit mir. Wir sehen uns nicht oft. Außerdem hat Jean nicht so viel Lust, mit den beiden umzugehen, er fühlt sich nicht wohl in ihrer Anwesenheit, er erträgt das Chaos nicht. Sie hat sich immer als die mir weit Überlegene verhalten – in gewissem Sinne wenigstens. Sie hat mehr aus ihrem Leben gemacht, meint sie. Auf der anderen Seite aber stellt sie mich auf so einen hohen Sockel, dass wir einander nicht mehr sehen können. Das unschuldige Kind sehe ich eigentlich nicht in ihr. Sie ist jemand, mit der man viel Ärger hat. René ist doch ziemlich ausgeglichen. Ich bewundere ihn wegen seiner Geduld mit ihr … wenn er sie manchmal auch verliert."

Durch das Gespräch sah sie nicht viel von der Landschaft. Plötzlich fuhren sie in einer Ebene, einem Tal, das in großer Höhe lag, inmitten stattlicher Berggipfel.

"Das hier ist etwas anderes als Amsterdam", murmelte sie.

"Ich vermisse die alte vertraute 'Stadt auf Pfählen' schmerzlich. Aber für den Weg zum Geist ist dies hier eine gnadenvolle Umgebung. Ich freue mich darauf, dich den andern vorzustellen."

Er fuhr den Wagen vor die Garage eines großen, neu erbauten Chalets. Sie fühlte sich außerhalb der Wirklichkeit. Sie lief neben einem Freund, den sie kaum kannte, in einem Land, wo sie noch nie gewesen war, und doch war ihr alles vertraut. Ein Leben voller Sehnsucht lag hinter ihr. Sehnsucht nach einer Wirklichkeit, die sich außerhalb von Raum und Zeit erstrecken kann, nach Unvergänglichkeit, nach wirklicher Freundschaft. Sie hatte zehn Jahre gearbeitet und gewartet, nachdem sie die Richtung gesehen hatte, die sie einschlagen musste. Jetzt stand sie auf der Schwelle zur Befriedigung ihrer Sehnsucht ... und diese Befriedigung würde immer und immer wieder neue Sehnsucht entfesseln.

Links von der Eingangshalle lagen die Wohnräume, rechts ein Studierzimmer und ein großes Gästezimmer mit Flügeltüren, die sich zu einem von einer Hecke umschlossenen Garten öffneten.

"Ich lass dich allein", sagte er. "Soll ich den Tisch für den Lunch decken? Die Kinder sind in der Schule, meine Frau ist in der Klinik. Du wirst sie heute Abend sehen."

Sie nickte. Er schloss die Tür, und sie war allein. Sie setzte sich aufs Bett. Nichts kann im Innern sein, das nicht mit den Sinnen aufgenommen wurde. So schien es wirklich zu sein ... bis man kennen lernt, was wirklich aus einem *selbst* kommt, aus seinem eigenen Innern, außerhalb aller Sinneseindrücke, was nicht auf Erfahrung beruht, die aus Erziehung oder Umwelt stammt. Völlig *eigen*. Die *Art und Weise*, wie man alle Sinneseindrücke aufnimmt, ordnet, versteht und sich erinnert oder vergisst, ist so individuell wie das Wesen, das man mit 'Ich' anredet. 'Das alles kommt von den Genen und beruht auf der individuellen Charakteristik des Körpers', antwortet dann der Materialist. Aber das ist eine übereilte

Antwort, ohne eine grundlegende Untersuchung. Gerade die sehr besondere Umgangsweise mit den Sinneseindrücken ist schlechthin *nicht* physisch. Das kann man lernen, gewahr zu werden, wenn man immer wieder und wieder den nicht sinnlichen Teil des Erkenntnisprozesses innerlich untersucht. Es wird allmählich eine Aktivität, die man anschauen kann – und in der Anschauung sieht man ohne Zweifel, dass der Körper hier nicht mitmacht, *absolut* nicht mitmacht. Es ist ein auf sich selbst beruhendes Gebiet, wie ein zweiter Körper, universell, aber durchaus individuell, es ist ein schauerliches, faszinierendes Erlebnis.

Hier, jetzt, befand sie sich in einem Tempel, in dem der Hohepriester wohnte … in der modernen nüchternen Zeit ganz einfach Johannes, in seinem Chalet in den Bergen. Letzteres wollte der ängstliche Verstand nur sehen: Der moderne Mensch hat eine Höllenangst vor den Höhen und Tiefen des Geistes, ganz gewiss, wenn dieser Geist in einem Mitmenschen in Erscheinung tritt. Maria hatte keine Schwierigkeiten damit, sie sah durch die Maya der sinnlichen Erscheinung, dass sie sich in einem Tempel befand, in dem ein Hohepriester wohnte, arbeitete, in dem er die Einweihung empfangen hatte und jetzt alles gab, um dies anderen weiterzugeben. Sie sah Johannes ohne diesen Schleier des Körpers, in dem er wohnte, ohne den Schleier des Berufs, den er ausübte. Sie sah ihn im Jetzt, aber sie sah hinter ihm, wie er einst war…

Sie saßen einander gegenüber am Küchentisch. Überall im Haus war es hell, sauber, großräumig und einfach.

"Ich bin dir sehr … dankbar, dass du so viel Zeit für mich hast", sagte sie verlegen.

Er lächelte.
"Ich habe dir bereits gesagt: In einigen Wochen fängt hier die Sommersaison an. Für viele Leute bedeutet das einen reizvollen Urlaub mit einem Hauch Spiritualität. Sie suchen Ruhe, Diätkuren, Meditationskuren, Massagekuren. Sie werden böse, wenn sie innerlich aktiv werden müssen. Ein Rezital, ein Vortrag über Philosophie ... das geht noch, das ist viel gefragte kulturelle Erziehung. Ein Einzelner, wirklich nur ein Einzelner, Maria, meint es wirklich ernst. Für diesen Einzelnen bin ich hier, alles andere ist eine Art Tortur. Alles nette, wohlwollende Leute mit Talenten und Schwächen, aber ohne eine blasse Ahnung davon, was unsere Zeit von uns fordert. Alles wird von selbst wieder gut, meinen sie, wenn man nur gut schauen und zuhören kann. Sie wollen mich davon überzeugen, dass ich zu intellektuell bin, zu rational und dass sie einen viel besseren Weg für mich wissen."
Maria überkam ein kaltes Grausen. Bestürzt fragte sie: "Was machst du mit so etwas? Wie gehst du damit um?"
Er schüttelte den Kopf.
"Nicht. Nichts. Dem ernsthaften Einzelnen schenke ich neunundneunzig Prozent meiner Aufmerksamkeit. Den Rest, das eine Prozent, das müssen sie miteinander teilen. Manchmal ist sogar das noch zuviel."
"Aber ... du mit deinen Gaben, deiner Kraft, deinem vor Liebe überfließenden Becher... Johannes! Als Professor hattest du wenigstens hunderte Schüler, die von dir lernen konnten..."
"Das war nicht mehr möglich, wirklich nicht. Ich musste meinen Beruf und mein eigentliches *Sein* andauernd künstlich getrennt halten. Daran stirbt man auf die Dauer, Maria.

Ich 'versündigte' mich bewusst, Tag und Nacht, an meinem Geistesweg. Nicht, weil ich nichts Gutes in der heutigen Medizin sehe, sondern weil ich nicht aus meinem Wesen heraus, meinem Können, meiner Entwicklung arbeiten konnte, immer weniger. Hier gebe ich mich entweder voll und ganz oder ich halte mich bewusst zurück, aber ich kann freiheraus *sein*. Durch deinen Besuch, Maria, wird aller Widerstand, der ganze tagtägliche Unsinn, unwichtig. Ich habe dir einen einzigen Hinweis am Grab deines Vaters gegeben, und du hast ihn vollständig benutzt, in Einsamkeit, mit voller Kraft und in voller Freiheit, von nichts anderem geführt als von dem, was in deinem Innern ruht. Jetzt bist du hier, und ich weiß dich geistig ganz auf meiner Seite. Restlos. Nicht als eine Schülerin, sondern als eine Schicksalsgenossin, eine Mitkämpferin, eine Kollegin."

"Von außen her sieht es vielleicht aus wie Einklang, beruhend auf gemeinsamer Überzeugung. Nichts ist weniger wahr. Die Töne in einem harmonischen Akkord sind auch nicht miteinander im Einklang durch ihre gleiche Natur, sondern gerade durch die harmonischen Unterschiede. Du und ich ... Johannes ... wir haben keine Überzeugungen. Diese beruhen auf dem Annehmen von etwas. In uns spricht der Geist, genau so objektiv vernehmbar wie die Stimme eines anderen Menschen. Dass derselbe Geist dich und mich im Einklang hält, ist eine Selbstverständlichkeit."

"Wenn du nicht zu müde bist, möchte ich dir gerne das Institut zeigen und dich meinem Freund, dem Meister, vorstellen."

Er räumte den Tisch ab, während sie seine Gebärden beobachtete. Sie sah in ihm einen *Menschen*, aber größer als alle anderen, vielleicht auch älter als alle anderen. Jemand, der durch alle Zeiten hin die Entwicklung der Menschheit erlebt hat, ein Führer, aber sanft und zart, voller Ehrfurcht trotz aller innerer Erfahrung. In einem Zeitalter der Computer und Satelliten ziehen Führer sich in die Berge zurück, um ihre ganze Größe dem ernsthaften Einzelnen zu schenken.

Sie war müde, aber sagte:

"Meine Müdigkeit wird bestimmt verschwinden..."

Er zog sein Jackett an und ging mit ihr nach draußen, wo die Frühlingssonne schon ordentlich Wärme spendete. Sie ging neben ihm auf einem Pfad in den Feldern. In der Ferne lag ein großes Gebäude, das Hauptgebäude. Sie ging neben ihm und fühlte eine entfernte Vergangenheit herauftönen, in der sie auch neben ihm gegangen war. Sie dachte an Jean. Er war physisch ein reizvoller Mann, flott und hübsch, mit ziemlich viel Flair im Umgang. Dieser Mann neben ihr konnte nicht mit derartigen Kategorien umschrieben werden. Er war nicht eine Individualität in einem physischen Leib ... bei ihm war alles eins, in einem Einklang von Schönheit, Weisheit und Kraft, während er die Einheit bewusst aufrecht erhielt aus einer völligen Selbständigkeit dieser drei vollkommen gewordenen Wesen in der Seele: Denken, Fühlen und Wollen. Sie wollte den Spaziergängern, denen sie unterwegs begegneten und die sie höflich grüßten, zurufen: Erwachet! Begreift doch, welcher Mensch hier geht, wer euch hier empfängt, erkennt doch, wie außergewöhnlich es ist, in dieser modernen Zeit einfach solch einem Menschen begegnen zu dürfen. Geht nicht so achtlos vorbei. Ihr braucht ihn nicht zu bewundern, ihr müsst nur euer Glück erkennen und mit aller Kraft das aufnehmen, was er euch bietet! Wartet nicht mit seiner Anerkennung, bis er tot ist!

"Nach meinem Studium, Maria, habe ich bewusst gesehen, wie die moderne Erziehung, die Lehrmethoden, die Seele töten. Die Seele wird ein bleicher, kalter Leichnam, man schaut mit toten Augen in ein helles ungefärbtes Sonnenlicht und man zergliedert es in bestimmte Frequenzen. Ich habe mit dem Verlust gelebt, bis ich den Meister kennen lernte. Er warf mich zurück in meine verlorenen Jugendgedanken, und es war verführerisch, ihm zu folgen. Aber ich durfte nicht zurück, ich musste durch den Tod hindurch. Du bist denselben Weg gegangen, du hast unter der Beschränkung der sinnlichen Wahrnehmung gelitten. Du *wusstest*, dass sie nur Bild ist, Schleier *vor* einer anderen Realität, aber es gelang dir nicht, dieses Wissen in ein *Tun* umzusetzen. Ich bin den Weg vom Denken zur Wahrnehmung gegangen, du den Weg von den Sinnen zu den Begriffen. Hier, auf halbem Wege, begegnen wir einander. Ich möchte dich bitten, mir einmal so detailliert wie möglich zu beschreiben, wie dein Weg war. Morgen, übermorgen, wann du willst."

"Morgen, Johannes."

Sie hatte das Institut besichtigt, einige Mitarbeiter begrüßt, und jetzt liefen sie weiter den Pfad hinab, in Richtung eines alten Chalets, ganz am anderen Ende des Geländes.

"Er erwartet uns und freut sich auf unser Kommen. Agnes hat ihn schon einige Male getroffen, sie hatte Angst vor ihm."

"Angst?"

"Er hat eine elementare Kraft, wie der Sturm und das Gewitter. Er kann auch strahlen wie die Sonne, aber über sie hat er gedonnert und geblitzt. Wenn du ihn siehst, wirst du verstehen, wie sehr sein Wesen mich gefesselt hat in einer Zeit, in der *mein* Wesen in Abstraktion, in der Wissenschaft gebannt war. Dazu besitzt er ein großes Einfühlungsvermögen, er ist wirklich ein lieber Mann mit einem zarten und innigen Herzen."

In der Ferne, auf der Terrasse, sah sie eine kleine dunkle Gestalt winken.

"Er mag Menschen so sehr!", sagte Johannes gerührt. "Und dabei wird er so oft enttäuscht!"

Er war von kleiner Gestalt, ziemlich kräftig gebaut, mit einem großen Kopf mit dickem, grau-schwarzem Haar, schönen, verlangenden, braunen Augen und unwahrscheinlich weißen Zähnen. Er trug eine schwarze Hose und ein schwarzes Hemd, was ihm das Aussehen eines Priesters verlieh. Er gab ihr herzlich die Hand und rief aus:

"Maria! Derselbe Name wie meine Lebensgefährtin. Maria. Sie hat sich zur Leiterin des technischen Dienstes hier gemacht und ist im Moment mit dem Finanzdirektor, Herrn Stern, in einer Besprechung. Aber du wirst sie noch treffen, Maria! Du ähnelst deiner Zwillingsschwester überhaupt nicht, in keiner Hinsicht. Hm … außer der Strahlung, die bei Agnes rein physisch ist und bei dir rein geistig. Komm, setz dich zu mir, Maria! Du bist ein lang erwarteter Gast."

Sie setzten sich auf die Terrasse, während der Meister geschickt ein Tablett mit Gläsern, Flaschen und einer Teekanne auf den Tisch stellte.

"Früher konnte ich noch keinen Tee machen. Damals kam ich aber als Hausdiener zu unserem geehrten Herrn hier, dem

Professor."

"Hausdiener!", rief Johannes lachend. Er wandte sich an Maria und erklärte es ihr: "Er hat auf unsere Kinder aufgepasst, als sie noch sehr klein waren und Eva ihr Studium beenden musste."

"Wie dem auch sei, jetzt kann ich sogar eine gute Mahlzeit zubereiten. Möchtest du Tee oder eine Erfrischung, Maria?"

Sie trank Tee und schaute über die Terrasse zur anderen Seite des Tals, wo die hohen Berggipfel königlich streng das Sonnenlicht empfingen. Sie seufzte tief. Sie hatte das liebliche Land ihres Vaters verlassen, das Land mit den Apfelbäumen … und befand sich jetzt in einem Gebiet voll beeindruckender Kontraste – sogar bei den Menschen! Der Meister lächelte.

"Du kannst viel vertragen. So eine lange Reise und jetzt schon wieder hier, auf der Terrasse bei dem alten Meister. Du gerätst auch nicht so leicht aus der Fassung."

"Haben Sie versucht, mich aus der Fassung zu bringen?", fragte sie verwundert.

Das Lachen des Meisters hallte von den Bergen wider.

"Aber nein! Ich kenne jedoch die Wirkung, die vom Meister ausgeht, mein Kind. Wenige vertragen sie, weil die ehrliche Selbsterkenntnis nicht ausreicht. Man will nicht gewahr werden, was ich sehe, verstehst du. Aber für dich ist das nichts Neues, du kennst dich selbst. Außerdem sehe ich deine große Schönheit, mein Kind. Große Schönheit."

Sie schwieg. Ach, sie spürte seine Kraft schon, natürlich. Aber sie fühlte keine Angst, sie fühlte Vertrauen.

"Bist du gekommen, uns zu helfen?", fragte er voller Ernst.

"Ich weiß es noch nicht, Meister. Ich wollte schon vor Jahren

kommen, aber das Leben verhinderte es. Jetzt durfte ich nicht länger zögern, und ich habe sofort mit Johannes Kontakt aufgenommen. Ich möchte erst mit ihm und auch mit Ihnen sprechen, Gedanken austauschen, von Ihnen lernen. Ich habe mein Leben zu Hause, meinen Mann, meine Kinder, obwohl sie schon erwachsen sind. Ich möchte meine Kräfte Ihren Kräften hinzufügen – aber wie, das ist mir noch nicht klar."
Der Meister nickte ihr freundlich zu. Er wandte sich an Johannes:
"Sie ist eine außergewöhnlich selbstbewusste Frau. Selbstbewusst und sehr bescheiden. Sie, Maria, ist die Weisheit selber. Die Weisheit, Johannes, ist, wie du weißt, eine Frau. Ich sage nicht *die* Frau. Das wäre nicht richtig, viele Frauen sind ja geradezu töricht. Als Buddhist habe ich gesucht, was Maria vertritt: die reine Sinneswahrnehmung, von jeglichem Denken befreit. Du hast das auch gesucht, aber in deiner westlichen Weise, gerade durch Verstärkung des Denkens. Sie ist weder Ost noch West ... ich würde gerne von ihr erfahren, wie sie so weit gekommen ist."
Der Mann in den Hügeln, der Engel auf ihrem Pfad, der ätherische Meister, hatte jegliche Unsicherheit von ihr genommen. Er hatte ihr eine Einweihung gegeben, wodurch sie das Bild, das der Meister hier von ihr schilderte, ohne Mühe vertragen konnte. Er sagte ja die volle *Wahrheit*. Sie hatte aus eigener Kraft, nur mit Hilfe einiger Sätze, aber mit dem Meister des Abendlandes als Licht auf ihrem Weg, gearbeitet. Die Disziplin war *ihre* freie Wahl gewesen, und die Freiheit war mit Gaben belohnt worden, wofür die passenden Worte noch erfunden werden mussten. Der Meister erkannte das mühelos, Johannes *wusste* es... Sie erwarteten etwas von ihr...

Erst am Abend sah sie Eva. Johannes hatte ihr die Klinik gezeigt, aber sie war in ihrem Sprechzimmer bei der Arbeit, und er hatte sie nicht stören wollen. Danach hatte Maria sich für eine Stunde hingelegt, und als sie zögernd ihr Zimmer verließ, traf sie ihre Gastgeberin in der Halle.

Öfter bedauerte sie ihre Schüchternheit, damals ... während des Praktikums für Physiologie. Johannes war für sie der ideale Mann, und sie hatte ihre Chance nicht genutzt. Jetzt stand sie auf einmal Eva gegenüber, und sie erkannte: Im Leben gibt es keinen Zufall, alles verläuft so, wie es verlaufen muss. Natürlich musste Johannes auf diese Frau warten, mit der er so viele Leben in Intimität verbracht hatte. Sie sah das ganz einfach, mit einem allumfassenden Blick. Eva war jung und lebhaft, vielleicht noch keine vierzig Jahre, lieblich und spontan, aber mit einer inneren Ruhe, die Maria nur bei Johannes gesehen hatte, bei sonst keinem anderen Menschen... Ganz kurz fühlte sie sich minderwertig, alt, hässlich und unbedeutend. Aber Eva nahm das Gefühl sofort von ihr, indem sie Maria begrüßte wie einen lang erwarteten Gast. Schaudernd folgte Maria ihr ins Wohnzimmer, wo sie jetzt auch die drei Kinder sah, zwei Jungen, zwölf und elf Jahre, und ein Mädchen von neun Jahren. Nach der Begrüßung verließen die Kinder das Zimmer, und Maria blieb mit Eva zurück.

"Es scheint mir sehr schwer, deine Arbeit und drei Kinder...", sagte sie ungeschickt. Sie musste mit der Bewunderung für diese Frau kämpfen, die neben Johannes, mit Johannes lebte.

Eva setzte sich ihr gegenüber und sagte:
"Ich habe immer sehr viel Energie gehabt, vielleicht sogar zu viel. Jetzt kommt mir das zustatten. Ich habe aber Hilfe dabei.

Ich habe jemanden in der Küche, die für uns kocht, und die Kinder müssen auch mithelfen. Ich bin noch geneigt, ihnen die Arbeit aus der Hand zu nehmen, weil sie in der Schule sehr viel leisten müssen. Aber Johannes ist in der Erziehung ziemlich konsequent, dagegen kann man nicht viel machen. Ich bin gespannt, wie das in der Pubertät gehen wird. Aber du hast doch selber auch neben deinem Familienleben immer gearbeitet, Maria?"

"Das war Nebensache, alles war eigentlich Nebensache, das ganze Leben war 'Nebensache', wenn ich darauf jetzt zurückblicke." Sie spürte ein kräftiges Glück in ihrem Herzen und fügte hinzu: "Ich bin sehr froh, dass ich jetzt hier bin. Ich sehe hinter der 'Nebensache', die das alltägliche Leben zu sein scheint, immer deutlicher die Perspektive der Realität."

Sie fühlte sich verstanden und völlig akzeptiert, wie sie war.

Eva erwiderte lachend:

"Du bist wohl ein anderer Typ als deine Schwester Agnes. Das ist jemand, zu der man emporschauen muss, ich bin froh, dass ich ihr nicht als Chefarzt oder so etwas begegnet bin. Johannes ist ihr sehr sympathisch, Gott sei Dank – und er kann ihr, glaube ich, schon beikommen."

"Es geht ihr überhaupt nicht gut, wir machen uns ernsthafte Sorgen um sie. Aber es ist schwierig, wirklich zu ihr durchzudringen, sie schirmt sich sehr stark ab."

Sie bemerkte wiederum, wie weit man mit einem solchen Gespräch auf dem Holzweg sein kann, wie viel Unrecht man einem Menschen damit tun kann. Sie wussten beide sehr gut, wer Agnes war und was ihr fehlte, jedoch Worte konnten das nicht im Entferntesten ausdrücken. Sie schwiegen. Schließlich seufzte Eva tief, schaute sie mit hellen blauen Augen an

und sagte:
"Agnes hat einen Keil zwischen uns getrieben. Nun ja, *ich* habe das getan, indem ich über sie anfing zu sprechen. Wie lange bleibst du bei uns, Maria?"
"Ich hoffe zwei Wochen…"

Schließlich sah sie beide zusammen, Eva und Johannes. Sie verwunderte sich über die Zärtlichkeit, mit der Johannes seine Frau behandelte, er schien neben ihr ein anderer Mensch zu sein, als ob er nur der liebende Ehemann war, sonst nichts. Sie konnte sich vorstellen, dass man das Mädchen Eva sehr, sehr lieb gewinnen könnte. Sie war so offen, so natürlich, auch so hingebungsvoll. Er war aufmerksam, liess sie keinen Moment aus den Augen… Zwischen ihnen gab es keinen Neid, keine Reibung. Es herrschte Harmonie zwischen zwei so unterschiedlichen Welten…

Tief gerührt ging sie schlafen, noch stärker gerührt erwachte sie. Sie befand sich hier tatsächlich in einem Tempel, in dem man wusste, was Leben auf Erden wirklich bedeutete. Heute würde sie Johannes erzählen, wie ihr Weg sich seit ihrer Begegnung mit ihm am Grab ihres Vaters entwickelt hatte.

Das Haus war wieder ganz still, die Kinder waren zur Schule. Eva arbeitete … nur Johannes saß in der von der Sonne durchfluteten Küche am Tisch. Er hatte ein Sprechzimmer im Hauptgebäude, ein Ärztezimmer in der Klink und im Haus ein Arbeitszimmer – aber er wartete auf sie in der Küche. Das Frühstück stand auf dem Tisch, und zu ihrer Freude blieb er bei ihr sitzen.

"Es sieht so aus, als ob ich immer frei habe", lächelte er, "aber ich habe meine ganze Arbeit bis auf weiteres aufgeschoben. Für mich ist es eine feierliche Stunde, da du jetzt hier bist … ich möchte keinen Augenblick missen. Wenn nachher Jean hier sein wird, wird es anders…"
Sie schaute auf und fragte:
"Wie gehst du damit um? Mit Eifersucht auf deine Entwicklung?"
Seine Augen waren sanft und blau. Er antwortete nachdenklich:
"Die Eifersucht ist das größte Problem im Leben eines Geistessuchers. Man hat andauernd damit zu tun, sie offenbart sich in allen möglichen Erscheinungsformen. Die am meisten vorkommende ist Spott und regelrechte Abweisung. Aber dieser Neid kann auch zum Guten gewendet werden, wenn er zu einem großen Einsatz führt, um auch diesen Grad der Entwicklung zu erreichen. Wirklicher Neid beruht auf Faulheit: Man will haben, was der andere hat, aber man will nichts dafür tun. Es gibt auch ehrliches Leid über seinen 'Mangel', welcher Art dieser Mangel auch sein mag. Aufrichtiges Leid kann zu großer Aktivität und Einsatz führen. Ich bin Jean nie begegnet, aber er scheint mir einer von der zweiten Art zu sein, jemand mit einem großen inneren Streben und Sehnsucht und einem Erstaunen über die Leichtigkeit, mit der du Fortschritte machst."
Sie spürte Tränen in ihren Augen, empfand Schmerz in ihrem Hals… Johannes verstand so viel, und sein Verstehen brachte Trost. Jean würde ihn sicher lieb gewinnen.
"Ich danke dir", sagte sie leise.
"Ich erinnere mich noch daran, wie ich während meines

Studiums Entfremdung gefühlt habe, Johannes. Inhaltlich lernte ich immer mehr über den äußerlichen Bau und die Funktion des Körpers, aber ich hatte das Gefühl, dass ich den *Menschen*, wie ich ihn kindlich intuitiv gekannt hatte, völlig verlor. Mein Vater nannte mein Wissen 'Gelehrtheit' und er tröstete mich mit dem Gedanken, dass es nun einmal meine Aufgabe war, mir diese Gelehrtheit zu eigen zu machen und den lebendigen Menschen – seiner Meinung nach vorübergehend – zu verlieren. Ich bin tiefgläubig erzogen worden, innig katholisch, und das passte auch zu mir. Das innig religiöse Gefühl, das Gefühl bei dem Wort: 'der liebe Gott' – für mich ist das noch immer ein tief ergreifender Name – verschwand gleichzeitig mit meiner ursprünglichen, jedoch vagen Menschenkenntnis. Ich sehe in diesem Erleben eine große Übereinstimmung mit deiner Erfahrung vom Tod der Seele. So ausgesprochen wie du habe ich es nicht erlebt, aber es ist natürlich dasselbe.

Eine Zeitlang habe ich Novalis gelesen, weil mein Vater der Ansicht war, dass mir die Romantik fehlte. Dann lernte ich, Jahre später, die Liebe kennen. Jean ist ein fast idealer Liebhaber, er versteht es, die Romantik in all den Jahren jung und lebendig zu halten. Er ist ein Lebenskünstler, im alltäglichen Leben. Er hat alles, was man dazu braucht: ein hübsches Gesicht, einen schönen Körper, einen scharfen Verstand, ein großes Gefühl, Geschäftssinn und so weiter. Durch ihn habe ich das alltägliche Leben kennen und lieben gelernt. Eigentlich blieb nichts zu wünschen übrig. Wir bekamen auch noch zwei gesunde liebe Kinder, die nur die gewöhnlichen Probleme hatten. Und trotzdem kam die Unzufriedenheit zurück, als ich mehr Freizeit bekam. Die Begegnung mit dir war der

Wendepunkt in meinem Leben. Das wird für viele Menschen so zutreffen, Johannes. Du machst deinem Namen alle Ehre, du rufst uns zu: 'Bekehrt euch, ich bin die Stimme eines Rufenden in der Einsamkeit!' Nur Taube oder Unwillige hören deinen Aufruf nicht. Mir hast du damals haargenau den Weg gezeigt, obwohl ich ihn doch anders gehen musste als du, weil mein Standpunkt ein anderer war. Ich habe mir selbst die Fragen gestellt, die der Meister, dem du damals in einer Kapelle begegnetest, dir stellte.

'Was ist Ihr größtes Talent?'

Wenn man diese Frage aufrichtig und intensiv sich selbst stellt, ohne Hochmut und ohne Minderwertigkeitsgefühl, erringt man schon einen Teil Selbsterkenntnis, obwohl sie genauso abstrakt ist wie jedes Wissen. Ich habe suchen müssen, ich hatte die Antwort nicht sofort parat, wie du. Erst dachte ich: Mitleid, Mitfühlen, Miterleben. Das ist sicher sehr stark, aber es ist eine Tugend, nicht gerade ein Talent. Ein Talent habe ich in der Wahrnehmung, vor allem im *Sehen*. Das habe ich immer gehabt, Auge fürs Detail, aber auch für Licht, Farbe, Form... Symbol für mein Talent ist der Apfelbaum im Garten meiner Eltern. Es standen viele Apfelbäume dort, aber es gab nur einen einzigen mit einem Baumstumpf darunter, auf dem mein Vater und ich unsere Gespräche führten. Stärker noch als an die Worte erinnere ich mich an die Bilder, an die Falten in seinem Gesicht, an die Zeichnung seiner Iris, an den Glanz seiner Seele in seinen Augen ... an den Käfer im Gras, an den Rostfleck auf dem Gartenstuhl ... meine ganze Jugend lebt wieder auf in diesen Bildern. Ich sehe bei einem Menschen, wie seine Haut ist, frisch oder blass, kräftig oder verwelkt. Ich habe ein Talent, das zu sehen, ohne daraus

Schlussfolgerungen zu ziehen, nur Sehen und das Gesehene in mir arbeiten zu lassen. Durch meine 'Gelehrsamkeit' habe ich diese Welt ein wenig verlassen, sie ist farbloser, ärmer und vager geworden.

'Was ist Ihr größtes Hindernis?'

Die Antwort auf diese Frage ist wohl dieselbe wie deine Antwort: Mein Verstandeswissen, ja sogar die *Wirkung* des Verstandes. Er analysiert und kombiniert, aber er macht die Welt der Bilder zu einem Schema. Ich sehe noch genauso scharf wie früher, die Aufmerksamkeit ist unvermindert, nur die Qualität ist fast verschwunden, der Künstlerblick ist gestorben.

'Was ist für Sie das größte Rätsel?'

Ich habe immer nur mit der Frage gelebt: Gibt es mehr Inhalt in der Seele, als die, die man mit den Sinnen aufgenommen hat? Dieses 'Mehr' würde mich von einer Existenz außerhalb des Körpers, vor der Geburt, nach dem Tod, überzeugen. Soweit ich 'sehen' konnte, fand ich nichts in meinem Innern, das *nicht* aus den Sinnen stammt. Und trotzdem besaß ich einen starken Glauben an Gott, an Christus. Das war mein Rätsel.

'Was trifft Sie am meisten?'

Ich könnte schnell antworten: der Tod. Der trifft jeden Menschen. Aber ich musste doch tiefer suchen, mein seelischer Schmerz hat doch noch eine etwas andere Nuance. Meine Antwort war: das Leiden. Leiden trifft mich am meisten, daraus erblüht auch meine Tugend: das Mitleid. Der Tod eines geliebten Menschen gibt Leiden, aber das Leiden hat auch noch so viele andere Ursachen. Leiden ... trifft mich am meisten.

Gleichsam innerlich fragte ich den Meister in der Kapelle,

dem ich natürlich nicht selbst begegnet bin:
'Welche Aufgabe geht für mich aus diesen Sätzen hervor? Kann ich auf dieselbe Weise eine Antwort finden wie Johannes, so wie sich die Antwort aus den vier Fragen formte? Dann müsste ich mit meinem größten Talent – das Sehen in Bildern – ergründen, was mich am meisten trifft – das Leiden – und würde ich dadurch das Rätsel – gibt es mehr in der Seele als das, was aus den Sinnen stammt – lösen und mein Hindernis – den Verstand – überwinden.' So habe ich gerungen, Johannes … nicht Tage oder Wochen, sondern Jahre."

"Du bist müde, Maria. Erschöpft. Ich finde deinen Bericht atemberaubend, aber ich möchte, dass du munter bleibst… Wir machen eine längere Pause. Heute Nachmittag geht es weiter."

Nur widerwillig stimmte sie ein. Er würde sich an seine Arbeit machen, und sie müsste ihn missen. Aber er sagte:

"Wenn du willst, spazieren wir nach unten ins Städtchen und essen dort eine Kleinigkeit. Ein Spaziergang in der Frühlingsluft wird dir wohl tun. Du wirst Feldblumen sehen, die du nie vorher gesehen hast … und vielleicht sogar einen blühenden Apfelbaum!"

"Ich habe untersucht, ob ich mit meinem größten Talent zu dem durchdringen konnte, was mich am meisten trifft… Ich habe versucht, das Leiden anzuschauen. In meiner Arbeit habe ich wenig damit zu tun, kleine Kinder, die man zur Vorsorge untersucht, zeigen nur wenig Leiden. Aber ich fand heraus, dass *Leiden* und Passivität nahezu kongruent sind, sogar die Wörter stimmen überein, während 'Passion' natürlich auch noch die Bedeutung von Leidenschaft hat, die in erster Instanz einen aktiven Eindruck macht. Es gibt aber keinen Unterschied. Leiden und Passivität sind tatsächlich kongruent. Der Buddhismus lehrt uns ja auch, dass Leiden aus Begehren hervorkommt… Leidenschaft ist zwar Erregung, jedoch passive. Natürlich kann die Passivität *erzwungen* sein, das erfährt man selbstverständlich, wenn man physisch leidet.

Wo kann man das *Leiden* in der tiefsten Form anschauen? Im Kreuzweg. Ob man nun daran glaubt oder nicht – und ich glaube selbst bereits mein ganzes Leben daran – im Kreuzweg sieht man ein Leiden, das alles mögliche menschliche Leiden übersteigt: Leiden trotz vollkommener Unschuld, in einer frei gewählten Passivität, einer freien Hingabe. Ich machte einmal mit Jean einen Spaziergang in der Eifel, und wir erreichten ein kleines Dorf mit einem großen Kloster und einer Klosterkirche. Sankt Thomas heißt die Kirche. Wir betraten die Kirche, und, wie immer, stieg da eine heilige Stimmung in mir auf … niemand war sonst in der Kirche. Ich war überwältigt von der Farbe Rot … ich weiß nicht mehr, ob es die Säulen oder die Wände waren.

Ich lief durch die Kirche und sah eine Abbildung von Christus am Kreuz, auf einer der Säulen. Aber es war kein gewöhnliches Bild… Vor dem Kreuz stand ein Mönch mit ausgestreckten Armen, der seinen Herrn vom Kreuz nahm. *'Bernhard von Clairvaux'* stand darunter. Für mich war das ein wirkliches Bild, ich wusste danach, was ich zu tun hatte, Johannes. 'Aus Mitleid wissend'[*]. Ich musste versuchen, so weit zu kommen, dass ich meiner ganzen Gelehrtheit wehren konnte, dass ich sie nicht mehr unbemerkt in meine Wahr-

---

[*] Parzival

nehmung eindringen lassen würde... Ich wollte wiederum so anschauen lernen wie ein unschuldiges Kind, wie ich das noch vage erinnern konnte, wie mein Vater das in hohem Alter noch konnte. Aber er sagte schon: Das ist nicht so ohne weiteres möglich, diese Gelehrtheit lähmt deine Wahrnehmung, du kannst sie nicht wie ein Radio ausschalten. Ich ahnte, dass ich das große Rätsel lösen könnte: Wenn ich nur rein wahrnehmen könnte, *aus Mitleid wissend*, dann würde ich in der Wahrnehmung dasjenige finden, was Geburt und Tod übersteigt. Der Verstand muss schweigen, das Bewusstsein aber muss kräftiger sein denn je. Und dennoch verdankt man dieses Wach-Sein dem üblichen Zusammengehen von Wahrnehmung und Gedanken.

Ich stand vor einer unmöglichen Aufgabe: Erwachen in einem Bewusstsein, in dem man normalerweise schläft ... oder einen zweiten Bewusstseinszustand neben dem ersten entwickeln. In unserem heutigen Bewusstseinszustand können wir nicht wahrnehmen, ohne zu denken. Du, Johannes, kannst das, weil dein Denken so frei, bewusst und kräftig ist, dass du es bewusst zulassen oder ihm wehren kannst. Der Meister kann es, weil er noch alte Fähigkeiten hat, die wir nicht mehr haben und die wir auch nicht mehr erstreben sollten. Nach jahrelangem Kampf habe ich die notwendigen Fähigkeiten neu entwickelt, weil mein Denken vor einer sehr starken inneren Aktivität, dem Mitleiden, zurückgetreten ist. Eigentlich ist das Mitleid auch eine Denkaktivität, aber ganz in Hingabe, ohne eigenen Inhalt, von Ehrfurcht erfüllt. Wie Bernhard von Clairvaux mit seinen Ihm entgegengestreckten Armen den Herrn vom Kreuz erlöst ... so dringe ich *aus* mir selbst *in* das Wesen der Dinge. Niemand soll glauben, dass man mit so etwas anfangen kann, ohne sein ganzes Wesen mit einzubeziehen. Es ist nicht ein Weg von reiner Herrlichkeit und Gnade. Ich habe wie Parzival vor der Passivität meines eigenen Verstandes gestanden, vor dem Amfortas in mir. Ich wusste nicht, was ich tun musste, bis ich eines Tages von tiefem Mitleid ergriffen wurde, erweckt durch das Bild der Pietà, der Mutter mit ihrem verstorbenen unschuldigen Sohn ... Das Mitleid gibt einem erst die Kraft zur wahrhaftigen Selbsterkenntnis, zur Erweckung der Kräfte, die im Inneren schlummern, die mehr sind als das, was aus den Sinnen kommt."

Sie war müde, erschöpft. Johannes hatte ein außergewöhnlich großes Begriffsvermögen, er begriff jeden Buchstaben, den sie ausgesprochen hatte. Er verstand, weil er es eigentlich schon *wusste*. Man spürte, dass er vollkommen still war, während er zuhörte. Was man sagte, traf auf die Stille, fiel hinein wie ein Samen in fruchtbare Erde. Trotzdem war sie müde, weil sie so schmerzlich gewahr wurde, dass ihre Worte nicht ausreichten, ihre Erfahrungen zum Ausdruck zu bringen. In der Sprache war sie ein Krüppel, eine Lahme, eine Blinde. Es war kein Sprechen, es war ein Stammeln. Und dennoch wollte sie klar ausdrücken, was sie in den letzten Jahren erlebt hatte. Morgen würden sie ihr Gespräch fortsetzen, dann würde sie es erneut versuchen.

Jean fehlte ihr. Er rief abends an, aber ihr fehlte seine Anwesenheit, seine physische Kraft, seine Zärtlichkeit. Johannes war ein Bruder ... Jean ihr Geliebter. Sie hatte ihm immer alles über ihren Weg erzählt, auch wenn er seinen Neid zeigte.

Sie lebten zusammen, äußerlich wie innerlich.

Sie sah eine gleiche Fülle des Zusammenlebens bei Eva und Johannes, wenn auch auf einem höheren Niveau. Eva hatte keinen Neid, sie war ganz und gar eins mit Johannes' Streben.

"Hast du niemals Widerstand in dir gespürt?", hatte sie Eva abends gefragt. Eva schüttelte den Kopf.

"Ich habe ihn kennengelernt, als sein Streben schon in vollem Gange war. Er war auf dem Höhepunkt seiner Karriere, aber er stand auch auf der Schwelle seiner Einweihung. Ich wusste ganz gut, was ich begann, ich habe dafür kämpfen müssen. Er war überhaupt nicht auf der Suche nach einer Frau. Ich studierte noch, war ein großes Kind … die Entfernung zwischen uns war enorm und doch auch wieder nicht. Innerlich gab es absolut keinen Abstand. Tagsüber war er der erfolgreiche Professor, abends studierte er die Scholastik und übte sich in strenger Logik, im Denken in durchdachten Begriffen. In allem war er streng und energisch – und dann kam ich, unbedacht und jung. Nun ja, wenn ich besonnener gewesen wäre, hätte ich mich nie getraut, in sein Leben zu treten. So aber bin ich einfach zu ihm gegangen, immer wieder … bis er selbst auch sah, dass wir zusammen gehören. Einmal habe ich mich doch widersetzt, völlig unberechtigt übrigens. Er verstand das auch wirklich nicht, es war auch nicht zu verstehen. Ich habe damals richtig gespürt, dass so etwas sich nicht wiederholen durfte … mit Johannes ist nicht zu spaßen. Die Kinder haben auch einen heiligen Respekt vor ihm. Wenn sie in die weite Welt ziehen, werden sie über alles Unrecht, alle Verlogenheit und Feindschaft zwischen den Menschen erstaunt sein. Sie sind damit nicht aufgewachsen."

"Sie werden aus dieser Erziehung zweifellos die Kraft schöpfen, um ganz sie selbst zu werden und zu sein."

"Was hast du *getan*, um zum Wahrnehmen ohne Denken zu kommen, jedoch unter Beibehaltung des Mit-Erlebens, Maria?"

Sie saßen einander am Küchentisch gegenüber. Sie war wieder vollkommen ausgeruht und war fest entschlossen, so klar wie möglich zu antworten.

"Ich habe sehr viel gelesen, um einen umfassenden Begriff vom Erlangen dieses neuen Bewusstseins, das von dem Meister des Abendlandes beschrieben worden ist, zu bekommen. Auch habe ich mich in Inhalte vertieft, die er mit diesem Bewusstsein erlangt und geschildert hat.* Deine Bücher, Johannes, sind für mich ein Leitfaden auf dem Weg dieser Metamorphose. Trotzdem hatte ich das Gefühl, dass ich von der anderen Seite kam, obwohl dein Weg so allseitig ist, dass dir die andere Seite genau so eigen ist wie die Seite der strengen Begriffsbildung. 'Bewusstsein ohne bewussten Gegenstand', das ist es, was schließlich erreicht werden muss. Wie ich gestern schon sagte, kann man dies nicht zustande bringen ohne den restlosen Einsatz seines Wesens und die Bereitschaft, mit den Gegenmächten – den Gegnern rechtmäßiger Entwicklung, die im eigenen Innern ebenso sehr hausen wie im Äußeren – den Kampf aufzunehmen. Seitdem lebe ich erst wirklich, in einer Intensität, die ich nicht für möglich gehalten hätte."

"Das ist dein Studium, die Vorbereitung. Welche Übung

---

*   Zum Beispiel: Geheimwissenschaft im Umriss von Rudolf Steiner hast du als Meditation gemacht?"

Sie lächelte. Johannes hielt den Weg ihrer Darlegung fest im Auge. Zuerst das Studium, dann die Meditation und schließlich beide, sich gegenseitig befruchtend.

"Die richtungweisenden Sätze, die ich von dir am Grab meines Vaters empfing, waren für mich Meditationsstoff. Ich habe versucht, sie zu ergründen, aber außerdem habe ich auch versucht, sie still in meinem Innern festzuhalten, in intensiver Andacht und Hingabe. Dadurch kam mein Denken darin zur Ruhe, und die Sätze fingen an, allmählich eine Antwort auf meine Fragen zu werden – alles sehr langsam, im Laufe von Jahren der strengen Übung. Bevor ich anfing, erlebte ich Augenblicke der Berührung, von zarter Erfüllung, die mich wanken ließ. Die Erlebnisse wurden stärker, häufiger, ereigneten sich aber immer mehr ausschließlich während der Meditation, wodurch ich in meinem alltäglichen Leben nicht mehr dadurch in Verwirrung gebracht wurde. Schließlich wurde diese innerliche Berührung zur Kraft des Mitleids, die mein Denken in den Augenblicken der Meditation ersetzt, aber auch in den Momenten der reinen Sinneswahrnehmung."

"Du hast mir noch nicht über die Wahrnehmungsübungen erzählt."

"Ich verstand schon bald, dass die Sinneswahrnehmung die lähmende Wirkung auf das lebendige Denken ist, dass sie aber auch die Möglichkeit schenkt, ein freier, selbstbewusster Mensch zu sein. Man möchte das eine verlieren, aber das andere nicht loswerden. Wie? Man kann etwas einsehen, Johannes, aber das ist noch etwas anderes, als es auch *können*. Man kann einsehen, dass man wahrhaftig sein muss, aber das heißt noch nicht, dass man es auch *ist*. So verstand ich, dass ich lernen musste, einen Unterschied zwischen reiner Wahrnehmung und dem Urteil zu machen, um später noch feiner unterscheiden zu können, nämlich zwischen dem Wahrnehmen und dem damit verbundenen Denken, das noch *kein* Urteil ist. Ich erkannte den Unterschied, ich lebte jedoch noch nicht darin, ich konnte noch nicht in Wirklichkeit Wahrnehmen und Denken völlig voneinander trennen. Der Begriff entstand in ein paar Wochen, das *Vermögen*, dasjenige, was ich eingesehen hatte, auch zu *können*, ist erst im Laufe von vielen Jahren entwickelt worden. Man muss, was man erkannt hat, weiterhin meditieren, man muss weiterhin bitten um Kraft, die die Einsicht in eine Tat umsetzen darf."

"Woraus besteht denn genau diese *Tat*, Maria?"

"Ich habe meine Aufmerksamkeit immer wieder dem Wahrnehmungsprozess zugewandt – ich habe mich auf das *Sehen* beschränkt – und dem Denken in und über die Wahrnehmung. Das kann man als Übung einige Male am Tag machen. Später wird es zur Gewohnheit. Es gelingt nicht, das assoziative Denken einfach zu unterdrücken. Man muss danach streben, bewusst wahrzunehmen und bewusst zu denken. Um dieses bewusste Denken zu entwickeln, habe ich die Begriffskategorien von Aristoteles geübt. Wenn ich eine Wahrnehmungsübung machte, habe ich das Denken mit Hilfe dieser Kategorien geradezu *verstärkt*, anstatt es zu unterdrücken. Aber weil das Denken in Begriffen von Natur aus abstrakt, schwach und kraftlos ist, wurde meine Wahrnehmung zwar bewusster, jedoch nicht lebhafter. Welchen Weg ich auch ging, wohin ich meine innerliche Andacht auch richtete, jedes Mal stieß ich auf das abstrakte, leblose Begriffsdenken. Ich fand heraus:

Der Verstand lähmt das Erleben des Schönen in der Wahrnehmung, aber die sinnliche Wahrnehmung lähmt ihrerseits die Lebendigkeit des Begreifens. Man muss also lernen, beide auseinander zu halten, um so *beide* voll und ganz ins Erleben hinein zu bekommen.

Ich habe mit dem meditativen Durchschauen dieser reinen Begriffe, die in den Kategorien gegeben sind, angefangen. Wenn man sich meditativ auf den Begriff 'Qualität' besinnt, hat man einen Begriff, der keinen Sinnesinhalt enthält, der aber wohl jegliche sinnliche Qualität umfasst. Daneben versuchte ich in der Wahrnehmung, mit offenen Augen also, nur zu *schauen* und auf alles Denken zu verzichten, auch auf die Kategorien. Das gelingt anfangs nicht, man denkt einfach weiter. Das gelingt erst, wenn man das reine, sinnlichkeitsfreie Denken so bewusst *hat*, dass man es *außerhalb* der Wahrnehmung halten kann.

In den sinnlichkeits-freien Begriffen, im Verharren darin, lebt ein kräftiger Denkwille, der rein geistig ist. Aber wenn man den reinen Geist *verstehen* lernen will, muss man seine Sprache kennen lernen. Sie lernt man kennen durch die innerlichen Wirkungen, die bei einer andächtigen Sinneswahrnehmung entstehen, *ohne* jegliches Denken, ja sogar ohne Denkwillen. Vollkommen andächtige Wahrnehmung und ein aufmerksames Gewahrwerden von demjenigen, was sich innerlich bewegt: So lernt man die Sprache des Geistes kennen. Aber nichts wird ausgesprochen, wenn die innerliche Ruhe und Beharrlichkeit noch nicht entwickelt ist. So greifen einerseits die Meditation und andererseits die Wahrnehmung ineinander, sie verstärken sich, indem sie voneinander befreit sind: Das Denken ohne sinnlichen Inhalt und das Wahrnehmen ohne Denken. So fand ich die Antwort auf das Rätsel: Der Inhalt des Bewusstseins stammt in erster Instanz aus den Sinnen, die *Aktivität* des Denkens absolut nicht. Sie ist sogar nur dann zu finden, wenn der ganze Einfluss der Sinne bis hin zum Nachhall und der Erinnerung ferngehalten wird."

Jean rief sie an, dass er in der Nähe des Instituts sei, er wäre gleich bei ihr. Schon eine Weile wartete sie auf ihn, in der Sonne auf einer Bank im Park. Sie ging zum Haupteingang und sah ihn in seinem Sportwagen ankommen. Er stoppte den Wagen mit quietschenden Reifen direkt vor ihren Füßen und sprang lachend aus dem Auto. Er umarmte sie und hob sie in die Luft.
Fünfzig war sie, und sie fühlte sich wie achtzehn.
"Du siehst aus wie ein Mädchen", begrüßte er sie.
Sie betrachtete ihn sorgfältig. Er war müde von der Reise, aber auch er schien kein Mann in den Fünfzigern zu sein. Die Liebe hielt ihn jung. Die Liebe … und das gemeinsame geistige Streben.
"Wo ist Johannes?", fragte er mit einem Lachen.
"Wir gehen jetzt zu ihm", sagte sie.
Sie nahm seine Hand und ging mit ihm hinein, zu Johannes…

*

Zu ihrem Erstaunen stand René auf dem Amsterdamer Flughafen und wartete auf sie. Sie war das nicht gewohnt, jeder ging seines Weges, sie würden sich zu Hause schon treffen. Sie hatte ihre anspruchsvolle Stelle in einer Männerwelt, er vergrub sich immer noch wie ein Maulwurf in die unterschiedlichste Literatur. Sie erblickte ihn schon von weitem. Er sah nicht mehr aus wie dieser unzufriedene, protestierende, nörgelnde Hippie, der er früher war. Er hatte etwas an Gewicht zugenommen, sein Haar hatte sich gelichtet ... er war immer in einem teuren Jackett gekleidet. Nur die unvermeidliche Zigarette war noch immer da. Er hatte eigentlich schon einen schön geformten Kopf, dieser René. Nicht hübsch, sondern interessant, besonders. Sie spürte einen gewissen Stolz, dass er ihr Partner war. Er war ein Mann mit vielen Qualitäten geworden, musikalisch, philosophisch, verständnisvoll.

Er nahm sie in seine Arme und hielt sie eine Weile fest umschlungen.

"Du hast mir gefehlt", flüsterte er. "Wie war es bei Johannes?"

Er trug ihre Tasche. Murrend erwiderte sie:

"Lästig. Er war überhaupt nicht so nett. Streng und kühl, das war er. Und dieser Freund von ihm, dieser Inder, ist ein widerlicher Mensch."

Lachend legte er einen Arm um ihre Schulter.

"Ich habe mit Johannes gesprochen. Ich fand ihn ganz nett, warm, und er war sehr mitfühlend. Sein Rat ist schließlich: Untersuchung durch den Kardiologen, und wenn dessen Diagnose mit seiner übereinstimmt, darfst du im Sommer dort ein paar Monate zur Kur gehen."

Sie zitterte und sagte spöttisch:

"Oh, darf ich das? Wie schön."

Er hielt ihr die Autotür auf und war ihr beim Einsteigen behilflich. Unbeirrbar antwortete er:

"Ja, du darfst. In der Zwischenzeit darfst du nicht mehr arbeiten, musst dich mittags ausruhen und viel Rad fahren und

Spaziergänge machen."
Er stieg ein und fuhr rückwärts.
"Pass auf!", rief sie. "Du überfährst einen Fußgänger!"
Er lachte.
"Frau Direktor ist wieder da! Wenn du nicht da bist, passiert mir doch auch nichts."
"Aber mir", jammerte sie. "Im übertragenen Sinne wenigstens."
Sie suchte seine Hand.
"Ich habe eine Aufgabe erhalten, René. Ein paar Aufgaben. Ich muss mit dir reden."
"Natürlich", sagte er ruhig. "Aber erst die Kinder. Sie sitzen zu Hause, haben Kuchen für dich gebacken und warten auf dich."
Sie konnte sich überhaupt nicht vorstellen, dass sie froh waren, sie wieder zu Hause zu sehen. Sie würden sicher ein Schauspiel aufführen: 'Fest bei Rückkehr von Mama.'
Aber sie fielen ihr eins nach dem anderen um den Hals, und sie musste deswegen weinen. Der Tisch war festlich gedeckt, Kaffee und Kuchen waren serviert.
"Das ist nicht gut für eine Herzpatientin", murrte sie. Sie schaute auf ihr Jüngstes, ein Mädchen von zehn. Es sah blass aus. Sie nahm das kleine Gesicht in ihre Hand, schaute in ihre braunen Augen und fragte:
"Was ist los, mein Kind? Du siehst ja ganz blass aus!"
Große, dicke Tränen rannen aus den braunen Augen, aber das Mädchen sagte nichts. Agnes drückte das Kind an sich: Sieh nur, das Kind fand es fürchterlich, dass die Mutter wieder da war.
Aber plötzlich schluchzte das Mädchen:

"Ich hatte solche Angst, Mama … dass du dort bleiben würdest oder dass du … sterben würdest."

Wieder war sie zutiefst gerührt. Wie kann ein Kind solch eine schlechte Mutter lieben? So eine, die immer weg ist, und wenn sie schon mal zu Hause ist, nur noch bissig sein kann. Wie oft hatte sie dem Kind nicht einen Schlag ins Gesicht gegeben? Einfach aus Wut und Ungeduld… Solch eine Mutter kann einem doch gestohlen bleiben! Aber das Mädchen klammerte sich an ihr fest. Sie fühlte den warmen, zarten, kleinen Körper, sie fühlte die Anhänglichkeit. Sie liebkoste das Kind, wie sie es noch nie getan hatte. Johannes und dieser Inder hatten doch etwas bewirkt! Sie schien auf einmal *Gefühl* zu haben. Der Krampf in ihrer Brust kam wieder herauf, er schien plötzlich physisch gewordenes Leid zu sein. Sie setzte sich. Jeder schaute sie an, auch René.

"Kommt, Kinder!", sagte sie unbehaglich. "Ich werde noch so viel bei euch sein, dass ihr bald genug davon haben werdet."

René legte Musik auf und schenkte den Kaffee ein.

"Das ist nicht gut für mich, der Kaffee. Und auch alles Süße nicht", sagte sie. Er streichelte ihr Haar und sagte:

"Heute gibt es etwas zu feiern. Genieße es nur einfach mal!"

Die Jungen wurden schon schnell ungeduldig und fingen an, Witze zu erzählen. Sie ließ sie gewähren, sie fühlte sich zu Hause. Hier saßen fünf Menschen, sie hatte ihnen gefehlt und sie feierten, dass sie wieder da war.

Sie saß bei René in der Bibliothek. Jetzt war der Augenblick! Er hatte seine Bücher beiseite gelegt und schaute sie abwartend an. Ohne Umschweife kam sie zur Sache.

"Warum hast du mich damals geschlagen?"

Sie konnte ihn nicht anschauen, warum eigentlich nicht? Es ging einfach nicht. Sie hörte, wie er auf seinem Stuhl hin und her rutschte, dann nahm er seinen Kopf in seine Hände und sagte:

"Das … tut mir wahnsinnig Leid, Agnes." Er streckte seine Hand nach ihr aus und half ihr, ihn anzuschauen. "Es tut mir Leid, Liebling. Es tut mir sehr Leid."

"Das brauchst du nicht zu sagen", antwortete sie abwehrend. Solch ein schlechter Mensch wie ich verdient wohl mal eine Tracht Prügel. Ich habe nur den direkten Anlass nie begriffen – und mich nicht getraut, dich danach zu fragen."

Sie drückte seine Hand weg. Er hatte etwas Zwingendes an sich. Er seufzte tief.

"Weißt du das wirklich nicht? Ich kam nach Hause, du standst dort, dem kleinen Mädchen gegenüber, das dich heute Mittag so umarmte. Sie war gerade sieben geworden und flehte dich an, erklären zu dürfen, warum sie weiß ich was für einen Fehler gemacht hatte. Sie *flehte* dich wirklich an, verstehst du? Und was machtest du? Du holtest aus und schlugst ihr links und rechts ins Gesicht. Ich hätte dich in dem Moment würgen können, Agnes! Ich bin weggerannt, damit der Schock für das Kind nicht noch größer werden würde durch *meine* Aggression. Ich habe dich gehasst! Gehasst! Ich wollte dich fühlen lassen, wie das ist, wenn man geschlagen wird. Ich wollte dir nur heimzahlen, mit gleicher Münze. Aber als ich dir den ersten Schlag gegeben hatte, kam alles hoch. Alles. Ich hätte dich ermorden können; wenn ich jung gewesen wäre, hätte ich dich ermordet. Jetzt war noch irgendetwas wie Besonnenheit im Hintergrund, ein Gewissen, etwas, das mich zurück hielt. Ich weiß ganz gut, was ich getan habe, ich bedauere es und ich bitte dich, mir zu vergeben."

"Hättest du nur etwas gesagt", sagte sie zitternd. "Warum hast du danach geschwiegen?"

"Ich war wie gelähmt, hatte Angst, dich zu verlieren, war aber auch noch böse auf dich. Dass du mich *so* weit gebracht hast. Ich habe gefühlt, wie ein Weg vom rechten Pfad abbog, einer, auf dem ich hätte gehen können, Agnes. Auf diesem Weg hätte ich das wiederholt, immer und immer wieder. Ich hätte dich völlig unterworfen. Ich habe diesen Weg nicht eingeschlagen, ganz bewusst nicht. Aber ich konnte kein Wort mehr sagen. Du warst vollkommen eingeschüchtert. Du hättest eine nächste Tracht Prügel auch wieder akzeptiert, weil du wusstest, dass du Schuld hattest. Ich kenne diese Prozesse, ich habe täglich damit zu tun. Es tut mir Leid, Agnes!"

Mutlos legte sie den Kopf auf ihre Arme, auf den Tisch. Tränen tropften auf das Holz, nässten ihre Ärmel. Was für ein Trümmerhaufen ... was für ein Trümmerhaufen!

Er stand auf, kam zu ihr, hob sie auf und drückte sie an seine Brust. Sie schluchzte laut. Mein Gott, mein Gott ... sie liebte ihn doch, sie hatte ihn doch immer geliebt. Sie liebte auch ihre vier Kinder, *vier* Kinder, seine und ihre, zusammen ihre. Papa ... hätte sie doch nur einmal bei ihm gebeichtet, mit ihm geredet. Mein Gott, mein Gott, welch eine Verwüstung. Sie liebte auch Johannes so sehr ... wenn doch nur der Krampf in ihrer Brust wegblieb!

"Komm nur Liebling. Mache deinem Herzen Luft. Du hältst dich immer so tapfer, du bist so stark."

Er streichelte ihren Rücken, sie entspannte ein wenig.

"Stark...", kicherte sie nervös. "Stark! Ein größerer Schwächling muss noch geboren werden. Stark ... alles ist nur Show, Schauspielerei. Ich bin ein Nichts, ein Niemand. Ein Loch, ein tiefes dunkles Loch. Wie ein Stern, weißt du. Er funkelt, aber sonst ist nichts. Du brauchst es nicht zu bedauern. Die Schläge haben wenigstens für etwas Gleichgewicht gesorgt. So hast du schließlich auch mal etwas falsch gemacht. Ich war allerdings erschüttert, René. Ich habe mich sehr erschreckt, und ich habe Angst vor dir. Ich hatte schon immer Angst, dass es einmal geschehen würde. Aber jetzt weiß ich, wie schlimm so etwas ist."

"Darum tut es mir auch so Leid. Du musst dich selbst nicht so erniedrigen, du bist eine begabte Frau."

"Aber nicht lieb. Niemals lieb."

"Jetzt schon."

"Ich liebe dich, euch, doch auch so sehr. Jeden. Sogar diesen unheimlichen Meister." Sie schluchzte wieder laut. Ist das denn Liebe? Sich total dem Positiven hingeben, ohne sich noch zu wehren, ohne Barrikaden, ohne Eimer mit Pech auf der Festungsmauer, ohne Abwehrgeschütz? Mein Gott, welch ein Trümmerhaufen...

Innerhalb von zwei Tagen hatte René über das Internet ein Aupairmädchen gefunden. Es meldete sich ein deutsches Mädchen, das in den Niederlanden studieren wollte, aber dafür erst noch die Sprache lernen musste. Sie bekam ein schönes Zimmer und sollte als Gegenleistung dafür bügeln, Einkäufe erledigen, kochen und, wenn nötig, auf die Kinder aufpassen. Innerhalb derselben zwei Tage besuchte Agnes den Kardiologen, und sie erfuhr den Respekt, den man einer Diagnose von Professor Leven, obwohl dieser nicht mehr im Amt war, noch immer zollte. Man setzte sie auf die Liste für eine Katheterisierung.

Auf einmal hatte sie sehr viel Zeit. Sie fühlte, wie sehr sie die Langeweile immer gemieden hatte, wie sie ihr Leben mit Aktivität gefüllt hatte, damit sie nur nicht zur Besinnung zu kommen brauchte. Sie *war* ja nur, wenn sie beschäftigt war – wenn sie sich aber langweilte, wurde sie mit dem Nichts konfrontiert. In diesem 'ich bin nicht' fing sie dann an, heftig nach René zu verlangen. Es war neu, jenes Verlangen. Sie wollte ihn zwar nicht verlieren, aber sie hatte eigentlich nie wirklich Lust gehabt, mit ihm zusammen zu sein. Jetzt war sie einsam, während dieser endlos dauernden Tage, an denen sie auf die Aufnahme warten musste.

René verließ morgens mit den Kindern das Haus, mittags war er aber oft zu Hause und hatte dann seine Sprechstunde. Abends spielte er auf dem Cello oder arbeitete in der Bibliothek. Sie setzte sich jetzt immer zu ihm, und er war einfühlsam genug zu verstehen, dass sie ihn brauchte. Sie wusste sehr gut, dass es für ihn ein Opfer bedeutete, wenn er seine Bücher zur Seite legte oder sein Cello in die Ecke stellte, um sich mit ihr zu beschäftigen. Aber mit einer fast väterlichen Freundlichkeit brachte er dieses Opfer, jeden Abend aufs Neue. Sie war wie ein Kätzchen, das sich auf sein Buch legte, um zu verhindern, dass er arbeitete … er ließ ihr den Platz auf dem Buch und setzte seine Arbeit als Psychiater während der Abende mit ihr fort.

Er lehnte sich nach hinten und fragte:
"Und, Agnes? Wie war dein Tag heute?"
Sie zuckte mit den Schultern.

"Ich bin depressiv, glaube ich. Vielleicht war ich das schon immer und habe meine Traurigkeit einfach mit meinem Ehrgeiz übertönt. Dieser Schmerz in meiner Brust ähnelt wirklich dem Leid, physisch gewordenem Seelenschmerz."

"Was ist denn diese Traurigkeit, Liebling?"

Wenn er so begreifend Fragen stellte, schwoll die Traurigkeit zu einem unerträglichen Kummer an. Tränen kamen.

"Du bist so nett", schluchzte sie. "Reue, ich glaube, dass es Reue ist. Wenn man immer weitermacht, sich selbst zu behaupten, lässt man das Gefühl nicht zu."

"Reue ist so unfruchtbar. Man kann besser versuchen, es wieder gutzumachen, was immer dieses 'Es' auch sei."

"Du weißt schon, was es ist – und es *ist* nicht wieder gutzumachen. Und weiter gibt es noch allerlei Unbestimmtes. Schon als Kind war ich so, und es gab damals noch nicht so viel, was man bereuen konnte. Kleinigkeiten, Lügen und so… Und die katholische Erziehung stellte sich natürlich stark auf diese Anlage zur Reue ein. Da hatte man wenigstens noch die Beichte und die Vergebung der Sünden, obwohl ich darüber gespottet habe. Aber René … letztlich stirbt man als Mensch, und dann? Werde ich dann für all meine Sünden zur Rechenschaft gezogen? Oder gibt es nichts … ich wünschte mir fast, dass es *nichts* gibt. Du hast mir schon vergeben, das weiß ich René. Aber Gott, wenn es ihn gibt … misst mit einem anderen Maßstab."

"Wenn ich, als kleiner unvollkommener Mensch, der ich bin, dir schon vergeben habe, wird Gott das gewiss tun."

"Aber nicht ohne Strafe. Das wäre zu einfach und auch ungerecht. Maria lebt ihr Leben wie eine Heilige, und ihre kleinen Fehler würden dann genau wie meine großen Fehler vergeben werden. Es muss einen Unterschied geben, einen Unterschied in der Bestrafung. Diese Bestrafung wird wohl etwas anderes sein, als eine Stunde in der Ecke stehen oder hundert Sätze aufschreiben zu müssen. Wenn ich nun an einem Herzinfarkt sterben müsste, jetzt oder in zehn Jahren – was erwartet mich dann?"

René schüttelte den Kopf und sagte:

"Du bist fünfzig Jahre lang dieselbe Agnes geblieben. Du kannst jeden Moment damit anfangen, es wieder gutzumachen, anstatt ängstlich den Augenblick der Bestrafung abzuwarten."

"Es gut machen – mit dir?"

"Nicht mit mir. Mit dem Richter. Mit Gott."

"Wie denn?"

"Indem du nicht mehr nur diese Agnes bleibst, indem du dich veränderst, dich vervollkommnest."

"Das gelingt mir doch nicht mehr, dafür bin ich zu alt."

"Es geht nicht um das Ergebnis, sondern um die Aktivität, um die Veränderung an sich."

"Und du? Machst du es?"

"Bin ich derselbe René, dem du begegnet bist, als du zwanzig warst?"

Sie schwieg bestürzt. Nein, er war ein völlig anderer Mann geworden. Sie hatte gedacht, dass es das Leben war, das ihn so verändert hatte – aber *sie* hatte das Leben kaum berührt. Sie war tatsächlich noch immer dieselbe Agnes, nur etwas älter und mit mehr Erfahrung. Sie wartete auf die Strafe, *diese* musste sie verändern. Sie ließ das Leben an sich vorüberziehen, sie benutzte es, um zu glänzen, nicht um sich dadurch zu verändern, zu vervollkommnen. Sie hatte dazu auch überhaupt keine Lust. Wenn nur der Schmerz nicht gekommen wäre, hätte sie so weiter leben können, bis der Tod sie überfallen hätte. Jetzt musste sie an dem Zweifel über Gott, der Angst vor Ihm leiden. Wenn sie einen anderen Vater gehabt hätte, hätte sie Gott als Unsinn abtun können. Dem Glauben abschwören. Äußerlich hatte sie das bereits getan, und sie hatte geglaubt, dass es ihr gelungen war. Aber im Inneren schmerzte alles, und sie wusste, dass es der Zweifel war. Wenn all dasjenige *wahr* war, für das ihr Vater gelebt hatte ... und er war ja *dermaßen* wahrhaftig, dass es wohl wahr sein *musste* ... das hatte sie ihn fragen wollen, darüber hatte sie mit ihm reden wollen, sie wusste es jetzt auf einmal. Über ihren Zweifel, ihre Angst, dass es Gott gab, dass sie gerichtet werden würde.

René stand auf und nahm sie in seine Arme. Sie roch den Tabak, sie kannte ihn so gut. Er flüsterte:

"Mein Liebling, es hat keinen Zweck, so zu denken wie du es jetzt tust. Du musst *vor* dem Gericht zu einer Übereinstimmung mit dir selbst kommen. Gebrauche jetzt doch diese Tage, um wirkliche Ehrlichkeit dir selbst gegenüber zu erlangen. Nicht für mich, ich bin mit dir zufrieden, ich habe dich lieb, auch wenn du die gewöhnliche Agnes bleibst. Aber *du* musst dir selbst unter die Augen treten. Hieran wirst du zerbrechen, du bist nicht oberflächlich genug, dies auszuhalten. Ich kenne dich doch, Agnes. Ich kenne dich so gut."

Er brachte sie wieder zum Weinen. Hatte es jemals eine Zeit gegeben, in der sie heulende Wesen verachtete? Sie verachtete sich selbst ... und René sagte, dass das keinen Zweck hatte.

"Was muss ich denn tun? Mich in den Yoga-Sitz hinsetzen und tief ein- und ausatmen?"

Er nahm ihr Kinn in seine Hand, wie sie das bei den Kindern tat, wenn sie sie bei etwas erwischte.

"Nicht spotten", sagte er, küsste jedoch ihre tränennassen Augen.

"Was denn? All deine Bücher lesen?"

"Agnes! Nicht spotten, sage ich. Schau dich an, schau vor allem auf deine Einseitigkeiten. Lauf nicht weg davor, schau ohne Reue oder Schuldgefühl, einfach objektiv wie durch die Augen eines anderen."

"Du weißt sehr gut, welch ein schrecklicher Anblick das sein wird."

Er zog sie erneut an sich.

"Ist die Wirklichkeit weniger fürchterlich, wenn du sie nicht sehen willst?"

"Ich will bei dir sein, René. Du bist so ruhig, so weise, so verständnisvoll."

"Denkst du, dass Gott weniger ruhig, weise und verständnisvoll ist?"

Sie schüttelte den Kopf.

"Nein, aber wohl strenger. Mehr so wie Johannes. Es ist nun einmal so, man wird nicht abgewiesen, aber man muss wohl hart arbeiten, man darf nicht mit Ausreden oder Geschmeichel kommen."

"Geht das bei mir?"

Sie kicherte.

"Wir haben den Sex, nicht wahr?"

"Denkst du, dass ich deshalb geblieben bin, Agnes? Wegen dem Sex?"

Sie legte ihre Arme um seine Taille und sagte leise:

"Nein. Ja … ich weiß es nicht. Warum bist du geblieben,

René? Weil ich Marias Schwester bin?"
"Agnes, Agnes ... hast du denn überhaupt kein Selbstwertgefühl?"
"Sag es mir dann?!"
Er setzte sich und zog sie auf seinen Schoß.
"Es war einmal...", so fing er an und erzählte ihr das Märchen von Frau Holle.
"Ich bin das Mädchen mit dem Pech, Maria ist das Goldmädchen", sagte sie, als er geendet hatte.
"Das ist die einfache Erklärung, die 'Pech-Interpretation'. Es gibt auch eine schwierige Erklärung, nämlich die 'Gold-Interpretation': Beide Mädchen sind in dir vereinigt, Agnes. In dir, in Maria, in mir, in jedem. Ich habe hinter der Pech-Agnes immer mehr die Gold-Agnes sehen gelernt. Sie liebe ich am meisten, *sie* mehr als Maria. Wirklich wahr. Wenn du sie nun selbst sehen würdest..."
"Du hast sie aber wohl verprügelt, diese Pech-Agnes!"
"Ich versuche, das wieder gutzumachen, mein Liebling ... indem ich dir *meine* andere Seite gebe. Ich möchte, dass du fühlst, wie ergeben ich dir bin."
Schon wieder kamen die Tränen.

Hast, Hast, Hast. Sie war nur noch Hast. Ruhe ließ sie schaudern... Wovor war sie auf der Flucht? Alles sah perfekt aus: Sie als Chirurgin, hübsch nebenbei, mit einer guten Familie, wohlgemerkt vier gesunde Kinder, Reichtum... Alles war aus Hast entstanden. Sie musste so viel wie möglich das Äußerliche aufbauen, um im Innern nur nicht die Leere zu fühlen. Horror vacui...* Oh, es gab im Innern genug zu erleben, Hass und Liebe, Erregung, Eifersucht, Koketterie und

Macht. Aber das alles wird vom 'Außen' in einem erweckt, das Äußerliche ist doch immer wieder der Anlass. Jetzt gab es wenig zu erleben, sie hatte ganze Tage Ruhe, endlose Stunden, um am Strand entlang zu laufen, die Wellen und die Luft zu beobachten, den Möwen in ihrem Flug zu folgen... Obwohl sie kein innerliches Leben hatte, konnte sie sich nur schwer von ihren Gedanken lösen. Natürlich hatte sie Angst vor ihrer Zukunft. Was sollte aus ihr werden? Sie hatte sich entschlossen, dem regulären Weg zu folgen. Katheterisierung und danach vielleicht eine Operation. Sie war schließlich nicht Johannes, sie hatte sich selbst überhaupt nicht im Griff, nicht einmal ihre Gedanken und Gefühle, geschweige denn die Prozesse in ihrem Körper. Es musste äußerlich angepackt werden.

Wenn sie nicht operiert zu werden brauchte, war es eigentlich schwieriger: Sie musste dann doch ausschließlich selbst aktiv werden. Wenn Krämpfe Anlass sein konnten zu einer ernsthaften Ischämie des Herzmuskels, musste sie lernen, sich zu entspannen. Sie konnte sich eigentlich nur nach einem Liebesakt entspannen, sogar im Schlaf lag sie René zufolge noch verkrampft im Bett. Jetzt, während ihres Spaziergangs am Strand entlang, war sie noch immer gespannt. Hast, immer nur Ungeduld, sogar wenn es nicht nötig war. Es schien, als wurde es durch die Ruhe nur noch schlimmer. Sie blieb stehen und legte eine Tablette unter ihre Zunge. Der Schmerz ließ langsam nach, und es schien, als ob die Hast sich auch etwas zurückzog. Sie schaute um sich. Es war Juni, aber am Strand war nichts los. Es war kalt und dunkle Wolken zogen

---

* Die Angst vor der Leere.

über das Meer. René fand es schrecklich, dass sie alleine solche langen Spaziergänge am Strand machte. Wenn sie jetzt nur einen Hund dabei hätte... Sie konnte es sich ausmalen ... wie sie hier von irgendeinem Kerl überwältigt wurde und später ihre Leiche am Strand angespült wurde. Pfui ... solche Albtraumbilder hatte sie viel zu oft. Na, sie müsste sich wieder auf den Weg nach Hause machen, immer eilig, immer mit dem Tod auf den Fersen...

Sie rief Johannes an.
"Du hast Recht, ich bestehe aus Angst. Ich werde verrückt von mir selbst. Wenn ich nicht operiert zu werden brauche, werde ich in diesem Sommer zu dir kommen, wie du es mir angeboten hast. Ich komme auf jeden Fall, Johannes, es muss sich etwas ändern. Und ich weiß absolut nicht wie."
Es blieb still am anderen Ende.
"Bist du noch da?", fragte sie verärgert.
Sie hörte ein Lachen.
"Ja, ja, ich hörte, was du sagtest."
"Ich sagte schon eine ganze Weile nichts."
"Hm. Was machst du tagsüber, in deiner freien Zeit?"
"Ich langweile mich, warte auf René – er ist fürchterlich nett zu mir – oder ich spaziere am Strand entlang."
"Lies mal etwas."
"Dazu fehlt mir die Ruhe."
"Dir steht eine komplett ausgestattete Bibliothek zur Verfügung, wenn ich es richtig verstanden habe."
Sie kicherte.
"Ich habe daraus kein einziges Buch gelesen, nun, vielleicht eins oder zwei."

"Interessiert dich denn gar nichts?"
"Nein. Ich mag es, wenn der Seewind in meinen Haaren spielt, wenn das aufspritzende Wasser um meine Füße spült, ich mag das Geräusch der Wellen, des Windes und der Möwen. Was man *liest*, kann dies nicht überbieten."
"Lies dann einmal ein Märchen und forme die Bilder so stark, dass man sie fast sehen kann, fast betasten kann, dass sie *leben*."
"Dazu habe ich wirklich keine Lust, Johannes! Ich bin schließlich kein Kind!"
"Was willst du denn hier, wenn du alles abweist, Agnes?"
"Fängst du schon wieder an? Du musst nicht so streng sein, du musst meine Freiheit respektieren."
"Das kann ich, wenn du mich um nichts bittest. Jetzt bittest du um meine Hilfe, obwohl du sie nicht willst."
"Ich will sie wohl!"
"Nein, du möchtest, dass ich dir sage, was dir gefällt."
"Nun gut. Ich werde ein Märchen lesen und versuchen, zu sehen, zu riechen und zu schmecken, was ich lese. In Ordnung?"
Johannes lachte.
"So bist du ein braves Mädchen. Rufst du mich morgen noch einmal an, Agnes?"
"Ok. Tschüß, Johannes..."

Das Erste, was sie entdeckte, war, wie oberflächlich sie die Geschichte eigentlich gelesen hatte. Sie erinnerte sich an kein einziges Bild, das sie formen konnte, sie hatte das Märchen einfach nicht gut genug gelesen. Sie fing von vorne an.
Ein ausgemusterter Soldat hatte nichts mehr, wofür es sich

lohnte zu leben, und er zog in den Wald. Sie stellte sich einen modernen Soldaten vor, in einem Tarnanzug und einem Helm, alles verschlissen. Sein Gesicht zeigte Mutlosigkeit, sein Gang war leicht vorgebeugt. Der Wald. Überall hohe Bäume, feuchte Blätter auf dem Boden, frische Luft. Sie besaß genug Phantasie, etwas Schönes daraus zu machen. Sie versuchte, die nassen Blätter zu riechen, die Schnecken zu sehen, das aussichtslose Leben des Soldaten zu fühlen. Und dann ... erscheint plötzlich ein Männlein, aber es ist der Teufel. Ein kleines Kerlchen mit ekligen, gemeinen Augen, einem spitzen Kinn und Hörnern auf seinem Kopf, das einen Ausweg aus diesem Elend weiß. Stell dir vor, dass man sieben Jahre in der Hölle arbeiten muss, man darf sich nicht waschen, kämmen, die Nägel schneiden, die Nase schnäuzen, Tränen aus den Augen wischen. Sieben Jahre!

Sie versuchte, sich von dem Schmutz eine Vorstellung zu machen. Was genau musste er in der Hölle tun? Um sich ein Bild davon machen zu können, musste sie es noch einmal lesen. Sie versuchte, sich die Hölle vorzustellen, wo überall Kochtöpfe standen, unter denen das Feuer brannte. Dieses Feuer nun musste der Soldat hüten, es schüren, aber er durfte nicht in den Topf schauen. Zusätzlich musste er die Hölle reinigen und den Müll vor die Tür setzen. Das macht er auch alles, aber nach einer gewissen Zeit schaut er doch in die Töpfe. Darin sitzen seine Bekannten, seine Vorgesetzten aus der Armee. Er facht das Feuer schön an. Nun ... so rücksichtslos war sie nun auch wieder nicht, so etwas könnte sie nicht tun. Selbst wenn sie jemanden antreffen würde, der ihr Böses getan hätte – dann die Hitze noch eine Stufe höher zu schrauben! Aber gut, sie musste die Bilder formen und sie fühlte den Genuss, den der Soldat beim Anfachen des Feuers unter seinen Vorgesetzten hatte. Darüber scheint der Teufel sehr zufrieden zu sein: Der Soldat war zwar ungehorsam, aber er kannte wenigstens kein Mitleid. Damit kann der Teufel etwas anfangen!

Agnes fand Gefallen am Lesen.

Sie rief Johannes noch einmal an. Wenn er genug von ihr hatte, sollte er es ihr nur sagen.

"Ja, Agnes?"

"Es ist phantastisch", rief sie begeistert. "Wirklich ganz toll. Es geht dem Menschen auf der Erde ausgezeichnet, wenn er mit dem Teufel im Bunde ist. Gute Menschen kommen in den Himmel, böse erreichen auf Erden alles, was sie nur wollen."

Johannes lachte.

"Mach weiter so, würde ich sagen."

"Ich war schon auf dem richtigen Weg, bis ich dir begegnet bin. Du bist schuld, dass ich mich selber bremste."

Am Ende der Leitung blieb es still.

"Bist du noch da?"

"Ja. Wir können so tun, als ob wir uns nie begegnet sind."

"Narr! Das 'Leben im Himmel' wird doch wohl länger dauern als das Ringen hier auf Erden. Ich ziehe deshalb gerne das Sichere dem Unsicheren vor, oder besser gesagt: Ich bevorzuge dann doch lieber deine unsichere Ewigkeit."

"Wie fühlst du dich?"

"Wenn ich mir diese Bilder mache, vergesse ich alles. Aber danach ist es wieder dasselbe. Schlecht. Was muss ich jetzt weiter tun?"

"Eine Woche lang jeden Tag dasselbe wiederholen. Mit dem-

selben Enthusiasmus, demselben Einsatz die Bilder formen."
"*Dieselben Bilder?*", fragte sie voller Abscheu.
"Dasselbe Märchen. Übe deine Phantasie nur."
"Was für einen Sinn hat das?"
"Dass du dich selbst einmal vergisst."
"Ich danke dir", sagte sie sauer. "Ist das alles?"
Wieder hörte sie sein Lachen.
"Nein. Schreibe genau auf, was du erfährst. Ich bin sehr gespannt."
"Wird meine 'Kur' in diesem Sommer auch so aussehen?"
"Ja."
Sie seufzte.
"Ich möchte gern ein Bad und Massagen und so weiter."
"Wir werden sehen, was nötig ist."
"Ok. Ich werde es tun. Tschüß ... Johannes."

> *Homöopathische Arznei-Potenzen*
> *sind nicht bloß Verdünnungen,*
> *da sie doch das Gegentheil derselben,*
> *d.i. wahre Aufschließung der Natur-Stoffe*
> *und zu Tage-Förderung und Offenbarung*
> *der in ihrem innern Wesen verborgen gelegenen,*
> *specifischen Arzneikräfte sind.**

Samuel Hahnemann (1755 – 1843)

Maria brachte Jean zu Johannes. Von dieser ersten Begegnung hing viel ab. Jean war ein intuitiv begabter Mensch, der erste Eindruck war für ihn oft eine Leitschnur. Johannes war im Gespräch, sie mussten kurz auf einer Bank im Flur warten. Eine Dame trat aus seinem Zimmer, einen Augenblick später stand er dort, in der Türöffnung.
Johannes.
Es war, als ob sie ihn zum ersten Mal sah, durch die Augen ihres Geliebten. Aber sie sah ihren Geliebten auf einmal auch ganz anders. Es war keine Rede von Rivalität, da sie einander endlich begegneten. Sie gaben sich fest die Hand, und sie meinte, Rührung wahrzunehmen. Das Licht der Sonne und der Ernst Saturns, sie bemerkte sie in beiden, aber in verschiedener Mischung.
Sie setzten sich. Jean schaute sich ruhig um.
"Hier kann man vergessen, in welcher Welt wir leben", seufzte er.
"Das ist zugleich ein Problem", antwortete Johannes. "Wir

---

* Nach Samuel Hahnemann, Organon der Heilkunst, § 269.

sondern uns ab, wollen jedoch auch mitten im wirklichen Leben stehen."

"Haben Sie es nie bedauert, dass Sie Amsterdam verlassen haben?"

Johannes schaute ernst.

"Lassen wir das 'Sie'. Nein, ich kann unmöglich einen Entschluss bedauern, der so wohlüberlegt getroffen worden ist. Er ist in den Jahren gereift. Aber das bedeutet nicht, dass es immer einfach ist, dass mir meine Arbeit in der Klinik mit den Patienten und Studenten nicht fehlen würde. Doch bei allem Respekt vor den Erneuerungen im Bildungswesen und der medizinischen Praxis ... für mich wurde es schwierig, darin noch eine leitende Funktion zu haben. Es war eine Wahl zwischen dem Fortschritt der geistigen Entwicklung selbst und der Befruchtung des äußeren Lebens durch diesen."

Jean fragte:

"Aber das müsste doch zusammen gehen können? Es wäre doch schlimm, wenn das nicht ginge?"

"Es kann nicht. Glaub mir, ich habe mir zehn Jahre Zeit dafür genommen und gefühlt, wie meine Geisteskraft gefangen wurde, immobilisiert, gefesselt wurde von den Pflichten, die mein Amt mit sich brachte. Diese Pflichten können immer weniger in Freiheit aus der moralischen Intuition heraus aufgefasst werden und werden immer mehr von 'oben', vom Staat diktiert."

Schweigend betrachtete Maria die beiden Männer. Sie sah, wie Jean sich in dasjenige vertiefte, was Johannes sagte, und sie erlebte, wie außergewöhnlich es war, dass Johannes einmal darüber sprechen konnte ... wie er eigentlich selbst im Leben stand.

Jean nickte.

"Ja, das kann ich mir sehr gut vorstellen. Aber wie geht es denn jetzt hier?"

"Alles geht doch immer anders, als man erwartet", sagte Johannes lächelnd. "Wir hatten überhaupt nicht damit gerechnet, dass diese kleine Klinik, die wir hier eröffnet hatten, so gut laufen würde. Es ist jetzt hier nach ein paar Jahren schon wieder viel zu klein. Wir hatten natürlich Schwierigkeiten mit den Genehmigungen und so weiter, aber die haben wir schließlich gelöst, und es gibt mehr Arbeit, als wir letztlich bewältigen können. Ich arbeite also auch tüchtig mit und habe so viel weniger Abstand von meinem Fach nehmen müssen, als ich erwartet hatte. Hier habe ich die Freiheit der Therapie, bin nicht an Standards gebunden, vorläufig jedenfalls. Daneben haben wir natürlich einen lebhaften Kontakt zu allen möglichen Geistessuchern."

"Das letzte hört sich sehr erschöpft an, Johannes!"

Er lachte.

"Ich liebe solche Menschen am meisten, die mit eigener Kraft ihren Weg zum Geist suchen und dann, wenn nötig, ab und zu um Rat fragen. Aber meistens liegen die Verhältnisse umgekehrt: Man kommt hierher, weil man Rat braucht, obwohl man wenig Lust hat, innerlich aktiv zu werden, selbst zu *arbeiten*. Der Meister kämpfte schon damit, aber er führte einfach ein sehr strenges Regime. 'Take it or leave it'. Im Hinblick auf die Freiheit, die nun einmal das Fundament ist, auf dem die moderne Einweihung aufgebaut ist, haben wir dieses Regime abgeschafft. Man sieht die Menschen dann so, wie sie sind. Es gibt einen fast grenzenlosen Abscheu vor innerlicher Aktivität – und gerade diese ist Bedingung für eine innerliche

Entwicklung."

"Ist es hoffnungslos?"

Johannes schaute Jean unverwandt an.

"Das möchte ich nicht sagen, ich beschreibe nur, was ich antreffe. Das Innere wird von der frühesten Jugend an mit passiv erworbenem Inhalt gefüllt. Das ist nun einmal so. Ich suche nach einem Angriffspunkt beim modernen Erwachsenen. Dieser Punkt kann nicht verloren gegangen sein. Wie aber rüttelt die herrlich träumende Seele sich selbst wach, wenn das Erwachen schließlich ein schmerzlicher Prozess ist? Warum umständlich, wenn es auch einfach geht? Was kann einen Menschen, der den Luxus der Faulheit schätzen gelernt hat, noch reizen, noch fesseln? Nun, ich hoffe, du verstehst, was ich meine. Der alte Weg der Einweihung ist schon lange nicht mehr wirksam, der neue braucht Kräfte, die nicht da zu sein scheinen."

"Aber wie ist es denn bei dir? Du bist doch auch in diesem Zeitalter aufgewachsen und du liebst *wohl* die innerliche Aktivität. Und Maria auch ... und ich glaube, dass ich ihr ebenfalls nicht abgeneigt bin. Vielleicht kann man daraus etwas ersehen?"

Johannes schüttelte den Kopf.

"Wir verlangen danach, wir können nicht leben, wenn wir die Aktivität nicht in uns wecken, wir sind mit diesem Verlangen geboren. So gibt es einige, Jean. Die Menschen wissen nicht, dass die Quelle allen Leidens die innerliche Passivität ist. Ich bedauere wirklich all die leidenden Menschen, verstehst du? Die Lösung liegt so zum Greifen nahe, aber wo liegt für den passiven Menschen der Angriffspunkt? Mit dieser Frage lebe ich hier. Wenn du einen Beitrag zur Antwort

liefern kannst, bin ich dir sehr dankbar." Er schwieg kurz und sagte dann: "Ich bin dir jetzt schon dankbar ... für deine Aufmerksamkeit. Sie ist doch so selten." Er lachte. "Wie war deine Reise, Jean? Du scheinst überhaupt nicht müde zu sein."
"Ich mag Auto fahren. Apropos Luxus, ich fahre in einem teuren Sportauto! Aber ich schäme mich dessen nicht."
"Warum solltest du dich schämen?"
"Weil es 'schlecht' ist? Ich habe eine große Lebenslust, ich liebe das Leben. Ich habe die Reise genossen, die sich verändernde Landschaft, die Pausen unterwegs ... dann wird man nicht müde. Und ich war voller Erwartung. Was ich hier finde, übertrifft aber all meine Erwartungen..."

"Ich schäme mich zutiefst", sagte Jean, als sie später in ihrem Zimmer waren, um seine Tasche auszupacken. "Ich hätte deinem Urteil vollkommen vertrauen müssen, Maria. Mein ganzer Widerstand beruhte auf der Angst, dich zu verlieren ... und möglicherweise sogar auf Neid. Dieser Mann ist so integer! Mehr als du und ich zusammen ... er *besteht* aus Moralität, jedes Wort, jede Gebärde von ihm, *alles* ist erfüllt damit. Und welch eine innerliche Anwesenheit. Innerliche Aktivität nennt er das, nun, er ist selbst ein vollkommenes Beispiel dafür."
"Was ich so an dir bewundere, Jean ... ist, dass dich das nicht verunsichert. Du bleibst dein immer ruhiges, sportliches Selbst. Dann musst du selbst doch auch reichlich stark anwesend sein. Es schien, als ob ihr zwei gute Freunde wart, die sich wiedersehen."
"So empfand ich es auch. Ich erlebte eine enorme *Kraft* in der Begegnung, eine Potenzierung von allem guten Willen,

der in mir schlummert. Man möchte sein ganzes *Können* für ihn, für sein Streben einsetzen. Aufhören mit all dem äußeren Unsinn und sich nur noch einsetzen für eine ... sagen wir Verbesserung dieser tristen Welt, in der wir leben. Innere Aktivität, Geburt des neuen Menschen, junger Wein in neuen Schläuchen."

Er schaute sie an.

Sie fühlte seine Kraft, wie sie diese schon bei ihrer ersten Begegnung gespürt hatte. Eigentlich war er ganz Dynamik. Aber wie bei allen Menschen wurde seine Qualität in der Hektik des Berufslebens eingesperrt, in der Sorge um die tägliche Existenz. Mit seiner Dynamik hatte er sein Rechtsanwaltsbüro aufgebaut, es groß gemacht, aber eigentlich konnte dieser Erfolg nicht die tiefe Befriedigung bringen, die ein Mensch nun einmal sucht.

Sie schlang ihre Arme um seinen Hals und drückte sich an ihn.

"Ach, ich kenne dich doch so gut!", seufzte sie.

"Du hättest mich zwingen müssen, Maria. Du hättest keine zehn Jahre warten müssen!"

"Doch ... es ist gut so. Ich habe erst jetzt etwas zu sagen, kann jetzt hier einen Beitrag leisten, bei Johannes. Er hat schon genug Menschen um sich herum, die unselbständig sind. Ich musste mich ja selbständig auf den Weg begeben."

"Du hast es mir wirklich oft verübelt, das habe ich schon gefühlt."

"Natürlich, das Verlangen nach Johannes war groß. Sehr groß. Doch konnte ich dich nicht quälen, Jean. Es war so schon eine Qual für dich, nicht wahr?"

"Du bist mir so lieb, Maria..."

"Seht ihr, die ganze Aktivität der Menschheit entfaltet sich dekadent. Das Zeitalter, in dem der Mensch sich füllen und aus dieser Fülle schöpfen konnte, liegt schon weit hinter uns. Die schöpferischen Kräfte, die durch die Inspiration arbeiteten, haben sich zurückgezogen, um dem Menschen die Freiheit zu schenken, damit er sich *selbst* erkennen und entfalten kann. Bleibt er passiv und denkt er, aus der Passivität heraus noch kreativ sein zu können, zieht dadurch die Leere andere Mächte an, Gegenmächte, die nur allzu gerne durch ihn hindurch sprechen. Die Menschheit ist im Begriff, ein Sprachrohr dieser Gegenmächte zu werden. Oh ... was sie sagen, ist oft charmant, aufregend, sogar schön. Es sind schließlich Verführer, diese Antikräfte."

Es war spät am Abend, sie saßen mit Johannes und Eva im Wohnzimmer. Jean hatte die Frage gestellt, welche Möglichkeiten Johannes für den modernen Menschen sah, um trotz allem zu dieser inneren Aktivität zu kommen. Johannes fuhr fort:

"Ein möglicher Weg ist der des Leides. Das wird unvermeidlich über die Menschheit ausgeschüttet werden, um sie wach zu rütteln – wenn sie nicht aus sich selbst erwacht. Der zweite mögliche Weg geht diesem vorweg und findet seinen Ausgangspunkt in dem Unfrieden, welcher Art auch immer. So war der Weg doch auch bei uns, die wir hier sitzen. Die blühenden Praxen der Psychologen beruhen auf diesem inneren Unfrieden, auf unbefriedigtem Verlangen."

"Aber wenn man dann zur inneren Aktivität aufruft, meldet sich niemand?", stellte Jean fragend fest.

Johannes lächelte.

"So ist es wirklich, aber dann buchstäblich. Die Menschen

sind immer mehr in sich selbst *abwesend*, erfüllt von äußerlichem Weltinhalt. Wie spricht man jemanden an, der nur zur Hälfte anwesend ist?"

"Laut schreien? Sie am Schlafittchen packen?"

"Auf subtilere Weise die Aufmerksamkeit fesseln, scheint mir eine bessere Idee. Das passt etwas besser zum Ideal der Freiheit", antwortete Johannes lachend.

"Wie denn?"

"Fesseln mit Hilfe der Schönheit des abstrakten, universellen Denkens gelingt fast nicht. Auch im Bildungswesen, sogar im wissenschaftlichen Bildungswesen, muss das Gebiet des reinen, allgemein wissenschaftlichen Denkens dem kasuistischen Nachdenken über alle möglichen konkreten Fälle weichen. 'Problemorientierten Unterricht' nennt man das."

"Bist du dagegen?"

"Nicht regelrecht *dagegen*. Meines Erachtens hat diese Methode große Vorteile. Aber auf diese Weise kann sich das Denken niemals in einem leibfreien Gebiet entfalten. Das Bewusstsein vom Denken als universelle menschliche Quelle der Einheit verschwindet, weil es nie mehr da ist und deshalb auch nicht mehr erlebt werden kann."

"Was dann? Was soll denn geschehen?"

"In derjenigen Lebensphase, in der es nicht sein soll, nämlich in der Kleinkinderzeit und in der Zeit der Grundschule, werden die Kinder in die Abstraktion hinein getrieben, und auf der Universität, wo abstraktes Denken als reines Denken unterrichtet werden müsste, um die Fähigkeit des leibfreien Denkens zu wecken, werden die jungen Menschen in ihrem Körper eingesperrt."

"Wie also, Johannes?", drängte Jean. "Zu deinem Namen

gehört der Aufruf: 'Bereitet dem Herrn den Weg.'* Du bist ein Rufender in der Einsamkeit. Wie dringst du mit deinem Aufruf bis zu den Menschen durch?"

"Am Ende musste doch Christus kommen, um eine *Tat* zu verrichten, der Aufruf von Johannes war nur dazu da, seinen Weg zu bereiten."

"Er wird jetzt nicht wieder im Fleische erscheinen. Was, wenn er kommt und wir *sehen* ihn nicht, weil wir unsere Augen nicht gewaschen haben?"

"Du gibst nicht auf, nicht wahr? Wenn ich die Antwort wirklich wüsste, gäbe ich sie dir. Ich lebe in der Frage, Jean. Die Antwort lebt in der Selbsterkenntnis. Du wirst der Erste sein, der sie von mir hört – wenn du sie nicht selber findest."

"Für Johannes muss es ein großes Problem und auch Leid sein, dass Menschen sich selbst aus der Hand geben. Er stellt *mir* morgens eine Frage, und abends gebe ich sie unbeantwortet zurück und erteile *ihm* den Auftrag, die Frage zu beantworten. Ich werde nicht der Einzige sein, der so mit ihm umgeht."

Sie saßen in ihrem Schlafzimmer und ließen das Gesagte Revue passieren. Maria sagte:

"Es ist für ihn selbst auch schwierig, wenn nicht unmöglich, gerade diese Frage zu beantworten. Für ihn gilt sie ja nicht! Sein ganzes Wesen ist innere Aktivität, völlige Anwesenheit. Wie kann er sich vorstellen, dass man dazu keine *Lust* hat?"

"Meiner Meinung nach kannst du dir das auch nicht vorstellen. Es ist also eine ausgezeichnete Frage für mich, denn

---

* Matthäus 3,3

ich kenne die Faulheit nur zu gut, obwohl ich wenigstens *einsehe*, dass sie zum Verderben führt, zur totalen Dekadenz unseres Menschengeschlechts. Was meine Triebfeder zur inneren Aktivität ist? Wenn ich ganz ehrlich bin: Du bist das, Maria. Neben dir würde ich in totale Unsicherheit geraten, wenn ich nicht mitmachen würde. Ich hätte ohne dich auch wohl die Einsicht gehabt, ich hätte es aber dabei belassen. Verstehst du?"

"Du könntest auch denken: Sie hat ein bestimmtes Talent, lass sie nur gewähren."

"Oh nein! Es ist mir nur allzu deutlich, dass dieses Talent von jedem Menschen in sich selbst geweckt werden kann. Ich bin gerade ein wenig zu eingebildet, um nicht Schritt halten zu wollen."

"Dennoch werden viele Menschen es dabei belassen wollen, auch wenn sie Johannes begegnen. Sie sagen dann: Er ist einfach begnadet, hat Charisma. Das können wir doch niemals erreichen."

"Aus diesem Holz bin ich nicht geschnitzt. Er ist das große Ideal der Amerikaner, aber dann im innerlichen Sinn: ein 'selfmade-man'. Er hat sich in innerlicher Aktivität 'erfasst', neu geschaffen. Das erst ist Freiheit und Selbstbewusstsein. So möchte ich auch sein. Aber so kann man nicht *sein*, man kann nur so *werden*. Man muss den Mut finden, andauernd in dem *Werden* zu verweilen und nicht in dem *Sein* ruhen zu wollen. Nur ist damit schon ein großartiges Geschenk verbunden. Das Aufgeben der Passivität ist mit einem ewig dauernden, freudevollen Auferweckt-Sein verbunden, das es auch noch – wie eine Art Musik in Dur – um das Erleben von Leid und Elend herum gibt. Das ruhige, passive *Sein* dagegen führt schließlich unvermeidlich zu Depression und Nervosität, zur fundamentalen Unsicherheit."

"Können wir etwas für Johannes tun? Siehst du eine Möglichkeit?"

Jean nickte bedächtig.

"Ich fühle eine ganze Welt von Möglichkeiten, ich habe sie nur noch nicht konkret vor Augen. Es wird uns in der kommenden Woche schon deutlich werden."

Sie konnte nicht schlafen. Das Treffen zwischen Johannes und Jean war so anders verlaufen, als sie gedacht hatte. Jean war auf einmal *ganz* der Mann, den sie im normalen Leben nur ab und zu erlebte. Ihre Liebe galt diesem Wesen, das jetzt so total in Erscheinung trat. Es war, als ob seine ganze Persönlichkeit, seine ganze Erfahrung, sein Wissen, seine höchsten Tugenden sich in einem Punkt sammelten, um im Licht der Begegnung mit Johannes als gebündelte Kraft zu erscheinen.

So etwas konnte man zu Recht ein *Wunder* nennen. Sie fühlte Jeans Moralität, seine Güte. Er besaß eine Tiefe, die ihr manchmal bodenlos erschien, jetzt konnte sie den Boden sehen...

Die Frage hatte auch sie getroffen. Wo liegt für den passiven Menschen der Angriffspunkt, damit er aktiv wird?

Der *Moment* ist am wichtigsten, die Zeit muss reif dafür sein. Wenn man zu früh zur inneren Aktivität aufgerufen wird, weist man den Aufruf zurück. Das hat mit dem Alter nichts zu tun. Achtzig Jahre kann noch 'zu jung' sein. Offensichtlich muss man an eine Entwicklungsgrenze gelangen, und es ist nötig, dass man die Grenze auch *erlebt*. Dass man fühlt, dass es keinen Ausweg mehr gibt, dass sich nur noch der gähnende Abgrund vor einem auftut, während hinter einem nur das Alte zu finden ist, das für einen jeglichen Reiz verloren hat.

Es wird auf die eine oder andere Weise eine Erkenntnis geben müssen, ein Erleben, *wie* kraftlos und schattenhaft das Bewusstsein eigentlich ist. Eine Sehnsucht nach Realität, nach total gesättigtem Inhalt im Bewusstsein, muss erwachen oder geweckt werden. In unserem Bewusstsein wird ja immer alles kraftlos ... man kann die schrecklichsten Sachen denken, ohne eine einzige Erregung des Gemüts zu empfinden. Das ist die Macht des Intellekts. Man kann das sogar trainieren und dann aus diesen schrecklichen Gedanken ohne Regung des Gewissens zu Taten schreiten. Natürlich gibt es eine andere Seite im Menschen, in der *wohl* diese Kraft lebt. Dort lebt Passion, Leidenschaft, ohne Verstand. Dort hört jegliche vernünftige Überlegung auf, dort umsegelt man den anderen Pol entlang der Klippe des Gewissens. Dort ist zwar kräftige Realität, Wärme und Einsatz, aber die Überlegung beruht auf nichts anderem als der Kraft des vorübergehenden, selbstsüchtigen Ich. Diese Seite schöpft ihre Kräfte aus dem sterblichen Körper und allem, was damit zusammen hängt. Blut, Vaterland, Rasse, religiöser Fanatismus... Der wirkliche Mensch lebt weder in dem einen noch in dem anderen Pol ... sondern im Bewahren des Gleichgewichts von beiden. Schiller schrieb schon darüber in seinen 'Briefen über die ästhetische Erziehung des Menschen'. Goethe schilderte den Prozess in seinem wunderlichen 'Märchen'.[*]

Für den wahren Menschen besteht die Gefahr, dass er sich

---

[*] Das Märchen von der grünen Schlange und der schönen Lilie.

in den Gegenpolen verliert, er kann jedoch an den Grenzen immer aufs Neue den Aufruf empfinden, zur selbstbewussten, *gewissenhaften* Kraft zu kommen. Die Grenzerlebnisse sind nötig, den Aufruf hören zu können, der einem dann immer entgegenkommt. Aus einem Ereignis, einem Buch, einer Begegnung... Und hören alleine genügt nicht, man muss *der Aufforderung Folge leisten*, man muss etwas tun. Anfangen muss man mit dem Streben und nie wieder aufhören, man muss derjenige Mensch werden wollen, der beide Pole kräftig meistert, der sie zur wahren Vervollkommnung des Mensch-Seins einsetzen kann.

Maria seufzte und fiel in einen tiefen Schlaf.

*

Agnes fand, dass sie schon wieder mit der Arbeit anfangen konnte. Die Untersuchung hatte nur zwei leichte Gefäßverengungen ergeben, im Übrigen waren es nur Krämpfe der Koronargefäße. Das konnte man mit Medikamenten behandeln. Sie musste sich zwar ein wenig vor Stress hüten, aber sonst war es nur ein Sturm im Wasserglas.

Sie sprach darüber bei Tisch. Die Kinder schauten sie mit großen Augen an. René schaute überhaupt nicht, es war, als ob er nicht zuhörte. Sie zuckte mit den Schultern und sagte:

"Ihr schaut, als ob ihr ein Ungeheuer seht", und schöpfte ihren Teller noch mal voll.

Doch nach dem Essen sagte René:

"Komm bitte kurz mit in die Bibliothek, Agnes."

Sie folgte ihm, während die Kinder den Tisch abräumten. Er setzte sich. Er war der Psychiater, sie die Patientin.

"Ja, Herr Doktor?", fragte sie spöttisch, aber René ließ sich dadurch nicht aus der Fassung bringen. Er schaute sie an und sagte:

"Du bist nicht recht bei Verstand, Agnes."

"Nun, dann bin ich hier ja richtig."

"Hör auf! Mit den leichten Gefäßverengungen und dem Krampf hast du tatsächlich einen Infarkt gehabt, nicht wahr? Sogar ohne dass du es gemerkt hast."

"Das kommt ja öfter vor. Ich habe jetzt Pillen, die verhindern das."

"Welch ein Vertrauen! Wo bist du eigentlich, Agnes? Dein Wesen trat so schön in Erscheinung, du kamst zur Besinnung, zu einem gewissen Ernst. Jetzt ist es mit der Krankheit nicht so schlimm, und statt die Dankbarkeit in tiefe Besinnung umzusetzen, fängst du wieder an, im alten Trott weiterzuleben. Bis du definitiv umfällst."

"Ich tauge nicht für Tiefsinnigkeit. Ich will etwas *tun*."

"Das weiß ich. Ich kenne dich. Aber diesmal finde ich es nicht gut. Wenn du andere Arbeit hättest, gut. Deine Teilzeitarbeit zählt ja vierzig, fünfzig Stunden in der Woche. Wir lieben dich, Agnes, ich ... und die Kinder."

Sie fühlte, dass sie errötete. Wer könnte sie schon lieben! René reichte ihr die Hand und umschloss ihre mit seinen beiden gelehrten Händen. Sie schaute sie an und sagte verlegen:

"Was soll ich hier anfangen, René? So viele Stunden am Tag. Ich verlange den ganzen Tag danach, dass du nach Hause kommst, damit ich hier bei dir sitzen kann. Ich lese jeden Tag ein Märchen und forme Bilder, sie werden immer deutlicher, farbenprächtiger, echter. Aber was soll ich damit? Sie rufen eine starke Gemütsbewegung auf, mit der ich mir keinen Rat weiß. Immer nur Verlangen ... nach dir, nach Maria, nach Papa und Mama ... nach Johannes ... nach den Kindern. Und wenn ihr dann da seid, kriege ich nichts mehr hin. Dann verfalle ich in meine alte Verhaltensweise. Schöne, harte Agnes..."

"Das leuchtet doch ein, Agnes ... du kannst nicht plötzlich all deine Gewohnheiten umwandeln, das verlangt auch niemand von dir."

"Ich leide selbst darunter, ich fühle mich dann zweigeteilt, verstehst du."

"Also wählst du nur die schöne, harte Agnes?"

Sie sackte in sich zusammen und seufzte.

"Ich weiß schon, dass das nicht mehr sein darf. Die wirkliche Agnes ist zu weit zum Vorschein gekommen, um sie noch ignorieren zu können. Aber es ist wie eine Art Verurteilung zu etwas, das unheimlich schwierig ist."

"Und Johannes?"

"Was meinst du?"

"Hast du ihn noch mal gesprochen?"

"Nein. Ihm brauche ich nichts über meinen Plan zu erzählen, dass ich wieder arbeiten möchte. Er lässt es mich deutlich merken, dass er keine Lust hat, immer andere überzeugen zu müssen. Ich darf selbst entscheiden: Entweder ich arbeite an mir selbst oder nicht. Wenn nicht, brauche ich mich nicht mehr an ihn zu wenden. Wohl als alte Freundin, aber er steht mir nicht mehr mit Rat zur Seite... Aber René, man kann doch nicht sein ganzes Talent in seine eigene Entwicklung stecken? Das geht doch auch nicht?"

"Du bist krank, Agnes, dann darf man das sicher."

"Ich bin nicht krank. Seitdem ich die Pillen nehme, spüre

ich nichts mehr."
"Nimm sie dann mal nicht mehr, und du wirst es merken."
Sie seufzte wieder.
"Was soll ich dann anfangen?"
"Geh zuerst im Sommer zu Johannes und schau, was du machen kannst. Ich komme mit den Kindern nach, und wir bleiben ein paar Wochen in der Nähe in einem Hotel. Danach werden wir weiter sehen."

Sie war zu Fuß in die Stadt gegangen und stand jetzt in dem Bekleidungsgeschäft 'Bonneterie' bei einem im Preis reduzierten Stapel Oberhemden. Hellblau würde ihm gut stehen unter seinem blauen Blazer, er schaute dann männlicher aus ... aber solch ein Karomuster würde dagegen gut unter einem Pullover passen. Sie liebte es, René 'anzukleiden', nach ihrem Geschmack. Und er zog brav alles an, was sie für ihn kaufte.
"Es ist nicht leicht, eine Wahl zu treffen, wenn das Angebot so groß ist", sagte eine Männerstimme neben ihr. Sie schaute zur Seite in die blauen Augen eines großen Mannes mit angegrautem Haar. Er trug einen kostbaren, kamelhaarfarbenen Mantel, sie bemerkte eine goldene Armbanduhr ... und einen schönen Männerkopf. Ein Draculakopf oder ein Vampir! ... solch ein edles Gesicht, aber wenn er seine Lippen zu einem Grinsen hochzieht, zeigt er sein wahres Wesen. Der Mann lachte herzhaft, wie eine Antwort auf ihre Gedanken – sie sah nur vage hinten in seinem Mund eine Goldkrone blitzen. Warum war sie nicht so wie Maria? Sie würde sofort weggehen, vielleicht nach einem freundlichen Nicken. Punktum! Nein, Agnes genoss es zu fühlen, dass sie mit ihren fünfzig Jahren noch immer eine attraktive Frau war. Sie lachte eben-

falls, nahm das hellblaue Hemd von dem Stapel und sagte:
"Dieses nehme ich. Man muss sich immer vorstellen, wie es aussehen wird. Dann fällt die Wahl nicht schwer."
"Geben Sie mir dann auch mal einen Rat? Was müsste ich Ihrer Meinung nach unter diesem Jackett tragen?"
Sie müsste jetzt sagen: Rufen Sie nur die Verkäuferin, ich werde jetzt bezahlen. Stattdessen schaute sie auf sein gemustertes Jackett und sagte:
"Weiß. Hierunter gehört ein weißes Hemd, wie dieses hier."
Zusammen gingen sie zur Kasse, wo sie kurz warten mussten.
"Trinken wir zusammen eine Tasse Kaffee in der Konditorei 'Corona' hier in der Nähe?", fragte er.
Sie nickte, und kurze Zeit später gingen beide, jeder mit einer Tragetasche in der Hand, über die Straße in die Konditorei. Sie hatte dies schon eine ganze Weile nicht mehr getan, so mitgehen mit einem netten Mann. Vielleicht war das wohl die Ursache ihrer Herzkrämpfe, immer nur unterdrücken, was sie eigentlich ganz schön fand? Sie setzten sich einander gegenüber an einen Tisch am Fenster.
"Wohnen sie in Den Haag?", fragte sie.
"Nein, in Utrecht. Ich habe hier ein paar geschäftliche Gespräche gehabt. Und Sie?"
"Ja, ich wohne hier. Es ist eine langweilige Stadt, aber in Utrecht ist es nicht viel besser. Ich bevorzuge Amsterdam, dort habe ich studiert."
Sie wollte, dass er sie fragte: Was haben Sie studiert? Er fragte:
"Was sind sie von Beruf?"

"Ich bin Chirurgin."
Das machte Eindruck, wie erwartet. Sie verwandelte sich selbst in Dracula, einen unheimlichen Menschen mit Messer und Schere ... sie schaute in seine blauen Augen, und auf einmal wurde ihr bewusst, dass ihr schlecht wurde. Sie stellte sich vor, dass sie sich weiter hierauf einließ und dann nachher in einem Hotelzimmer – so hatte sie das früher allerdings getan. Hatte sie denn nie gefühlt, wie *fremd* so ein Körper ist? Sie dachte an René, der ihr durch und durch vertraut war, mit dem sie zusammen vier Kinder hatte. *Vier* Kinder! So viele gemeinschaftliche Erfahrungen in Leid und Glück... Und dieser Mann ihr gegenüber ... ein attraktiver Mann, sie könnte mit ihm ins Bett, das spürte sie sehr gut. Sie müsste diesem Mann eigentlich dankbar sein. Er machte ihr bewusst, dass dies alles weit, weit hinter ihr lag. Unterdrücken, was sie schön fand? Sie fand es nicht mehr schön, sie hatte viel mehr Fühlung mit der Wirklichkeit ihres Lebens bekommen. Als Mädchen hatte sie außerhalb der Realität gelebt ... mitgerissen von der Koketterie. Was ist Koketterie ... ein Rinnsal Irrealität. Sie brauchte René nicht mehr zu gefallen, er war ihr dreißig Jahre lang durch dick und dünn treu geblieben. Und dieses hellblaue Oberhemd würde ihm gut stehen... Sie trank ihren Kaffee, stand auf und sagte:
"Vielen Dank, dass Sie mir Gesellschaft geleistet haben."
Sie reichte ihm die Hand, und er blieb fassungslos sitzen.

Sie war so froh, dass sie wie ein Kind hüpfen wollte. Die Freude in ihr war zu groß, um wie eine Dame zu laufen... Das Bild des Mannes kam zu ihr zurück. Es war eine Prüfung gewesen. 'Das Leben ist ein Märchen', sang sie still in ihrem

Innern ... nichts ist langweilig, jeder Schritt ist Entwicklung. Man denkt, dass man nicht weiter kommt, dass man ewig dieselbe schlechte Agnes bleibt – und man weiß nicht, wie das Leben einen geformt hat. Das Leben, die Menschen. Sie wollte jeden umarmen! Der Schlossteich und die Parlamentsgebäude des 'Binnenhofs' erschienen ihr wie ein Märchenschloss... Den Haag, eine langweilige Stadt? Aber nein ... das Glück ist überall, wenn man es nur in sich trägt.

Zu Hause traf sie ihren ältesten Sohn vor dem Fernseher an... Warum bemerkte sie ihn auf einmal dort? Er saß dort oft, jeden Tag. Jetzt fiel ihr eine Art Mutlosigkeit auf.

"Was ist los, Paul?"

Er zuckte mit den Schultern. Ein Sechzehnjähriger redet nicht ohne weiteres mit dem Feind, mit seiner Mutter.

"Möchtest du etwas essen? Soll ich dir etwas machen?"

Der Junge schaute erstaunt auf.

"Etwas Leckeres? Hast du denn etwas?"

"Einen Käse-Schinken-Toast, einen Strammen Max, Tee mit Kuchen. Was du willst."

"Ich schreibe morgen eine Mathematikarbeit, und ich verstehe keine Bohne davon. Niemand kann mir helfen, keiner kann mir etwas erklären. Ich habe Lust auf einen Käse-Schinken-Toast."

Er ging mit ihr in die Küche, ein großer Junge, ein Kind.

"Hol schon mal das Buch, wir werden uns die Aufgaben mal anschauen."

"Als ob du das könntest", murrte er.

"Du wirst dich noch wundern", kicherte sie.

Singend machte sie einen Käse-Schinken-Toast.

Ein Leben lang Hast und Erwartung ... Hoffnung auf Lob

der Außenwelt. Alles, alles verlief am Gängelband der Außenwelt, nur die Koketterie und die Hast kamen aus dem Innern. Angst auch ... vor allem Angst, deswegen diese Hast. Fünfzig Jahre auf der Flucht ... nun ja, vierzig, fünfundvierzig Jahre. Ein junges Kind lebt noch nicht so, alles verläuft noch elementar. Obwohl sie zweifellos ein lästiges und ungezogenes Kind gewesen war, eine Aufgabe für ihre Eltern, eine Herausforderung für Maria.

Maria ... sie hatte manchmal ein heftiges Verlangen nach ihr. Sie hatte sie verachtet und geachtet, sie geliebt und gehasst. Jetzt verlangte sie nach ihr, obwohl sie es ihr übel nahm, dass sie so einfach mit Jean zu Johannes gegangen war. Schließlich war Johannes *ihr* Freund. René hatte schon immer Maria angebetet, das war ja nie vorüber gegangen – und jetzt musste sie vielleicht sogar noch erleben, dass Johannes sie seiner alten, treuen, aber den Geist verachtenden Freundin Agnes vorzog.

Warum verlangte sie nach Maria? Sie hatte eine Stille um sich, Windstille, Erholung, Ruhe. Sie musste eine gute Mutter sein, auch eine feine Ehefrau. Sie war nie auf der Flucht, sie war einfach da, in aller offenen Aufmerksamkeit, die man nur von einem Menschen verlangen konnte. Koketterie? Die brauchte sie nicht, denn sie erweckte Sympathie, ohne dafür etwas zu tun. Wahrscheinlich besaß sie durch ihre Ruhe ein solch großes Selbstvertrauen – oder hatte sie gerade diese Ruhe durch ihr Selbstvertrauen? Ach ... sie hatte im Grunde natürlich immer zu Maria aufgeschaut, schon als Kind. Aber sie selbst war viel flotter, hübscher ... und das waren ihre Werkzeuge, damit hatte sie sich hoch über Maria erhoben, hatte Marias Freund zu ihrem Ehemann gemacht, hatte Karriere gemacht... Äußerlich betrachtet, stellte Maria wenig dar. Trotzdem verlangte sie nach ihr, wie man auch nach Eltern verlangen kann, nach seiner Kindheit. Es läge doch eigentlich auf der Hand, das Telefon zu nehmen und sie anzurufen – oder sogar den Zug nach Maastricht zu nehmen; sie hatte doch Zeit im Überfluss. Sie konnte es aber nicht, es war ihr unmöglich. Sie konnte sich ihr nicht nähern, und sie wusste nicht genau, weshalb...

"Was ist eigentlich dein Gefühl für Maria, René? Du warst verliebt in sie, du verkehrtest mit ihr, obwohl sie dich abwies. Was hast du in ihr gesehen, was siehst du jetzt noch in ihr?"
"Bist du eifersüchtig?"
"Nein! Es ist einfach eine Frage, ich habe viel Zeit, mich alles Mögliche zu fragen."
Nachdenklich schaute René vor sich hin.
"Tja", sagte er. "Wie kann man das Wesen eines Menschen anders ausdrücken als durch das Nennen des Namens? Maria! Sie ist die Schönste aller Frauen, denen ich begegnet bin. Ich sah das damals und sehe das jetzt noch, sie bleibt absolut an der Spitze. Sie ist ... unbelastet, frei, rein, ehrlich. Früher war sie sehr wehmütig, auch das fand ich prächtig. Jetzt ist ihre Sehnsucht befriedigt worden, sie hat ihr geistiges Vaterland wiedergefunden. Sie ist nicht robust, sondern zart ... aber doch überstark. Wie die Blüten in ihrem geliebten Apfelbaum mit dem festen Willen, Früchte zu tragen. Außerdem ist sie sehr lieb, nett. Ihre Anwesenheit bietet Trost und Hoffnung. So ungefähr ist es."
"Aber sie hat kein ... sie ist keine Frau für die Leidenschaft."
René lachte.

"Du vergleichst sie mit dir. Es gibt wenig Übereinstimmung zwischen euch."

"Warum hast du in Gottes Namen mich genommen?"

"Weil du Agnes bist! Das ist auf eine andere Art und Weise Spitze. Maria war eine Klasse zu hoch für einen Nörgler wie mich."

"Also begnügtest du dich mit der schlechten Schwester."

"Ich habe mich in dich verliebt, sofort. Die zwei Verliebtheiten waren einander so wenig ähnlich wie die beiden Schwestern."

"Verliebt? In mich?"

"Was dachtest du denn?"

Sie seufzte ganz tief.

"Das hättest du auch wohl mal sagen können, René! Ich habe mich als eine Art Ersatz gefühlt."

Sie fühlte ihre Einsamkeit in einem unermesslichen Selbstmitleid. René spürte es und sprang auf, um sie zu umarmen.

"Es ist doch alles gut geworden mit uns, Agnes! Wir haben uns gefunden, wir reden viel, wir sind gerne zusammen. Wir haben prächtige Kinder."

"Ich bin so alleine. Immer schon. Was ist der Sinn von allem?"

"Entwicklung, wie mir scheint. Wachstum."

"Um dann zu entdecken, dass man die Schwächste von allen ist?"

"Nun komm, Agnes! Du bist stark, aktiv, hübsch, intelligent. Wieso schwach!?"

"Ich finde mich selbst nicht mehr. Wer ist Agnes? Ein Schatten ist sie."

"Ein Schatten wird immer von 'etwas' geworfen, worauf das

Licht fällt."
"Dann lass mich dieses 'Etwas' finden!"
Er hielt sie kräftig fest. Es half, sie fühlte in seiner Kraft doch auch etwas von sich selbst.
"Siehst du etwas in mir, außer äußerer Schönheit und so?", fragte sie leise.
"Du rührst mich. Jetzt, da das Theater wegfällt..."
"Bin ich dann noch etwas, René?"
"Du bist mehr denn je, Liebste. Mehr denn je."

Sie saß im Garten in der Sonne. René war zur Arbeit, die Kinder waren in der Schule. Aus dem Wohnzimmer hörte sie ein Konzert für Oboe von Bach. Musik berührte sie immer mehr, ein Leben mit René war ein Leben mit Musik. Wer ist Agnes ... ein sich sehnendes Wesen, voller Verlangen nach Liebe. Und der Hass? Sie konnte fürchterlich hassen, konnte Hässlichkeit, Schwäche, Faulheit nicht ausstehen. Das war dieser leere Schatten, jenes Wesen, das *nicht* war, es füllte sich mit Negativität, weil es damit verwandt war. Ist es möglich, von dem Schatten ins wirkliche *Sein* zu steigen? Von der Leere ins Volle, vom Hass in die Liebe? Kann man sich dazu entschließen und es dann auch tun? Jäh dem alten Dasein ein Ende bereiten und ein neues Leben anfangen wie Franziskus von Assisi? Oder muss es allmählich geschehen, in andauernder Metamorphose? Ein Mensch könnte viel zustande bringen, aber der *Wille* fehlt.
Das gewöhnliche Leben ist nur Theater. Das hatte Maria immer gefühlt, das hatte sie so anders gemacht als die anderen. Konnte man eine Zwillingsschwester von so jemandem sein und dennoch völlig unberührt bleiben? Anscheinend nicht

... das Verlangen nach ihrer Schwester wuchs ständig. Sie war die wirkliche Nachfolgerin von Papa. Mit Papa hatte sie nicht geredet, sie hatten nur die notwendigsten Worte gewechselt. Das durfte ihr kein zweites Mal passieren, sie wollte versuchen, wirklich mit ihrer Schwester in Kontakt zu kommen...

*"Der alles verschlingende Tod bin ich
und der Ursprung von allem, was kommen wird;
und von den weiblichen Qualitäten und Eigenschaften
bin ich der Ruhm, der Wohlstand, die Beredsamkeit,
die Gedächtniskraft, die Tapferkeit und die Versöhnlichkeit."*

Bhagavad Gita, 10, Vers 34

"Was machst du hier?!"

Agnes stand Maria gegenüber, ihre Augen funkelten wild. Sie trafen sich unerwartet im Park beim Institut in den Bergen. Beide besuchten Johannes. Maria fühlte die heftige Gegenwehr von Agnes. Sie sah fabelhaft aus, braun gebrannt, trug ein teures Sommerkleid, das ihre Schultern zeigte, ihr schwarzes Haar war perfekt frisiert. Sie besaß eine bewundernswerte physische Energie, eine blendende Schönheit. Maria fühlte in ihrer Nähe keine Unsicherheit mehr aufkommen, obwohl die Wirkung überwältigend war. Sie blieb ruhig und sagte:

"Jean und ich wohnen bei Johannes. Er hat uns eingeladen, damit wir hier unsere Sommerferien verbringen."

Agnes schwieg bestürzt. Wohnen bei Johannes! Sie selbst war zu Gast in einem der Zimmer im Hauptgebäude, als eine der vielen Schüler und Besucher, ja sogar als Patientin...

Sie tat Maria Leid. Maria sagte:

"Es ist wohl typisch für unsere Beziehung, dass wir nicht einmal dies voneinander wissen. Wollen wir zusammen etwas trinken, Agnes?"

Agnes gab sich gleichgültig, obwohl ihr Inneres sich füllte

mit Verlangen.

"In Ordnung", sagte sie achselzuckend.

"Wo ist René?", fragte Maria. "Und die Kinder?"

"Sie sind noch zu Hause, aber sie kommen nächste Woche. René konnte in der Nähe ein Haus mieten."

"Was führt dich hierher, Agnes? Ich meine ... was machst du im Moment?"

Sie gingen zum Hauptgebäude.

"Ich lerne, was Demut ist", spottete Agnes. "Zweimal in der Woche habe ich ein Gespräch mit diesem widerlichen Menschen, dem Meister. Verpflichtet! Er ohrfeigt mich jedes Mal im übertragenen Sinne, mein ganzes Sein liegt offen vor ihm."

"Verpflichtet? Du brauchst ihn doch nicht zu besuchen?"

"Doch ... das ist eine der Bedingungen, die Johannes gestellt hatte, wenn ich hier bleiben will. Ich lerne ihn jetzt ganz anders kennen. Er war immer wie ein freundlicher, sanfter Bruder zu mir. Jetzt ist er streng..."

"Dann wirst du es selbst schon so wollen. Johannes lässt einem immer die Freiheit."

"Natürlich will ich selbst – und doch auch wiederum *nicht*."

An einem Tisch im Speisesaal setzten sie sich einander gegenüber. Agnes wurde ein wenig sanfter.

"Ich wollte dich wirklich gerne sehen, Maria. Entschuldige bitte meine Unfreundlichkeit ... ich hatte dich hier natürlich nicht erwartet. Wir sehen uns nie, sprechen fast nie miteinander. Das ist schon schlimm genug." Sie beugte ihr Haupt, damit sie Marias Reaktion nicht zu sehen brauchte.

"Ich fühle mich wie auch immer mit dir verbunden, Agnes. Geht dir das nicht auch so?"

Agnes schaute auf, ihre Augen waren groß und feucht.

"Ja ... als Verlangen. Ich möchte gerne deine Freundin sein, mit dir reden, wie du es mit Papa getan hast. Ich bin so fürchterlich einsam, Maria."

Maria legte ihre Hand auf Agnes Hand und kniff hinein.

"Dachtest du, dass ich dieses Verlangen nicht habe? Du bist unnahbar, Agnes, ich kann dich nicht erreichen, wir sprechen eine andere Sprache."

"Nicht mehr ... nicht mehr so sehr wie am Anfang. Ich habe sehr viel mitgemacht. Mit René, den Kindern, in meinem Fach, mit meiner Krankheit. Ich führe mich nicht mehr so geistlos auf."

"Das habe ich nie so empfunden ... du warst nur immer unerreichbar."

Sie schaute Agnes an. Diese sah ganz anders aus jetzt, als ob sie sich gehäutet hatte. Sie war immer starr und unzugänglich, stolz und abweisend. Jetzt schien sie plötzlich beweglich und offen, besonders aber sehr betrübt.

"Ich fange an, mich selbst zu erleben, und ich kann mit niemandem reden. René liebt mich viel zu sehr, er will nichts über meine Schwächen hören – und Johannes ist so streng! Er hält Schuldgefühle für egoistisch und passiv. Eine Entschuldigung sind sie, um nicht arbeiten zu brauchen. Das ist auch so ... aber sie sehen nicht, wie schwer es ist. Nun ja, sie sehen es vielleicht schon ... aber sie wollen mich nicht trösten. Papa hätte es verstanden, das weiß ich sicher. Und du, Maria ... du verstehst es sicher auch."

"Johannes versteht es bestimmt, Agnes ... und ich auch."

Eine Träne lief über Agnes' schöne Wange. Sie fegte sie weg und sagte leise:

"Natürlich versteht er es. Er ist ein fantastischer Mann, wirklich. Er muss mich wohl so behandeln, sonst setze ich mich wieder in die Sonne ... aber ich bin so einsam, Maria."

Maria nickte, während sie die Hand ihrer Schwester festhielt. Sie fühlte deren Verzweiflung darüber, wie alles Alte sie zu verlassen schien, während es noch kein Neues gab, aus dem man schöpfen konnte.

"Erzähle bitte mal, Agnes. Was musst du hier denn alles tun?"

"Ich muss also zweimal in der Woche zum Meister. Bei ihm zu Hause, in seinem Meditationsraum. Ich habe Angst davor, vor den Teppichen auf dem Boden und an der Wand, vor diesem einfachen nackten Stuhl, auf den ich mich setzen muss, und dann vor seinen Augen, die mich wie Röntgenstrahlen durchleuchten. Ich fühle, was er sieht, verstehst du – und das ist nicht schön. Meine Angst, meinen Hass, meine Skepsis, meinen Spott ... aber auch meinen Mut, meinen Erfolg ... ich fühle, wie gut es mir gegangen ist, eigentlich in allem."

"Das verdankst du doch sicher deinen Qualitäten!"

"Selbstverständlich, aber diese beruhen doch auf Geltungsbedürfnis. Er sieht das, und ich fühle es. Inzwischen sagt er eine Menge, er versucht mich zu lehren, wie ich vorurteilslos wahrnehmen kann. So fragte er mich, warum sein Meditationsraum mir so viel Angst einflößt. Die Atmosphäre dort ist uralt, aber auch bedrohend, als ob jeden Moment ein Elefant hineinstürmen kann, der mit seinem Rüssel so laut trompetet, dass man umfällt, oder ein wütender Tiger, der einen mit Haut und Haaren verschlingt. Dann lässt der Meister ein dröhnendes Gelächter hören, aber er hält meine Empfindungen doch für richtig, nur sind sie verstärkt, von meiner Angst übertrieben. Ich muss mich in der künstlerischen Wahrnehmung üben, muss aber versuchen, einen objektiveren Standpunkt zu erreichen, meine eigenen Gefühle müssen schweigen. Er mag mich allerdings, er mag das elementare Gefühlsleben schon – aber es muss doch umgewandelt werden."

"Und Johannes? Gibt er dir Aufgaben, die du tun musst?"

"Er ist Doktor und Meister in einer Person. Ich bin eigentlich hier, um von meinen körperlichen Beschwerden befreit zu werden. Aber er ist der Meinung, dass sie durch meine verkrampfte Art und Weise des Seins entstehen – daran muss also gearbeitet werden. Der Körper an sich bekommt zwar Trost, indem er Wärme, duftende Bäder und Massagen bekommt. Aber die Seele muss leiden, auch bei ihm – obwohl er nett ist, selbstverständlich."

"Wie denn?"

"Er ist Schuld daran, dass ich mich so stark *fühle*. Ich habe Märchen gelesen und sie innerlich in Bilder umgesetzt. Das ruft eine tiefe Selbsterkenntnis zu Tage ... als bildhafte Gefühle – sie sind die *Hölle*. René sagt immer, dass ich Dante lesen sollte, aber Dante ist mir zu kompliziert."

"Und weiter?"

"Außerdem spreche ich ihn dreimal in der Woche. Es ist merkwürdig, wenn ein Mann, der ein alter guter Freund ist, sich auf einmal von dir entfremdet und dein Lehrer wird. Ich habe ihn so nie gekannt, wir hatten immer die gleiche Wellenlänge.

"Warum könnte ein Lehrer nicht auf der gleichen Wellenlänge sein wie du?"

Agnes schaute sie zögernd an. Maria war gerührt durch ihre

körperliche Schönheit, die auf einmal etwas *Sanftes* zeigte.

"Wäre das möglich? Ich erlebe es so jedenfalls nicht. Ich suche seine Freundschaft noch immer, es gibt niemanden in meinem Leben, der mir so viel Freundschaft gegeben hat wie er. Aber jetzt stellt er Bedingungen – sonst hat mein Aufenthalt hier natürlich auch keinen Sinn, das verstehe ich. Ich übe mich vor allem in *Besinnung*. Immer zurückblicken auf dasjenige, was ich eigentlich erlebe, das ist die wichtigste Aufgabe. Ich habe ja immer nach außen gelebt, mich selbst ganz stark hervorgehoben. Jetzt muss ich diese Kraft ein wenig umkehren. Wenn man sich besinnt, fängt die Moralität, das Gewissen, zu sprechen an. Das ist nicht leicht, Maria. Als Papa gestorben war, hat Johannes mich schon aufgerufen, vor allem tief zu *erleben*, was ich fühlte. Diesen Aufruf habe ich nicht hören wollen, ich habe meinen Kummer tief begraben, er war mir zu schwer. Jetzt, da mein Herz verkrampft, muss ich mich wohl besinnen.

Ich kann es natürlich all den Pillen überlassen, sie wirken selbstverständlich. Aber Papa war auch *mein* Vater, Johannes ist auch *mein* Freund, du bist auch *meine* Schwester ... ihr alle habt doch auch etwas in mir hinterlassen, ein vages Gottvertrauen, einen Zweifel am Materialismus. Ich hätte Papa so gerne fragen wollen: Was hältst du von mir – und wer *bist* du eigentlich? Jetzt könnte ich diese Frage stellen, damals war es unmöglich. Jetzt sehe ich ihn, wie er dort sitzt, auf einem verschlissenen Stuhl in der Sonne vor dem Küchenfenster, seine Augen geschlossen, vielleicht in einem tiefen Gebet versunken. Wenn ich mich darauf besinne, Maria, muss ich weinen, und ich kann dann nicht mehr aufhören. Welch eine Gnade, solch einen Vater gehabt zu haben – welche Nachlässigkeit, so an ihm vorbeizuleben, so achtlos. Dann denke ich: Stelle dir vor, es gibt einen Gott, er hat wirklich seinen Sohn gehen lassen, damit er bis ans Ende der Welt unter uns weilt. Die Achtlosigkeit, mit der ich an *dieser* Tatsache vorbeilebe, ist eine Nachlässigkeit, die unermesslich ist – wenn es so wäre."

"Ist es so, Agnes?"

"Wie soll ich das wissen? Ich habe es nie geglaubt, das ist ja viel bequemer."

"Ist es so? Gibt es einen Gott?"

Agnes stützte ihr Haupt mit ihren Händen.

"Ja, natürlich ist es so", sagte sie leise. "Das weiß doch jeder. *Jeder*. Man will es nur nicht wahrhaben, es ist viel zu unbequem. In Deutschland fiel mir mal ein Buch in die Hand mit dem Titel: 'Gute Mädchen kommen in den Himmel, böse überall hin.' Das sind wir beide Maria, du und ich."

"Ich erreiche auch, was ich will, Agnes."

"Mehr als ich, wahrscheinlich. Nur sehen die anderen nichts davon, das ist schwierig für eine Frau wie mich. Ich will *gesehen* werden... Du bist so lieb, Maria. Eine liebe Schwester bist du. Ich fühle mich zu schwach, diesen ganzen Kummer zu tragen. So viel Reue ... Entbehrung ... Sehnsucht... "

Die schönen braunen Augen füllten sich wieder mit Tränen. Maria fasste noch einmal kräftig ihre kleine Hand und sagte: "Schau nun nicht zu viel in die Vergangenheit, Agnes ... das lähmt dich. Schau lieber voraus, wir können noch so viel Gutes erleben."

"Ich *muss* ja zurückblicken, darin liegt gerade die Kraft der Besinnung. Es gibt kein Entrinnen, Maria. Ich werde doch lernen müssen, die Liebe zu ertragen ... für euch, von euch."

"Wie ist es möglich, dass du dich *so* verändert hast, Agnes?

Sind das nur die Herzbeschwerden?"

Agnes schüttelte den Kopf und schnäuzte sich.

"Nein, die sind nur Nebensache, die Herzbeschwerden waren nur der *Anlass*, Johannes zu konsultieren. Er hat schon früher einmal eine Wende in meinem Leben ... bewirkt. Ich konnte seine Freundschaft nicht mit meiner Untreue zu René kombinieren. Man kann Johannes nicht in die Augen schauen und gleichzeitig seinen eigenen Mann mit anderen Kerlen betrügen. Das geht einfach nicht. Das war auch schon Besinnung, aber noch ganz schwach, matt, nur so im Vorübergehen. Jetzt besuchte ich ihn hier, ich war ziemlich verzweifelt. Sein Wesen ist es, das mich verändert, obwohl er absolut nicht eingreift, er ist nur der, der er ist. Großartig ist es, wie er ist. Ich hätte ihn gern als Ehemann gehabt ... aber ich sehe jetzt natürlich schon, wie unmöglich das gewesen wäre. Ich würde in Selbstvorwürfen untergegangen sein – neben ihm. Es ist seine Liebe oder die Liebe zu ihm, die mich verändert. Dabei ist er doch einfach nur ein Mensch, und wenn ein *Mensch* schon solch eine Ausstrahlung hat, wie muss man dann je unserem Herrgott unter die Augen treten – *wenn* es ihn gibt?"

"Gibt es ihn, Agnes?", fragte Maria erneut. Sie spürte, wie stark Agnes seine Wirklichkeit fühlte – und diese doch auch wieder anzweifelte.

Agnes seufzte tief.

"Schlimm, nicht wahr? Immer wieder bezweifeln, was man sicher weiß. Dadurch muss man doch ein Wrack werden. Aber ich denke, dass das, was ich jetzt erlebe, erfahre ... dass Er das ist. Johannes lebt in seiner Nachfolge, es ist nicht Johannes selbst, sondern es ist sein Vorbild, so ungefähr ... Papa war ein Vorbild, du bist das ... aber er ist es *so* stark, es gibt für mich wenigstens kein Entrinnen mehr."

"Möchtest du noch entrinnen?"

"Nein ... aber das Leben war so bequem, es ging alles so leicht ... obwohl, ganz *leer* war es. Jetzt ist es randvoll, aber die Fülle schmerzt."

Agnes schaute eine Weile auf Maria. Maria ... so vertraut und doch so fremd. Sie fragte:

"Und du Maria? Was genau machst du hier?"

Maria nickte nachdenklich und antwortete:

"Wir waren im Frühjahr zwei Wochen hier. Johannes und ich haben viel miteinander gesprochen. Er hatte mir damals, nach Papas Beerdigung, den Weg gezeigt – und ich habe ihn danach nie mehr gesprochen. Es wurde also höchste Zeit. Was ich nicht erwartet hatte, war, dass Jean und er sofort die besten Freunde wurden. Sie machten zusammen Spaziergänge, Jean hat einige juristische Kleinigkeiten erledigt ... und natürlich sind wir in diesem Sommer gerne zurückgekommen. Jean arbeitet an der Modernisierung der Verwaltung, ich sehe ihn nur abends und am Sonntag. Ich versuche inzwischen, die Verbindung zu finden zwischen ... den Kräften, die ich als Kräfte im Denken und Wahrnehmen erfahre – und den schöpferischen Kräften in der Natur, vor allem in der eigenen Natur, im Körper. Ich mache zusammen mit Eva die Visite in der Klinik, sie ist in diesem Lebensbereich voll und ganz zu Hause, sie lebt voll darin. Für mich sind das richtige Offenbarungen, ich bekomme eine Sicht auf eine völlig neue Medizin, die die alte Schulmedizin zwar nicht abweist, sondern nahtlos daran anschließt – nur ist sie eben absolut keine bloße Fortsetzung des Alten, sondern sie erweitert die bisherige Medizin und entwickelt sie immer weiter und weiter. Vielleicht liegt für mich in der Zukunft auf diesem Gebiet eine Aufgabe, ich weiß es noch nicht."

Maria sah in Agnes Augen, dass sie ausgestiegen war, sie konnte Maria nicht mehr folgen. Aber sie spottete nicht, sie sagte:

"Ich verstehe dich überhaupt nicht, obwohl du doch eine deutliche Sprache sprichst. Johannes ist mein Arzt, ich sehe Eva nur sehr selten. Ich bin auch wahnsinnig eifersüchtig auf sie, obwohl ich die Situation schon akzeptiere, so wie sie ist. Sie *hat*, was wir uns alle wünschen: Sie ist mit dem König verheiratet."

Maria lachte laut.

"Bist du wirklich so unzufrieden mit deinem Leben? Mit René ... und den Kindern?"

"Nein. Ich fange langsam an, zu begreifen, dass dasjenige, was Johannes so speziell macht, in jedem Menschen steckt – auch letztlich in mir. Er hat etwas, was allgemein menschlich ist und doch auch vollkommen individuell. Daran möchte man sich so gerne anlehnen, Schutz suchen ... aber man muss es *selbst* in sich entwickeln! Weißt du, es ist, als ob ich mein ganzes Leben faul wie ein Kätzchen auf der Fensterbank in der Sonne gesessen habe. Und jetzt ... werde ich plötzlich gewahr, dass ich ein *Mensch* bin, der geboren ist, um sich zu entwickeln, anstatt zu faulenzen. René steckt schon dreißig Jahre lang seine Nase in die Bücher, er *weiß* so unglaublich viel. Dadurch ist er ja wirklich ein weiser Mann geworden, das bewundere ich an ihm. Er ist nicht solch ein abstrakter Denker, er *erlebt*, was er liest, und dadurch entwickelt er sich auf seine Art, obwohl es mehr in die Breite geht, er kommt auch nicht wirklich voran, wie du und Johannes. Das sehe ich alles schon, Maria."

Maria lachte noch immer. Sie sagte:
"Ich habe dich nie für ein Kätzchen gehalten! Wohl für einen Panther oder einen Tiger. Jemand, mit dem man gehörig rechnen muss!"

Jetzt fing auch Agnes an zu lachen.

"Ich habe nach einem Dompteur verlangt. Einen, der mit der Peitsche schlägt", seufzte sie. "Aber ich muss mich selbst zähmen. Die Sonne scheint für uns alle, aber nicht *in* jedem von uns. Daran muss man offensichtlich selbst etwas tun." Sie reckte ihren schönen Körper und sagte: "Komm, ich muss zu Johannes. Zu spät kommen geht absolut nicht. Wann reden wir weiter, Schwesterlein?"

Sie verabredeten sich zum Lunch, und Agnes ging durch die Halle zu Johannes Zimmer. Sie hatte Tränen in ihrem Herzen, aber auch Dankbarkeit. Es ist schmerzhaft, der Liebe Zutritt zu gewähren, aber sie gibt zugleich dem Leben seinen Wert.

Sie klopfte. Die Tür öffnete sich, und Johannes stand vor ihr. 'Das, was Johannes so besonders macht, steckt in jedem Menschen, auch in mir', wiederholte sie in sich selbst. Sie gab ihm die Hand und setzte sich. Ohne abzuwarten fragte sie:
"Wie bist du so weit gekommen, Johannes? Was hast du getan, um die Sonne in dir zu wecken? Als du jung warst, hattest du sie schon in dir ... zwar noch sehr zart und leicht. Du hast eine großartige Entwicklung durchgemacht, Johannes. Wenn man nur in sich zulässt, was man wahrnimmt, dann sieht man sehr viel ... ich habe nur wenig bemerkt in meinem Leben, habe an deiner Größe vorbeigelebt – obwohl ich sie gerne benutzt habe."

Johannes schien mehr zu strahlen denn je ... man sieht of-

fensichtlich, was man vertragen kann. Er sagte:
"Unsere Körper würden vorzeitig verdorren, verholzen, wenn das Leben in uns nicht mit Auferstehungskraft befruchtet wäre – auch wenn man daran nicht glaubt, ist es so. Es gibt einen inneren Weg, mit dieser Auferstehungskraft in Berührung zu kommen, sich bewusst zu werden, dass es sie gibt, darin zu leben, lernen, darin wahrzunehmen. Man fängt als Philosoph an auf diesem Weg – *nicht*, wie man Philosophie für gewöhnlich studiert – als Mensch, der sich verwundert über die Tatsache, dass er ein Erkenntnisvermögen hat, der das untersuchen will, wissen will, was das ist, es zur Erfahrung machen will, statt es ausschließlich im *Wissen* zu benutzen. Die wissenschaftliche Erfahrung des Erkenntnisvermögens – der menschlichen Intelligenz – ist die erste Stufe der *Geisteswissenschaft*. Das Wissen wird tiefer, breiter, aber vor allem auch *stärker*. Man kann es bis in Gebiete verfolgen, in die man mit dem gewöhnlichen denkenden Betrachten *nie* kommen würde, dort, wo die Denkkräfte körperliche Wachstumskräfte sind. Dann wird der Philosoph Biologe und schließlich Arzt. Aber auch diese Fähigkeiten darf man nicht so auffassen, wie wir sie akademisch ausbilden. Man steht nicht mit seinem Verstand dem Leben, dem Körper, gegenüber, sondern man lebt empfindend *darin*. Man erkennt aus dem *Inneren* heraus, ohne jegliche Distanz zwischen dem Wahrnehmenden und dem Wahrgenommenen, ohne Zweifel also, aber trotzdem in voller Objektivität."
"So etwas sagte Maria heute Morgen auch schon. Aber das erklärt mir nicht deine Strahlung, Johannes. Dass du Weisheit besitzt, Wissen, Hellsichtigkeit, ich glaube das sofort. Aber das meine ich nicht..."

Der Mann ihr gegenüber, den sie kannte, als wäre er ihr Bruder, lächelte. Sie fühlte sein Lächeln wie eine wehmütige Berührung ihres verletzten Herzens. Es war, als ob sein Lächeln eine lebendige Substanz war, etwas Heilendes. Er sagte:
"Wie hast du dich verändert, Agnes!"
"Ich lebe nur ein wenig mehr innerlich als früher, ich fühle mehr, bin ruhiger. Sonst bin ich genau dieselbe, glaube mir. Von außen schön, von innen ... nun ja."
"Das Äußere ist auch Resultat des Inneren, obwohl noch immer ein gehöriger Abgrund zwischen der erblichen Veranlagung und der Individualität liegt. Wirkliche Schönheit deutet auf eine Überbrückung dieses Abgrundes."
"Du weichst aber doch meiner Frage aus – und diese Frage stelle ich dir wirklich in vollem Ernst. Ich bin katholisch erzogen worden, mein Vater war ein innig religiöser Mensch. Aus kindlicher Erfahrung heraus weiß ich wirklich schon etwas davon. Wie hast du die Sonne in dein Inneres bekommen, Johannes? Wodurch du eine Wohltat bist für jeden in deiner Umgebung?"
Er schüttelte den Kopf.
"Es ist doch so gegangen, wie ich es dir gerade beschrieben habe. Der Weg ist eine Erweiterung des Erkenntnisvermögens. Aber gerade diese Erweiterung, die *erweiternde Kraft* ... ist die Sonne. Je mehr man sein Erkenntnisvermögen erweitern darf, desto stärker beginnt die innere Kraft, zu erleuchten und zu erwärmen. Glaube ja nicht, dass jeder in meiner Umgebung gewahr wird, was du meinst. Man muss selbst schon damit verwandt sein, sonst entgeht einem diese innere Sonne vollkommen, beim anderen *und* bei einem selbst."
"Mein Vater trug diese innere Strahlung auch in sich, wäh-

rend er nie etwas für eine Erweiterung des Erkenntnisvermögens getan hat."

"Das ist Gnade, Agnes. Paulus hat auch nicht an seinem Erkenntnisvermögen gearbeitet, als er vor Damaskus den auferstandenen Christus schaute. Durch Gnade offenbart Er sich, wem Er will. Aber daneben hat jeder Mensch die Freiheit erhalten, Ihn *bewusst* zu suchen und zu erkennen. Diese Menschen *muss* es geben, weil Er in Freiheit erkannt werden *will.* Sie finden Ihn in der Kraft, die das Erkenntnisvermögen erweitert. Diese Kraft ist Er, man muss als Mensch nur *selbst* wollen. Es ist dann nicht nur eine Erfüllung des Inneren, eine Heiligung ... sondern eine völlig bewusste Erkenntnis dessen, nicht nur, *dass* Er da ist, sondern auch *wer* Er ist und wie Er gefunden wird. In Ihm tritt dann allmählich die ganze geistige Welt in Erscheinung, die selbstverständlich nicht weniger kompliziert und reich an Wesen ist, als die Erde. Von einem undifferenzierten All in Seligkeit ist nicht die Rede. Die geistige Welt umfasst auch den geistigen Teil der Erde, wirkt bis in die dichteste Materie hinein und gibt ihr Form. Die Vertiefung unseres medizinischen Wissens ist dann ohne Ende, das wirst du wohl verstehen."

Ihr wurde schwindlig, die Welt schien wirklich zu schwanken. So etwas *wollte* man nicht glauben, aus vielen, vielen Gründen. *Klein* ist ja der Mensch, der bei dem alltäglichen, sinnlichen Bewusstsein verweilen will. Klein und schwach. Wer möchte klein sein? Aber das willentliche Erweitern des Erkenntnisvermögens versetzt einen sofort in eine grenzenlose Ohnmacht, denn man kann das ja überhaupt nicht! Sie müsste dann in ihrer Schwester einen Menschen sehen, der auf dem Weg weit fortgeschritten war – und in diesem Mann

einen Menschen, der wahrscheinlich noch viel weiter war. So weit bereits, dass er fast nicht mehr zu sehen war. Aber nein, er saß ihr dort gegenüber. Ein Mann aus Fleisch und Blut, aber zugleich aus Seele und Geist. Sie schauderte.
"Kann ich auch etwas tun?", fragte sie unsicher. Es war, als ob ihr ganzes Leben, ihr Ehrgeiz, ihre Leidenschaft, ihr Streit mit René, die Plackerei mit den Kindern, der Kummer um Papa, um Maria ... sich von ihr löste und wie ein Bild außerhalb von ihr stand, ein Erinnerungsbild. Die Wichtigkeit dessen wurde dadurch relativiert ... was regte man sich doch unnötig auf wegen Nebensächlichkeiten! Die Frage, die sie stellte, entsprang nicht jenem Bild, sondern demjenigen, der außerhalb des Bildes lebte. Sie fühlte sich ihrem Leben entfremdet, aber die Entfremdung beängstigte sie nicht, sie erleichterte.
"Dies bist du wirklich", erklang Johannes Stimme. "Außerhalb von Zeit und Raum bist du dies."
Sie fühlte, wie sie wieder ins Bild untertauchte, ihr Leben saß wieder wie angegossen um sie herum. Jetzt fragte sie aus ihrem gewöhnlichen Lebensgefühl heraus:
"Kann ich etwas tun, Johannes? Kann solch ein unbeschreiblich egoistisches Wesen wie die Agnes etwas tun?"
"Du hast soeben deinen *Willen* erlebt, Agnes. Dieser Wille wirkt in jedem Detail deines Lebens, um dich an diejenige Grenze zu bringen, an der du jetzt stehst. Wenn du zurückblickst, siehst du nur den Weg zurück. Schaust du vorwärts, gähnt dort der Abgrund der Ohnmacht. Welche Entwicklung du auch vorschnell erstrebst, alles führt dich auf den Weg zurück. Nur die Bereitschaft, die Ohnmacht vollends zu erleben und an den schwachen Kräften des Denkens, Fühlens und Wollens zu arbeiten, ermöglichen noch einen Weg nach vor-

ne. Dein ganzes Leben, alles was du erlebt hast, was dir lieb war, wonach du gestrebt hast, muss am Rand des Abgrunds geopfert werden, sodass es zu einer kräftigen Brücke zur noch unsichtbaren anderen Seite werden kann. Der Weg zurück wird dir keine einzige Befriedigung mehr schenken, den Weg vorwärts kannst du nicht gehen. Du bist zu stark, um zurück zu können, zu schwach, um weiter zu gehen. Halte an, Agnes, und besinne dich. Werde stark in dir selbst, durch ehrliche Anschauung."

Agnes lief nach draußen, sie brauchte frische Luft. Nun ja, frisch ... es war warm, viel zu warm. Ein Gewitter kam auf, Wolken zogen sich zusammen über ihrem Haupt. Trotz der Wärme überlief es sie kalt. Ein ärgerlicher Mensch, dieser Johannes mit seiner Moralpredigt. 'Es gibt keinen Weg zurück, nur einen vorwärts, aber dazu bist du zu dumm und zu schlapp.'

Was dachte er sich bloß? Er saß da mit seinem schönen Kopf und spielte den Heiligen, den großen Eingeweihten. Eingeweihter im Nichts, das war er!

Der Wind kam auf, ruckte an ihrem schönen Kleid, sie musste ihren Rock mit den Händen an seinem Platz halten. Wütend war sie! Sie wollte ihre Nägel in sein Fleisch bohren, ihn lehren, seinen *Mund* zu halten! Sie würde einfach wieder nach Hause fahren, fort von diesen Idioten, die sich alle einbildeten, sie wären 'the top of the world'. Der Dussel hatte seine Karriere sausen lassen wegen einer Wahnidee! Oh, sie hatte so genug davon! Und Maria? Maria...

Sie liebte Maria, mehr als sie sich eingestehen wollte. Sie schauderte erneut und schaute um sich. Sie setzte sich auf eine Bank. Der Wind hatte sich gelegt – nirgendwo war eine Wolke zu sehen. Der Himmel war tiefblau, die Sonne brannte auf ihrer gebräunten Haut. War überhaupt ein Gewitter im Anzug gewesen?

Maria ... sie wollte zu ihr, sie wollte weinen wie ein Kind. Maria, wo würde sie jetzt sein?

René, sie liebte auch René, sie verlangte nach seiner Ankunft. René und seine Bücher ... er war mehr mit seinen Büchern verheiratet als mit ihr.

Sie seufzte.

Johannes. Ging er da nicht, dort in der Ferne? Die Wirklichkeit eines Menschen ist doch immer etwas anderes als das, was man als Bild nach einer Begegnung zurückbehält. Das Bild besteht zu einem großen Teil aus Gefühl, es ist nicht viel Objektives dabei, wenigstens nicht, wenn man seine Erinnerungen in der Art und Weise hegte, wie sie das meistens machte.

Jetzt sah sie ihn dort gehen, er kam in ihre Richtung. Er ging alleine, vielleicht war er auf dem Weg zur Wohnung seines Freundes, des Meisters. Sie hatte ihn soeben gehasst, wegen allem, was er vertrat ... jetzt sah sie seine Wirklichkeit, gerade weil er *sie* nicht sah. Sie bemerkte eine gewisse Einsamkeit, jedoch auch eine riesige *Fülle*. Er war umgeben von etwas ... gerade dieses Etwas hatte sie gehasst, mit einer Heftigkeit, die sie jetzt beunruhigte. Nur noch ein kurzer Moment, und er würde sie bemerken. Nun sah er sie und kam sofort zu ihr. Er stand vor ihr, sie blieb sitzen.

"Geht es?", fragte er. Natürlich sah er, wie sie ihn verurteilt hatte. Sie schaute ihm in die Augen und antwortete:

"Nein, Johannes. Es geht überhaupt nicht. Ich weiß nicht

mehr, wie es weitergehen soll."

Er streckte seine Hand aus, sie ergriff diese und erhob sich. Sie fühlte seine warme, feste Hand und fing an zu weinen. Sie stampfte auf.

"Entschuldige! Ich weiß mir keinen Rat, wirklich nicht."

"Komm, wir gehen ein Stück in Richtung der Berge. Sprich dich aus, Agnes." Er gab ihr ein sauberes Taschentuch, das er offensichtlich immer für weinende Frauen zur Verfügung hatte... Diese Gebärde ließ sie vollkommen die Beherrschung verlieren. Sie schnäuzte sich, um das Schluchzen zu verbergen.

"Ich weiß es nicht mehr. Alles steht auf dem Kopf – und ich nehme dir das übel – und das ist natürlich nicht richtig. Früher habe ich diesen Kummer schon mal gespürt, damals, als Papa starb. Es ist unerträglich, Johannes! Du kennst eine solche Verzweiflung nicht – oder doch?"

Er fasste sie am Arm, gleichsam um sie zu stützen.

"Natürlich ... ich kenne die Gefühle der Unterlassung, des Abschieds, der Einsamkeit ... oh, ich kenne sie so gut."

"Aber du bist stark, du kehrst sie um in Kraft. Ich gehe darin zu Grunde, es ist ein Wasserfall ... und ich reiße dich mit in meinem Fall."

Er kniff ihr in den Arm, er lächelte.

"Das wird so einfach nicht gehen, glaube ich. Sagen wir: Ich fange dich unten auf, damit du sicher weiterfahren kannst."

Zitternd seufzte sie.

"Wüsste ich nur, wie es jetzt weitergehen soll. Ich will nicht mehr, ich bin depressiv."

Sie spürte sein Mitleid, aber auch sein aufrechtes Urteil. Er sagte:

"Du bist überhaupt nicht depressiv, Agnes. Das sagst du nur.

Natürlich, du bist an einem scheinbar toten Punkt angelangt. Bleibe nun einmal ruhig stehen und erlebe dich selbst, du wirst merken, dass du *lebst*, Agnes!"

Sie fühlte wiederum, wie der Sturm sich erhob, der Wind des Hasses. Sie sagte:

"Du weißt nicht, wie *leer* ich bin, Johannes."

Wieder fing sie an zu weinen. Er legte seine Hand auf ihre Schulter.

"Knüpfe an dasjenige an, was wohl da ist, Agnes. Du *fühlst* dich leer, du bist es aber nicht. Du hast immer mit Begeisterung gelebt, behalte diese, sie ist deine Kraft."

"Begeisterung für mich selbst, ja. Nun ist das Selbst aber leer, und es gibt nichts mehr, worüber ich mich freuen könnte."

"Hör jetzt auf damit, nur einfach so etwas zu sagen!"

"Dann kann ich nur noch schweigen."

Er blieb stehen und fasste ihre Schultern. Ihr Vater war nie so streng gewesen, der hatte immer alles verstanden. Dieser Mann *wollte* bestimmte Dinge einfach nicht verstehen, weil das Verständnis ihren Fortschritt hemmen würde. Dennoch war sie böse auf ihn – und zu Tode betrübt. Zuerst schaute sie ihn an, aber das hielt sie doch nicht aus. Nicht, weil sie fand, dass sie weniger war als er, sondern weil sie sah, dass er eigentlich etwas von ihr erwartete, während er sie doch frei ließ. Plötzlich verstand sie seine Erwartung und sagte stammelnd:

"Du meinst, dass mein äußeres Leben verbraucht ist, nicht wahr? Ich habe rausgeholt, was darin steckte; alles ist verbraucht ... vielleicht schon lange. Ich kann mich gehen lassen und in eine Depression versinken – oder ich kann anfangen, einen Blick nach innen zu richten, und feststellen, dass es dort nicht viel gibt, und einen Anfang machen, meinem Leben einen bewussten *Inhalt* zu geben. Renés Bücher lesen, deine Bücher lesen, deine Anweisungen zur Meditation befolgen ... mit der unbeschreiblich starken Selbstsucht, den Hassgefühlen, den Zweifeln, den Ängsten kämpfen ... oder aber jeden Kampf aufgeben und einfach wieder an die Arbeit gehen. Wenn das der Sinn ist, warum erhebt sich denn alles in mir? *Alles*!"

"Bleib nun einfach ruhig stehen, Agnes, und erlebe, was da ist. Deine Ohnmacht, dein Ekel, dein Hass. Es gibt nur ein einziges Heilmittel: ruhige Anschauung, Ehrlichkeit, Besinnung. Dadurch legt sich jeder Sturm wieder, wirklich wahr. Du bist intelligent, du bist eine gute Beobachterin. Lass es nur sein, wie es ist, und bringe dich auf der anderen Seite dazu, deine Intelligenz für etwas Neues zu benutzen. Gibt es etwas in Renés Bibliothek, was dich interessiert?"

"Doch, aber ich mag Lesen eigentlich gar nicht, und ich kann mich schlecht konzentrieren."

"Wie hast du denn studiert?"

"Mit der Kraft meines Ehrgeizes."

"Kannst du diesem Ehrgeiz denn keine neue Form geben?"

"Darf ich das? Darf man auch im geistigen Sinne die *Beste* werden wollen?"

Johannes lachte befreiend auf.

"Aber natürlich darf man das! Darin ist die Ehrsucht nun gerade an ihrem Platz! Im Streben nach Vervollkommnung darf man wirklich die Beste sein wollen, es ist sogar die einzige Kraft. Bei dir, bei mir, bei jedem."

"Dann sind wir ja fürchterliche Egoisten!"

"Man kann diesen gerechtfertigten Egoismus im Gleichgewicht halten, indem man ihn gerade im alltäglichen Leben los lässt. Je mehr man darin die Dinge für sich sprechen lassen kann, desto größer ist die Kraft, im Streben nach dem Geist die Beste zu sein."

Agnes schaute auf, direkt in seine Augen. Sie nickte bedächtig.

"Gut", sagte sie. "Das hört sich gut an. Wenn ich nur auf dem einen oder anderen Gebiet streben darf, die Beste zu sein. Ich dachte, es wäre *schlecht*, ein solches Streben." Sie glättete ihren Rock und sagte:

"Komm, Johannes. Warum stehen wir hier noch? Ich möchte an die Arbeit. Mit welchem Buch kann ich anfangen?"

"Fang nur mit dem ersten vom Meister des Abendlandes an, mit den Einführungen in das naturwissenschaftliche Werk Goethes. Wenn deine Konzentration nachlässt, denke an deinen Ehrgeiz."

Mit einem Augenzwinkern reichte er ihr die Hand, drehte sich um und ging weiter in die Richtung vom Haus des Meisters.

Sie spürte etwas von Glück in sich. Sie war wieder Studentin, an der Schwelle einer großartigen Karriere, sie hatte Lust anzufangen. Sie würde ihre ganze Energie zusammenziehen, um dieses Studium anzufangen, sie würde noch einmal zeigen, wer *Agnes* eigentlich ist. Die einzige Bedingung war: im alltäglichen Leben jeglichen Ehrgeiz, alle dramatische Selbstsucht und Kritik loslassen. Das war eine riesige Bedingung, natürlich, aber sie spürte, dass sie es schaffen konnte. Sie hatte eine Kraft, mit der man wirklich *alles* erreichen kann, wenn man nur will. Und *Wollen* – davon wusste sie eine ganze Menge. Wenn René sie nicht gezügelt hätte, wäre sie Professor geworden, mit Sicherheit. Jetzt würde sie die Kraft im

Innern einsetzen, sie würde all dasjenige tun, was ein Student in der Geisteswissenschaft zu tun hat – und sie würde auf *jede* äußerliche Ehre verzichten, wie schwer es ihr zweifellos auch fallen würde. Nur Johannes würde von ihren Fortschritten wissen, vielleicht auch Maria ein wenig. Die Sonne dort hoch oben über ihr konnte sicherlich auch im Innern aufgehen, sie *fühlte* das ja jetzt schon, schon beim bloßen Vorsatz!

Das Märchen vom pechschwarzen Bruder des Teufels hatte in ihr weiter gewirkt. Sie sah jetzt auf einmal: Der Wille kann entweder für das Böse oder für das Gute eingesetzt werden, es ist derselbe Wille. Man hat darin die freie Wahl, man muss in beiden Fällen zunächst sein eigener König sein. Auch sie war aus dem Dienst des Lebens entlassen worden und war betrübt und mutlos im Wald herumgelaufen. Nur war ihr Johannes erschienen statt des Teufels ... und sie wusste jetzt, was sie zu tun hatte. Lange Jahre im Dienste des Geistes lagen vor ihr, und das Einzige, was sie dabei zur Verfügung hatte, war ihr Ehrgeiz. Damit würde sie sich rein waschen, und sie würde Erfolg haben...

Energisch und selbstbewusst ging sie zum Hauptgebäude, wo sie mit Maria zum Essen verabredet war.

Maria sah ihre Schwester eintreten. Eine Frau von fünfzig Jahren, die wie ein junges Mädchen auf sie zukam. Sie war schon immer eine strahlende Schönheit gewesen, bei der man sich schnell wie eine graue Maus vorkam. Ihre Schönheit hatte immer etwas Überrumpelndes, vielleicht sogar etwas Aggressives gehabt. Man spürte die Herrlichkeit des Urwalds, in dem man doch immer auf seiner Hut sein musste.

Jetzt aber war sie einfacher, imponierte weniger. Eigentlich waren beide einander doch sehr ähnlich, sie und Agnes. Sie hatte ihr Make-up nicht erneuert, ihr Haar war etwas durcheinander geraten, und ihr Lachen wirkte einigermaßen verlegen. Sie umarmte Maria und küsste sie dreimal. Dann setzte sie sich und sagte:

"Ich bin so froh, Maria. Ich kann dir nicht sagen, wie froh ich bin! Es wird jetzt alles anders, du wirst sehen!"

"Was ist in den paar Stunden mit dir geschehen?"

"Ich habe auf einmal etwas verstanden. Das Schönste im Leben ist doch, wenn man sich auf dem Weg befindet? Darum fand ich die Studienzeit auch so schön. Man hatte sein ganzes Leben noch vor sich und man konnte erfolgreich werden! Jetzt ist man 'angekommen', es gibt nichts mehr zu erreichen. Das Leben plätschert so dahin, ziellos. Das Ende des Weges kommt schon in Sicht, man sieht den Tod dahinter grinsend stehen, wartend auf seine Beute, die man ihm selbst bereitet hat. Alles, was einem lieb war, muss man ihm überlassen. Sein Geld, seinen ganzen Besitz – seinen Körper. Er nimmt einem jetzt schon kleine Stücke, indem er einen älter werden lässt ... man wird hässlich, die Haut wird faltig und runzlig. Man legt eine Schicht Make-up auf, und es geht wieder. Man kann immer noch durch seinen selbstsicheren Spott und so weiter Eindruck machen. Aber man weiß natürlich nur allzu gut, wie es wirklich um einen steht.

Und dann ... plötzlich ... habe ich eine völlig andere Möglichkeit gesehen, und diese erfüllt mich mit Lebenslust. Ich stand vor einem Abgrund, gelähmt und ängstlich. Ich konnte nicht zurück, *wollte* das nicht – es liegt mir nicht, auf einem einmal eingeschlagenen Weg umzukehren, nicht wahr. Aber vorwärts war auch nicht möglich, denn der Abgrund gähnte...

Und nun zeigte mir Johannes eine Brücke ... weit weg zwar, aber nicht unerreichbar. Ich selbst bin diese Brücke, Maria – sie muss noch gebaut werden. Ich spüre eine Arbeitslust wie nie zuvor! Mein ganzes Leben, alle Erinnerungen, mein Wissen ... alles verdichtet sich und weist mir den Weg, selbst zur Brücke zu werden. Ich muss mich in wirkliches *Wissen* umformen, andere, neue Erkenntnisse gewinnen. Dieses Wissen wird anders sein als das Wissen von René, Maria oder Johannes, wenn es auch aus exakt den gleichen Wörtern und Begriffen besteht. Es wird die Farbe, den Geruch, die Qualität, die Ordnung von *Agnes* tragen. Ich werde mich selbst finden, Maria, und daraus mit meiner ganzen Energie und all meinem Ehrgeiz eine Brücke bauen zu jenem Reich hinter dem Tod. Ich werde ihn besiegen, weil ich ihn selbst einladen werde. Ich werde durch den Tod hindurchgehen, während mein Körper noch lebt. Und wenn dann der Augenblick kommt, an dem ich ihn ablegen muss, wird es sein, als ob ich meinen Mantel ablege. Der Tod wird *mich* nicht berühren! Oh, Maria, ich bin so glücklich! Natürlich weiß ich, dass sich mir gegenüber mächtige Gegner befinden. Neben dem Tod steht noch ein anderer Gegner, und der lebt in mir selbst. Aber auch den werde ich besiegen, denn ich verwandle seine Kräfte in Arbeitslust. Vielleicht fühle ich nachher wieder Mutlosigkeit, weil alles sich als so schwierig erweist. Dennoch wird dieser Augenblick, hier und jetzt, für immer in meiner Erinnerung bleiben, er wird das Licht auf meinem Weg sein. Ich liebe die ganze Welt, Maria – und dich am meisten von allen."

Gerührt sah Maria ihre Schwester an. Dort, hinter Agnes, sah sie die Menschenseele, wie sie strebt... Sie lebt in tausend Gestalten, in jedem Menschen individuell ... und dennoch *eine* im Streben nach Vervollkommnung. Sie, Maria, war nach dieser reinen Menschenseele benannt, aber jetzt sah sie sie in großer Vielfalt...

"Ich sehe dich in tausend Bildern,
Maria, lieblich ausgedrückt,
Doch keins von allen kann dich schildern,
Wie meine Seele dich erblickt.

Ich weiss nur, dass der Welt Getümmel
Seitdem mir wie ein Traum verweht,
Und ein unnennbar süsser Himmel
Mir ewig im Gemüthe steht." *

---

* Novalis, Geistliche Lieder